FITNESS FÜR FAULE

von Prof. Dr. Laurence E. Morehouse
Professor für Sportphysiologie
und Gründungsdirektor des
Human Performance Laboratory,
University of California,
Los Angeles

und Leonard Gross

Deutsch von Roland Fleissner

Rowohlt

Die Originalausgabe erschien unter dem Titel
Total Fitness in 30 Minutes a Week
im Verlag Simon and Schuster, New York

Einbandentwurf von Jürgen Wulff

1. Auflage Februar 1976

Gesamtherstellung Clausen & Bosse, Leck/Schleswig
Printed in Germany
ISBN 3 498 04245 9

Wir danken all jenen Männern und Frauen, die in Physiologie-Laboratorien freiwillig Testübungen ausgeführt haben bis zur Erschöpfung. Sie haben, direkt oder indirekt, den Beweis erhärtet, daß Fitness auch für «Faule» erreichbar ist – ohne Keuchen und Schwitzen.

Für Thelma und Jackie

Inhalt

Vorwort

Die Temperatur betrug mehr als 30 Grad Celsius. Unsere Sätze standen 5 zu 4. Plötzlich entschuldigte sich mein Gegner, verließ den Tennisplatz und begann ausgiebig Wasser an der Fontäne zu trinken.

Ich trat zu ihm. «Haben Sie einen Sonnenstich?» fragte ich ihn. «Ausgerechnet Sie trinken beim Sport?»

«Schlagen Sie sich das Märchen aus dem Kopf», antwortete er. «Wir wissen heute, daß es nicht nur der Salzverlust ist, sondern der Wasserverlust, der müde macht. Heutzutage ersetzen wir den Wasserverlust beim Sport.»

Mein Tennisgegner war mein Arzt. Vor fünfundzwanzig Jahren, als er noch die halbe Meile lief und Mannschaftskapitän des Läuferteams an der Universität von Kalifornien in Los Angeles (UCLA) war, trank er niemals beim Training.

Diese Episode brachte mich dazu, nachzudenken, ob es nicht vielleicht noch andere Regeln geben könnte, an die wir uns mit religiösem Eifer hielten und die heute keine Geltung mehr besaßen. Ich überlegte mir, daß man daraus einen interessanten Artikel für eine Zeitschrift machen könnte, falls es zutraf. Ein paar Telefonanrufe brachten mich zu Dr. Laurence E. Morehouse, Professor für Sportphysiologie an der UCLA, Gründer und Leiter des Laboratoriums für Menschliche Leistung (Human Performance Laboratory) an dieser Universität. Als ich ihm meinen Wunsch unterbreitete, lachte er. «Sie sind auf eine Goldader gestoßen», sagte er. «Kommen Sie zu mir rüber.» Ich kam in ein schlichtes Büro und begegnete einem unscheinbaren Mann, den ich für zweiundfünfzig hielt; später erfuhr ich, daß er sechzig Jahre alt war. In weniger als einer Stunde zerschmetterte er sämtliche meiner Vorstellungen, die ich bislang über Fitness, Konditionstraining und persönliche Körperpflege einschließlich Diät und Gewichtsverlust gehegt hatte. Und er erweiterte mein Zielvorhaben beträchtlich.

«Haben Sie jemals ein Buch geschrieben?» prellte ich vor.

«Zwölf», gab er zurück.

Alle zwölf Titel, so stellte es sich heraus, waren Lehrbücher. Für ein großes allgemeines Publikum hatte Dr. Morehouse nie etwas veröffentlicht. Er erklärte sich bereit, dieses Buch gemeinsam mit mir zu schreiben.

Ein Jahr ist vergangen. Das Buch ist beendet. Und mein Verdacht hat sich bestätigt, daß zwischen der Entwicklung von Erkenntnissen und der Verbreitung in der Öffentlichkeit eine Zeitverzögerung von fünfundzwanzig Jahren eintritt.

In der Welt der Physiologie gilt Professor Morehouse als Orakel. Sein Buch über das Thema ist das Standardwerk in Colleges und Universitäten in der ganzen Welt. Er schrieb die Artikel über Körperübungen und Körpertraining in der *Encyclopaedia Britannica*, der *Encyclopedia Americana*, der *Encyclopedia of Sports Medicine* und der *Encyclopedia of Physical Education*. Wenn US-amerikanische Astronauten in Skylab um die Erde kreisen, trainieren sie an einer Maschine, die Dr. Morehouse erfunden hat und nach einem von ihm entwickelten System. Es ist ein raffiniertes System und kann auch den Bedürfnissen von Menschen hier unten auf der Erde angepaßt werden, allerdings stand es bislang der Öffentlichkeit noch nicht in großem Umfang zur Verfügung.

Das System ist revolutionär, und zwar weil es mit der bestehenden Ordnung aufräumt. Doch ist nichts an ihm heftig oder gewalttätig. Im Gegenteil, das Morehouse-System unterscheidet sich von allen anderen dadurch, daß es sacht zu Fitness und Gewichtskontrolle gleichermaßen heranführt. Es besteht keine Notwendigkeit, sich zu bestrafen, argumentiert Morehouse. Die Beweise dafür liefert dieses Buch.

Nie hätte ich mir träumen lassen, daß ich einmal an einem solchen Buch mitarbeiten würde. Mein Gebiet ist die gesellschaftliche, nicht die körperliche Kondition des Menschen. Aber ich halte mich gern fit. Bei uns zu Hause führten wir über die besten Methoden hierfür Streitgespräche von epischen Ausmaßen. Meine mir seit dreiundzwanzig Jahren angehörende bessere Hälfte, die einst die Queen am College war, stürzt sich in periodische Gewalttouren und hungert. Dr. Morehouse hält den Verlust von mehr als knapp einem Pfund Gewicht per Woche für selbstmörderisch. Er plädiert für eine «Breitband-Diät» mit viel Abwechslung. Er behauptet, daß wir jede Art Nahrung benötigen. Diätpläne, die raschen Gewichtsverlust zum Ziel haben, so weist er nach, sind Raubbau, schädlich und wirkungslos. Seine Formel für dauerhafte Gewichtsreduzierung lautet: erträgliche Steigerung der körperlichen Aktivität und eine winzige Verringerung der Kalorienaufnahme.

Dr. Morehouses Theorien sind durch Forschungsarbeiten in vierzig Jahren stichhaltig untermauert. Ein Großteil seiner Arbeit findet im Zusammenwirken mit Ärzten an der UCLA, bei der NASA und mit anderen medizinischen Forschungseinrichtungen statt. Aber da ich nun einmal ein gewiefter Reporter bin, benötigte ich zusätzliche Beweise, ehe ich mich an das Buch machte. Ich mußte diese Theorien selbst praktisch erproben.

Dabei lernte ich nicht bloß, daß nahezu alles, was ich bisher getan hatte, falsch war, sondern ich entdeckte auch, daß ich weit mehr tat, als für mich nötig war. Ich hatte bisher täglich fünfundvierzig Minuten an vier Tagen pro Woche trainiert und dabei neunzehn verschiedene Übungen gemacht. Die Übungen waren dermaßen mühselig, daß ich mit Abscheu an sie heranging. Oft kürzte ich ab. Manchmal ließ ich sie ganz ausfallen, entweder weil mir die Zeit fehlte oder weil ich keine Lust hatte. Oft wirkte sich die mangelnde Begeisterung so aus, daß ich scheinbar nicht die Zeit aufbringen konnte. Meine Schuldgefühle wuchsen beträchtlich, die Ergebnisse waren mager. Dr. Morehouse schlug mir nun vor, meine Übungen auf vier zu beschränken, die Tage auf drei zu reduzieren, nur noch eine «Kombination», anstatt der zwei wie bisher zu machen. Jetzt dauert jede Übung zehn Minuten, anstatt fünfundvierzig – das sind insgesamt dreißig Minuten pro Woche, statt drei Stunden. Es ist schon geraume Zeit her, seit ich eine meiner Übungskombinationen ausgelassen habe. Es hat den Anschein, daß ich merklich mehr Energie besitze. Ich kann länger arbeiten. Abends bin ich munterer als bisher. Zuwenig Schlaf kann mir nichts mehr anhaben. Auf dem Tennisplatz halte ich besser durch und schlage Gegner, die mich bisher stets geschlagen hatten. Und da mein Spiel sich im letzten Jahr nicht verbessert hat, muß ich diese Ergebnisse wohl einer vermehrten Ausdauer und der Fähigkeit zuschreiben, Punkte für mich zu gewinnen. Ich nehme jetzt einfach Bälle an, die früher an meinen Gegner gegangen wären – eine Tatsache, die meinen Gegnern bereits auffällt.

Zu Beginn unserer Zusammenarbeit beschlossen Dr. Morehouse und ich, daß wir ein Buch schreiben würden für die Männer und Frauen, die ein langes Leben in Gesundheit leben wollen und die – wie der Professor es ausdrückte – «am Abend nicht so verdammt müde sein» wollen. Larry Morehouses Botschaft lautet, daß man sich nicht umbringen muß, um in Form zu bleiben. Man kann jünger aussehen, sich besser fühlen und wahrscheinlich auch länger leben, wenn man in nur dreißig Minuten pro Woche seine Übungen durchführt.

Leonard Gross

1. Fitness ist 'ne Kleinigkeit

Ich hasse körperliche Übungen. Habe sie immer gehaßt. In der Oberschule war ich der Rebell in unseren Turnstunden. Wenn meine Kameraden gymnastische Übungen mit den Armen ausführten, äffte ich sie mit den Fingern nach. Meine Freunde fanden mich komisch. Der Sportlehrer war da anderer Ansicht. Eines Tages ließ er mich in sein Zimmer rufen und sagte: «Ich habe festgestellt, daß es dir Spaß macht, bei deiner kleinen Gruppe den Anführer zu spielen. Ich werde dir Gelegenheit bieten, die ganze Klasse anzuführen.»

Es war eine Sache, den Witzbold zu spielen, aber es war etwas ganz anderes, als Narr dazustehen. So las ich also während des nächsten Wochenendes eifrig Bücher über Körperertüchtigung. Als der Sportlehrer mich am folgenden Montag vorrief, war ich vorbereitet. Von diesem Tag an kommandierte ich die Klasse in der Gymnastik, und er saß in seinem Büro und las Zeitung.

Ich wußte es damals noch nicht, aber diese Aufgabe sollte mein Leben formen. In den letzten dreiundvierzig Jahren habe ich mich mit dem Studium der körperlichen Leistung des Menschen beschäftigt und damit, wie sie verbessert werden kann. Ich arbeitete mit Weltklasse-Champions, die ihr Tempo, ihre Kraft oder ihre Geschicklichkeit verbessern wollten. Ich half Direktoren großer Unternehmen, ihre Energie und Konzentrationsfähigkeit zu entwickeln. Ich arbeitete ein Programm aus, nach dem die amerikanischen Astronauten im Weltraum, auf dem Mond und während des eventuell möglichen Trips zum Mars sich fithalten können. Doch nichts, was ich während dieser Zeitspanne unternahm, hat auf irgendeine Weise meine Voreingenommenheit gegen konstruierte körperliche Übungen geändert; im Gegenteil, was ich dabei lernte, hat diese Abneigung nur vertieft.

Die meisten Leute in den USA teilen diese Voreingenommenheit – besonders die Frauen. Zeitungen und Zeitschriften machen ein großes Getue mit Statistiken, nach denen Millionen Amerikaner von einer Fitness-Mode befallen sind. Das trifft jedoch nicht wirklich zu. Die Zahlen, die einer Erhebung entnommen sind, die für den President's Council on Physical Fitness and Sport vorgenommen wurde, zeigen, daß fünfundfünfzig Prozent der Erwachsenen-Bevölkerung der Nation irgendeine Art körperlicher Übungen machen. Aber wenn man die Betätigungen selbst dann analysiert, wird deutlich, daß zumindest achtzig Prozent der Erwachsenen-Bevölkerung nicht ausreichend oder nur mangelhaft körperliche Aktivität entfalten, um den physiologischen Verfall aufzuhalten.

In diesem Widerstand gegen Körperübungen beweisen die Amerikaner einen gewissen Grad von empfehlenswertem intuitivem Verstand. Leibesübungen, wie sie im allgemeinen gelehrt und praktiziert werden, sind nicht nur schlechthin langweilig; sie sind eine Strafe, sind gefährlich und nutzlos.

Wie Leibesübungen zu einer derartigen Plage wurden

Gymnastische Übungen kamen während des neunzehnten Jahrhunderts in Schweden auf. Schwedischen Grundbesitzern mißfiel der Anblick der verkrümmten Jammergestalten ihrer Feldarbeiter; sie regten körperlichen Drill an, durch den die Haltung der Bauern verbessert und die Auswirkungen der Arbeit ausgeglichen werden sollten. Man wollte, daß die Bauern die Körperhaltung von Soldaten aufweisen sollten. Die Folge davon war, daß gymnastischer Drill und seine Übungen einen militaristischen Charakter annahmen: Auf eins, zwei, Brust raus! Das ist nicht nur moralisch anstößig, sondern auch körperlich schädlich. Präzise geometrische Bewegungen sind unnatürlich und nutzlos; Bewegung sollte fließend und kreisförmig durchgeführt werden. Und was die Haltung betrifft, so werden durch «Brust raus, Schultern zurück, Kopf hoch» die Muskeln zusätzlich belastet. Der gerade, flache Rücken, den man beim Militär so schätzt, ist ein schmerzender Rücken. Die beste Position der Schultern ist es, wenn sie unverkrampft zu beiden Seiten herabhängen, nicht wenn sie in einem Grad straffgespannt sind, der das Rückgrat mit einem schädlichen Gewicht belastet. Die aufrechte Haltung sollte nicht übertrieben werden: der Mensch ist für eine nur leicht aufrechte Haltung gebaut.

Übungsprogramme sind oftmals derart hart, daß Ausführende sich dabei verletzen. Die Wunschziele der Fitness werden weit außerhalb der Möglichkeiten des durchschnittlichen Körpers gesteckt. Der Mythos, den der Fitness-Kult hervorbrachte, schürt den Glauben, daß gute Körperkondition nur langsam erreicht werden kann, daß es nötig ist, sich bis zur Erschöpfung abzuarbeiten, daß dazu besondere Geräte, Räumlichkeiten, Kontrolle durch andere und eine Unmenge Zeit nötig sind. Die Männer sollen wie Tarzan aussehen, die Frauen wie Tarzans Jane. Das alles ist Unsinn.

Die Wissenschaft von der körperlichen Fitness befaßt sich hauptsächlich mit Athleten, mit Sportlern. Körper-Fitness-«Experten» sind gewöhnlich Trainer von Sportlern. Bücher über Langlauf werden von Trainern von Läufern verfaßt. Das Training, das sie von ihren normalen Lesern verlangen, spiegelt ihre Einstellung wider. Aber ein Sportler ist ein anderer Mensch im psychologischen wie im körperlichen Sinn als ein Nichtsportler. Sportler investieren eben die nötige Zeit in ihr Training. Sie opfern gesellschaftliche Annehmlichkeiten, stehen Unbequemlichkeiten durch, ja bestrafen sich sogar, um die Toleranzgrenzen zu erreichen, die für Leistungen nötig sind, mit denen Rekorde gebrochen werden. Aber all das ist nicht charakteristisch für die Mehrheit der Menschen.

Ein zweiter Hauptakzent der «Fitness-Wissenschaft» liegt auf der therapeutischen Behandlung von Menschen, die nach einer Krankheit rekonvaleszieren. In der Therapie konzentriert man sich auf den verletzten oder kränklichen Körperteil und nicht auf den Körper als Ganzes. Die Fitness-Programme dieser Art, die sich auf einzelne Körperteile richten, beruhen auf einer ausschließlich therapeutischen Einstellung. Auch hier haben die Ziele und Techniken der Körperübungen kaum etwas mit den Bedürfnissen normal-gesunder Menschen zu tun.

Wir stellen also fest, daß körperliche Ertüchtigung sich auf zwei menschliche Extremsituationen spezialisiert und konzentriert: einerseits auf Sportler in hervorragender körperlicher Verfassung, andererseits auf Krankenhauspatienten, die in der Rekonvaleszenz sind. Dazwischen gibt es jene überwältigende Mehrheit von Menschen, die keine Berufssportler, aber trotzdem gesund sind und dazu in der Lage, sich körperlich zu erschöpfen, und die trotzdem überhaupt keine körperlichen Übungen vornehmen.

Unsere kulturell-gesellschaftlichen Wertbegriffe unterstützen eine derartige lasche Einstellung. Wir bewerten die Menschen höher, die in einem Auto fahren können, als die, die zu Fuß gehen. Jene, die sitzen, genießen mehr Wertschätzung, als solche, die bei der Arbeit stehen müssen. Je weiter man in der Hierarchie aufsteigt, desto mehr Komfort und Sorgenlosigkeit genießt man. Wohlhabende Golfer haben ihre Golfwagen. Wir bezahlen Sportler dafür, daß sie uns sportliche Leistungen vorführen, die wir passiv genießen. Wir kaufen teure Geräte, die Energie verschwenden, aber als «energiesparend» angepriesen werden. Sie ersparen uns gar nichts; sie hindern uns nur an der Bewegung und Körperleistung, die nötig ist, ein energievolles Leben zu führen.

Wie verlangsamt man den Alterungsprozeß?

Wenn ich in all meinen Jahren als Forscher etwas gelernt habe, so dies, daß der Jungbrunnen, nach dem Ponce de Léon* vergeblich suchte, just in seinem Körper selbst lag. Körperliche Anstrengung ist der Weg zu einem munteren, starken und langen Leben. Unaktivität bringt Sie um.

Vor ein paar Jahren nahm ein Ingenieur der NASA eine Einladung an, die wir an Mitglieder des Raumfahrtprogramms gerichtet hatten, sich an einem physiologischen Test zu beteiligen. Wir stellten fest, daß er einen unterernährten Herzmuskel hatte, und rieten ihm zu einem Rekonditionsprogramm. Doch der Mann hatte zu viel zu tun, um üben zu können. Zwei Wochen später entstand im Haus eines seiner Nachbarn ein Brand. Der Ingenieur rannte über die Straße, um Einrichtungsgegenstände auf die Straße tragen zu helfen. In der allgemeinen Verwirrung wegen des Feuers bemerkte keiner, wie schlecht es ihm ging. Erst später fand man ihn tot im Rinnstein liegen. Dieser Ingenieur litt an jener Art Herzfehler, die gut auf ein Training reagiert. Wir waren überzeugt, daß einige wenige Minuten körperliches Training in diesen zwei Wochen ihm das Leben hätten retten können – selbst falls sich dabei nur ein Toleranzniveau herausgestellt hätte, das er nicht überschritten hätte, weil er es genau kannte.

Die verbreiteteren Anzeichen des physiologischen Alterns sind weniger dramatisch, aber keineswegs weniger grausam: Gebrechlichkeit, Schwäche, Blässe, niedrige Energie und der Verlust des Kampfes gegen die Schwerkraft. Im körperlichen Sinn drückt einen das Altern wortwörtlich zu Boden; die Körpergröße verringert sich, der Körper beugt sich zu Boden, man wackelt.

Aber wenn auch das chronologische Alter unabänderbar ist, das *physiologische Alter* besitzt eine Variable von dreißig Jahren.

* Span. Entdecker Floridas (1460?–1521)

Nehmen wir an, Sie sind fünfzig. Sie können die äußere Erscheinung und das innere System eines Fünfundsechzigjährigen – oder eines Fünfunddreißigjährigen haben. Es liegt ganz allein bei Ihnen. Ein untätiges Leben ist eine Art langsamer Selbstmord. Mit der richtigen Art Übungen erkauft man sich Jahre.

Bei der NASA gab es einen Toxikologen von Mitte Fünfzig, der, als ich ihm das erstemal begegnete, wie ein korpulenter alter Mann wirkte. Sechs Monate später begann er mit einem Abmagerungstraining. Er nahm fünfundzwanzig Pfund ab, doch er wirkte faltig und das Fleisch hing ihm von den Knochen. Er fühlte sich schwach. Wir steckten ihn in unser Übungsprogramm. Innerhalb von fünf Monaten verbesserte sich seine Kondition dermaßen, daß er mit mir gemeinsam einen Tauchkurs machte. Er hielt sich mühelos mit den jüngeren Männern im Kurs und wurde ein guter Taucher.

Ruhe und Schock: die tödlichen Extreme

Die biologische Grundlage für menschliches Gesundheitsverhalten beruht auf dem Prinzip, daß leichte Veränderung für jede Lebensform nötig ist. Wenn Sie einen Einzeller – eine Amöbe oder ein Paramecium – in ein Gefäß setzen, das die idealen Umweltbedingungen enthält – genau die richtige Menge Licht und Wärme, den richtigen Säure- oder Alkaligehalt, alle Nährstoffe, die nötig sind –, und wenn Sie das Environment freihalten von schädigenden Einflüssen wie Lärm, Vibrationen und Giftstoffen, dann stirbt das Lebewesen bald. Wenn Sie einen anderen Einzeller in eine Umgebung mit vielfältigen, anhaltenden Veränderungen einer hohen Größenordnung versetzen, dann überlebt auch er nicht. Aber wenn Sie einen dritten Einzeller in eine Umwelt mit gelegentlichen, leichten Veränderungen versetzen, wird er eine normale Zeitspanne leben.

Wie oft hat man schon Leute, die unter starkem Druck stehen, sagen hören: «Ich arbeite schwer und ich vergnüge mich dementsprechend ausgiebig.» Ihr Organismus wird sich möglicherweise von derartigen Exzessen nie wieder erholen. Andererseits kennen wir alle den einen oder anderen, der prahlt, wenn die Pensionierung näher rückt: «Ich kauf mir einen Schaukelstuhl und einen Stapel Romane, und dann werde ich mein Leben genießen und gar nichts tun.» Das sind die Symptome, die dem frühen Tod von scheinbar gesunden Menschen nach der Pensionierung vorhergehen.

Der Extremzustand Ruhe ist genauso tödlich wie der Extremzustand des biologischen Schocks. Beide schädigen das System.

Wenn wir achtzehn Löcher auf dem Golfplatz oder zwei Sätze Tennis spielen könnten, und dies jeden Tag, dann brauchten wir kaum etwas zusätzlich zu tun, um uns in Form zu halten. Aber die Möglichkeit haben nur wenige unter uns. Wir haben nicht die Zeit oder die Gelegenheit oder das Geld oder sogar überhaupt die Neigung dazu. *Also:* Übungen.

Doch körperliche Übungen sollten nicht abscheulich, sollten keine Strafe sein, nicht endlos und langweilig. Sie müssen nämlich nicht so sein.

Fitness ist ein «Kinderspiel». Sie können sich Ihre körperliche Fitness erwerben und sie beibehalten in genau der doppelten Zeit, die Sie brauchen, sich die Zähne zu putzen. Man braucht etwa fünfzehn Minuten pro Woche zum Zähneputzen. Sie brauchen etwa dreißig Minuten in der Woche, um fit zu sein.

Was Sie alles nicht zu tun brauchen

Ehe ich Ihnen erkläre, was Sie in diesen dreißig Minuten tun können, lassen Sie mich Ihnen sagen, was Sie nicht zu tun brauchen, um fit zu bleiben.

Sie brauchen sich nicht umzubringen. Sie werden keine Übung bis zur Erschöpfung ausführen.

Sie brauchen keine Schuldgefühle zu entwickeln, wenn Sie an einem Tag einmal schwänzen. Wenn es nicht drin ist, dann machen Sie sich einfach deswegen keine Sorgen. Brechen Sie die Übung ab und versuchen Sie es morgen oder übermorgen wieder.

Sie brauchen keine Nahrungsmittel oder Getränke wegzulassen. Diätpläne, die die Nahrungsmittel, die Sie essen können, einschränken oder die Ihre Nahrungsaufnahme drastisch beschneiden, sind unmenschlich, schädlich und zum Scheitern verurteilt. Wenn Sie auf Gewichtsabnahme hinzielen, dann können Sie dies mit einer *Breitband-Diät* erreichen, über die wir später noch ausführlich sprechen werden. Sie werden außerdem erfahren, warum es für Sie zuzeiten sogar nötig sein kann zuzunehmen, damit Sie sich eine dauerhafte Gewichtsabnahme sichern können.

Sie brauchen nicht eine bestimmte Strecke zu laufen oder mit der Stoppuhr zu laufen oder ein bestimmtes Gewicht soundso oft zu heben.

Sie brauchen nicht das Gefühl zu haben, daß Ihr Ziel unerreichbar sei. Es wird ein Ziel sein, das sich nach *Ihrer* Kondition, *Ihrer* Fähigkeit zu körperlicher Anstrengung und *Ihren* Bedürfnissen und Vorhaben richtet.

Und Sie brauchen keinen Pfennig zu bezahlen. Man muß keine Wunderapparaturen kaufen oder Pillen schlucken. Es gibt keine besondere Ausrüstung oder Bekleidung. Sie können Ihr Programm in Unterhosen durchführen. Alles was Sie brauchen, ist eine Armbanduhr oder ein Wecker mit Sekundenzeiger.

Ein anderer Weg zur Fitness

Es ist klar, daß ein solches Programm notwendigerweise anders als alle anderen vorherigen Fitness-Programme sein muß – das ist es auch.

Alle früheren Programme messen die Arbeit, die Sie erledigen

– wie weit oder wie schnell Sie laufen oder wie oft Sie eine bestimmte Aufgabe durchführen können. Dieses neue Programm verzichtet auf äußere Fertigkeiten zugunsten der inneren Resultate. *Dieses* System zielt nur auf eine einzige Sache ab: die Wirkung, die Sie auf Ihren Körper ausüben. Und diese Wirkung bestimmen ganz allein Sie selber. Sie führen exakt die Auswirkung Ihrer Anstrengung herbei, die Sie wünschen und brauchen.

Die Schwierigkeit mit früheren Übungsprogrammen ist, daß sie Aufgaben stellen, die entweder zu Beginn zu schwierig sind oder immer leichter und leichter durchführbar werden. Es ist ja schön und gut, wenn man schneller oder weiter laufen oder schwimmen kann, doch wenn Ihr inneres System nicht auf den richtigen Grad reagiert, dann werden Sie nicht fit.

Frühere Systeme programmieren Sie auf bestimmte Aufgaben hin. Mein System bietet Ihnen die Möglichkeit, jede Aktivität zu wählen, die Sie als genußreich empfinden. Wichtig ist nur, daß die Aktivität Ihr System auf ein Niveau hochjagt, das für Ihre besonderen Umstände angemessen ist.

Sie überwachen diese Aktivität. Sie bestimmen das Tempo entsprechend der Wirkung auf Ihr Blutkreislauf-Atemsystem: also Herz, Blutgefäße und Lungen. Sie tun dies, indem Sie Ihre Pulsfrequenz messen, was Sie in kurzem gelernt haben werden.

Ihr Programm beruht auf Prinzipien, die beim Apollo-Programm angewendet wurden, um die amerikanischen Astronauten auf das Leben im tieferen Weltraum vorzubereiten und um ihre Aktivität zu überwachen, sobald sie einmal dort waren. Ich war an der Entwicklung dieses Programms als Mitglied des Metabolic-Management-Komitees der NASA beteiligt.

Es war unsere Aufgabe, den Energieverbrauch jedes Astronauten zu überwachen, so daß er weder seine eigenen Möglichkeiten noch die seines Lebenserhaltungssystems überschritt. Wir achteten auch darauf, daß kein Astronaut weniger arbeitete, als seine Möglichkeit erlaubte, während er sich im Weltraum aufhielt. Das Apollo-Programm war ein teures Projekt, und wir wollten was haben für unser Geld.

Die Herzfrequenz: Ein lautes und deutliches Signal für Anstrengung

Wenn ein Mann auf der Mondoberfläche arbeitet, zeigen drei Signale das Ausmaß seiner Anstrengung an: der Sauerstoffverbrauch, die Körpertemperatur und die Herzfrequenz. Die Überwachung des Sauerstoffverbrauchs wäre für Sie etwa so aufschlußreich, wie wenn Sie den Kraftstoffstandanzeiger in Ihrem Auto beobachten wollten. Der Zeiger sagt Ihnen, wieviel Benzin Sie noch haben, aber er sagt nichts aus über die Kraftleistung oder den Zustand des Motors. Die Temperatur der Flüssigkeiten in dem Kühlsystem, das den Astronauten in seinem Raumanzug umgibt, zeigt an, wieviel Wärme er abgibt, woraus man eine Vorstellung davon bekommt, wieviel Energie er verbraucht. Doch um diese Ziffern zu erhalten, benötigt man zehn bis fünfzehn Minuten, dann muß entschieden werden, was zehn oder fünfzehn Minuten früher passiert ist. Dann kann es aber leicht zu spät sein, noch eine Justierung vorzunehmen. Das gleiche gilt für den Sauerstoffverbrauch.

Das dritte Signal ist die Herzfrequenz. Sie ist laut und deutlich.

Es dauert einige Zeit, bis ein Körper sich erhitzt. Der Sauerstoffverbrauch erstreckt sich über eine ausgedehnte Zeitspanne. Aber die Herzfrequenz ist ein sofort zur Verfügung stehender Anzeiger für das Niveau der körperlichen Anstrengung im selben Augenblick.

Wenn ein Astronaut zu rasch arbeitet, kann ihm ein Arzt, der in Houston die Mission überwacht, befehlen, langsamer zu machen. Wenn die Herzfrequenz des Astronauten unterhalb der für die Aufgabe und den Astronauten akzeptablen Markierung liegt, kann der Arzt den Astronauten anweisen, daß er ein wenig härter arbeiten könne, ohne seinen Zustand zu beeinträchtigen.

Wie kann man die Fitness der Astronauten während ausgedehnter Raumflüge erhalten? Dieses Problem hat mich umdenken lassen. Wir wissen, daß ein Mensch, der einen Monat lang nichts tut, achtzig Prozent seiner körperlichen Kondition verliert. Ein Astronaut, der in Skylab oder auf dem Flug zu fernen Planeten wenig oder nichts Aktives unternimmt, würde bald zu schwach sein, seine Mission noch zu erfüllen. Wie sollte man ihn fit halten? Mir fiel ein, daß die traditionellen Fitness-Programme sinnlos sein würden. Jedesmal wenn der Astronaut eine Übung machte, würde sie ihm leichterfallen. Sein Körper würde nicht ausreichend trainiert werden. Wenn man die Übungen schrittweise anstrengender gestaltete, so konnte das ja abhelfen, doch wir würden noch immer nicht wissen, ob die Arbeitsleistung dabei ausreichend war – oder zu anstrengend. Mir wurde klar, daß das Training nicht auf der Grundlage Zeit, Entfernung, körperlicher Gewichtsbelastung und anderer äußerlicher Meßwerte überwacht werden sollte, sondern gemäß dem Grad körperlicher Anstrengung, wie er von körperlichen Signalen aufgezeigt wird.

Die NASA übernahm 1965 ein auf diesen Prinzipien aufgebautes Programm. Seine Wirksamkeit bestätigte sich acht Jahre später, als drei amerikanische Astronauten von einer achtundzwanzig Tage dauernden Mission in Skylab zurückkehrten. Man hatte befürchtet, daß man sie auf Tragbahren aus der Kapsel würde transportieren müssen. Doch sie hatten einen Aktivitätenplan durchgehalten, an dessen Ausarbeitung ich beteiligt war, der auf der körperlichen Anstrengung basierte. Sie gingen auf ihren eigenen Beinen von der Kapsel weg, ein bißchen wackelig zwar, aber aus eigener Kraft.

Das Körpersignal, das die Astronauten benutzten, um ihre Konditionsprogramme zu überwachen, war ihre Herzfrequenz. Wenn wir heute die Herzfrequenz dazu verwenden können, das Übungsprogramm von Durchschnittsmenschen zu überwachen, so ist das eine Extradividende der Forschung für das Raumfahrt-Programm.

Was Ihr Puls Ihnen signalisiert

Herzfrequenz und Pulsfrequenz sind technisch getrennte Erscheinungen. Doch die Unterschiede sind – für unsere Zwecke hier – unbedeutend. Ihr Puls sagt Ihnen, wie schnell Ihr Herz schlägt.

Wir alle wissen, daß die Pulsfrequenz wichtig ist. Wenn Sie zu einer Untersuchung in die Praxis eines Arztes gehen, dann nimmt seine Arzthelferin fast unumgänglich drei Untersuchungen vor: sie mißt Ihre Temperatur, sie wiegt Sie und sie mißt Ihre Pulsfrequenz. Wenn Sie jemals einige Zeit lang im Krankenhaus liegen mußten, dann fiel Ihnen sicher ziemlich früh auf, daß dort den ganzen Tag der Puls gemessen wird. Am Morgen werden Sie geweckt oder nachmittags, während Sie gerade schlummern, und nachts kommen sie, gerade wenn Sie einschlafen wollen. Es ist von dringender Wichtigkeit, daß man Ihre Pulsfrequenz während der Behandlung vergleichen kann.

Heute wissen wir, daß die Pulsfrequenz nicht nur etwas mit Krankheit zu tun hat, sondern auch mit Gesundheit. Krankheit signalisiert sich durch einen zu raschen Pulsschlag oder durch einen unrhythmisch verlaufenden. Gesundheit läßt sich an der Reaktion der Pulsfrequenz auf Stress bemessen.

Ihr Pulsschlag ist so einmalig wie Ihre Unterschrift oder Ihre Fingerabdrücke. Er hat eine charakteristische Wellenform. Die Wellenlinie kann eine scharfe oder eine relativ flache Spitze haben. Sie kann auch kleinere Wellenkämme aufweisen. Ihr Puls schlägt mit einer bestimmten Rhythmik, die nur für Ihr System eigentümlich ist. Jeder Puls ist so deutlich verschieden, daß man eine Krankenschwester mit verbundenen Augen durch eine volle Station führen konnte, in der sie die Patienten einige Zeit lang betreut und in der man die Betten durcheinandergeschoben hatte, und sie erkannte nicht nur jeden Patienten an seinem Puls, sondern konnte auch noch angeben, ob der Patient sich an diesem Tag wohler oder schlechter befand.

Mit einem Training von fünf Minuten können Sie lernen, Ihr

eigenes Wohlbefinden zu interpretieren, einfach indem Sie Ihre Pulsfrequenz messen. Außerdem können Sie auch Unterschiede in ihrem emotionalen Zustand von Tag zu Tag auf diese Weise feststellen. Wenn Sie aufgeregt sind, rast Ihr Puls. Wenn Sie ruhig und gelassen sind, spiegelt der Puls diesen Rhythmus wider. Der Puls ist also gewissermaßen ein Spiegel Ihres Befindens.

Ihre normale Pulsfrequenz kann im Vergleich zu den Normen extrem schnell oder extrem langsam sein – und dennoch normal für Sie. So könnten Sie eine Pulsfrequenz von neunzig Schlägen pro Minute haben, während Sie sitzen, und doch in besserer Kondition sein als ein anderer mit der normalen Frequenz von fünfundvierzig Schlägen pro Minute.

Ihre Pulsfrequenz lenkt Ihr Programm

Wie Ihr Puls auch immer im Ruhezustand schlägt, die Pulsfrequenz bei der Übung erlaubt es Ihnen, Ihr Fitness-Programm exakt nach Ihren Bedürfnissen zu gestalten. Ihre Pulsfrequenz ist Ihr ganz persönlicher Führer zur Fitness.

Dies gilt für Frauen und Männer gleichermaßen. Nur Menschen sollten es nicht versuchen, denen der Arzt Anstrengung verboten hat oder die bei dem Pulstest versagen, den wir später vornehmen werden. Abgesehen davon steht das Programm allen offen, gleichgültig wie alt sie sind oder wie ihre Körperkondition ist. Die mit der schlechtesten Kondition werden dabei effektiv die dramatischste und schnellste Konditionsbesserung aufweisen. Wenn Sie in den ganzen letzten zwanzig Jahren sich nicht körperlich angestrengt haben, so stehen Sie doch nur zwei Stunden von einer guten körperlichen Verfassung entfernt, was relativ zu dem Zustand zu verstehen ist, in dem Sie begannen. Nach zwölf Stunden werden Sie nach allen Maßstäben in hervorragender Kondition sein. Sie werden jünger aussehen und sich jünger fühlen. Ihre Taille wird schlanker sein, die Hüften und Schenkel fester. Und Sie werden auf Dauer viele Pfunde Fett los sein.

Diese Stundenangaben stellen die Kumulativzeit von drei je zehnminütigen Runden von Übungen pro Woche während drei Kursen von je acht Wochen dar. Sie können mehr tun, wenn Sie das wollen. Aber die Forschungsdaten zeigen, daß es sich nicht übermäßig mehr lohnt, jeden Tag statt nur jeden zweiten Tag zu trainieren. Hier handelt es sich um ein Programm, das den Übereifer dämpft.

Als Preis für Jahre der Nachlässigkeit werden Sie nur einfach ein wenig länger brauchen, um wieder in Form zu kommen, und Sie werden etwas weiter gehen müssen. Sie haben ja bereits den Preis in mangelhafter Leistung und einem schlechten Gesundheitszustand für all die Zeit bezahlt, in der Sie nicht in Form waren. Es gibt keine zusätzlichen Strafen wie etwa hartes Training.

Die kleinste Kleinigkeit, die Sie tun, wird Ihre Kondition meßbar verbessern. Stellen Sie sich einmal den Buchhalter vor, der einen ganzen Monat lang bis zum 15. April an seinem Schreibtisch sitzt und dann seine persönliche Einkommensteuererklärung abgibt. Wenn er überhaupt keine körperliche Betätigung hatte, wird seine Kondition nur zwanzig Prozent dessen betragen, was sie zu Monatsanfang betrug. Aber eine halbe Stunde Aktivität, die man normalerweise nicht als Körperertüchtigung bezeichnen würde – etwa Gänge machen oder Einkaufen –, würde zwanzig Prozent der verlorenen Fitness wiederherstellen. Die ersten zwanzig Schritte eines Mannes, der sich von einer Operation erholt oder der mehrere Wochen lang bettlägerig war, werden sich deutlich auf sein System auswirken. Wenn Ihre Fitness gering ist, dann wird die kleinste irgendwie geartete Aktivität Ihre Stärke, Ihre muskuläre und cardio-respiratorische Ausdauer verändern, sie wird dazu beitragen, Ihre Knochen zu festigen und Ihren Kreislauf wieder zum Leben zu erwecken.

Die Freuden der Pulsfrequenz-Übungen

Das Höchstniveau an Trainierungsfähigkeit, gleich ob für Mann oder Frau, liegt bei einem Trainingsbeginn im Alter von zehn Jahren bei beständig weiter fortgesetztem Training, ohne krank zu werden. Aber wir alle können uns unseren Möglichkeiten nur annähern. Keiner von uns erreicht sie jemals. Wenn Sie fünfzig sind und seit zwanzig Jahren nicht mehr körperlich trainiert haben, können Sie nie das Konditionsniveau erreichen, das Sie erreicht hätten, wenn Sie auch nach der Oberschule weiter Tennis gespielt hätten. Wenn Sie sich vorgenommen hätten, der ideale Sechzigjährige zu werden, dann hätten Sie mit zehn Jahren beginnen müssen. Aber Sie können mit fünfzig anfangen, auch wenn Sie seit Ihrem zwanzigsten Lebensjahr gefaulenzt haben, und ein erstaunlich vitaler Sechziger werden. Sie werden besser in Form sein als mit fünfzig – ja sogar mit vierzig.

Aber vielleicht sind Sie ja gar nicht so schlecht in Form, wie Sie glauben. Wenn Sie Treppen steigen oder schwere Einkaufstüten schleppen oder Ihren Wagen polieren oder auch nur ein Baby schaukeln, dann brauchen Sie vielleicht gar nicht so sehr weit zu gehen, um angemessen in Form zu sein.

Es gibt keinen Grund, nicht in Form zu sein. Es ist so leicht. Es benötigt so wenig Zeit. Das Ergebnis, das Ihnen die geringste Trainingsmenge einbringt, ist so groß. Ein Gefühl gesteigerten Wohlbefindens ist Ihr unmittelbarer Lohn. Mit Übungen bleiben Sie länger munter. Der Zeitraum, in dem Sie halb tot sind, verringert sich. Und Sie mindern die Aussichten auf einen verfrühten Tod.

Wir lassen Sie mit dem beginnen, was Sie tun können, ganz gleichgültig, wie wenig das sein mag. Jeden Tag machen Sie einfach ein wenig mehr, aber so wenig, daß sie es kaum merken werden. Diese fast minimale Steigerung bezeichnet man als «Überladen». Auf ihr beruhen die Pulsfrequenz-Übungen, und sie ist der Schlüssel zu deren Erfolg.

Fitness bestimmt sich nach Ihrem Tagesablauf von vierundzwanzig Stunden, wie Sie leben, arbeiten, sitzen, gehen, denken, essen und schlafen. Ihr Zweck ist es, Ihnen das Leben angenehmer machen zu helfen, nicht Sie zu bestrafen oder Ihnen Schuldgefühle zu oktroyieren. Es gibt im Leben sowieso bereits genügend Bürden und Beschränkungen, als daß man sie noch vermehren müßte. Genau wie Sie kurzzeitig krank werden können, wenn Sie das Rauchen aufgeben, können Sie Ihren sich verschlechternden Zustand verschlimmern, wenn Sie voll Angst und Schuldgefühle sind, weil Sie eine Trainingsstunde geschwänzt haben, oder indem Sie sich zu etwas zwingen, was Ihnen wirklich überhaupt keinen Spaß macht.

Mein Programm ist nicht für jugendliche Sportler. Es ist für die Menschen bestimmt – Frauen wie Männer –, die sich eine wesentliche Fitness-Reserve wünschen. Es räumt auf mit der Müdigkeit am frühen Abend, bringt mehr Spaß in körperliche Freizeitbeschäftigungen, verleiht Ihnen das Gefühl der Muskelspannkraft, des Selbstbewußtseins und Bereitseins, bietet Ihnen mehr Ruhe und Sicherheit, weil Sie wissen, daß Sie im Notfall besser mit Situationen fertig werden. Wenn Sie im strömenden Regen einen Reifen wechseln müssen, dann wissen Sie, daß Sie es können, ohne sich dabei völlig zu erschöpfen. Sie können ein paar Sätze Tennis mühelos zusätzlich spielen. Sie können abends lange aufbleiben, wenn dies nötig ist. Sie können gelegentlich auch mal einen Achtzehn-Stunden-Tag arbeiten und brauchen nicht eine ganze Woche, um sich davon zu erholen. Und eine nicht ganz unwichtige Dividende des Programms ist, daß Sie ein besserer Partner in der Liebe sein werden.

Ich wiederhole: ich hasse formalisiertes, striktes Training als Strafaktion. Ich hasse es jetzt noch viel mehr, seit ich die wissenschaftlichen Kenntnisse besitze, die mein instinktives Wissen bestätigen, daß dergleichen einfach nicht nötig ist.

2. Fünfzehn Lügen über Fitness

Fegen wir zunächst einmal die Lügengespinste und falschen Informationen vom Tisch, die den Fitness-Kult durchziehen. Wenn Sie sich in Form bringen wollen, brauchen Sie genaue wissenschaftliche Leitplanken, nicht eine Ansammlung von alten Ammenmärchen, wie sie die Trainingsübungen der meisten Menschen beherrschen. Wenn Sie einsehen, wie falsch diese «anerkannten Prinzipien» wirklich sind, dann werden Sie mir vielleicht glauben, daß Fitness tatsächlich eine Kleinigkeit ist.

Lüge: Niemals beim Trainieren trinken

Nichts könnte unrichtiger sein. Sie dürften nicht einmal warten, bis Sie durstig sind. Wenn Sie das Gefühl haben, Flüssigkeit zu verlieren, dann sollten Sie sie unverzüglich wieder ersetzen. Und wenn Sie beabsichtigen, Ihre Übungen gleich nach dem Aufstehen am Morgen zu machen, sollten Sie vorher ein Glas Wasser trinken.

Die Körperzellen sind von einem Kreislauf abhängig, um die für sie nötige Energie zu erhalten und ihre Abfallprodukte loszuwerden. Wenn Sie Flüssigkeit verlieren, verringern sich die Flüssigkeiten, die die Zellen durchspülen. Die Zellen können nicht richtig funktionieren, bis die verlorene Flüssigkeit wieder ersetzt ist. Vorher können Ihre Muskeln die Arbeit, die sie tun, nicht durchhalten, und auf Ihr Herz wird eine zusätzliche Belastung ausgeübt. Ein Teil der Flüssigkeit, die Sie verloren haben, wird dem Blut entzogen. Das bedeutet, daß Ihr Herz entsprechend mehr pumpen muß, um die geringere Blutmenge durch den Kreislauf zu treiben.

Lüge: Zucker vor dem Training hebt das Energieniveau

Zucker, den man vor einem Wettkampf oder einer Übung ißt, kann mehr Schaden als Nutzen bringen. Sogar Mittel wie Honig mit Zitronensaft sind produktionsfeindlich. In physiologischen Untersuchungen haben wir herausgefunden, daß Süßigkeiten eine Insulinreaktion auslösen können. Dies führt dazu, daß der Körperzucker in die Speicherorgane des Körpers getrieben wird.

Der einzige Zeitpunkt, zu dem Sie Zucker essen müssen, um die verbrauchte Menge zu ersetzen, ist nach anderthalb Stunden unablässigen Trainierens oder Arbeitens wie etwa bei einem Marathonlauf oder einem Golf- oder Tennismatch. Zusätzlicher Zucker liefert niemals zusätzliche Energie.

Lüge: Vermeide bestimmte Nahrungsmittel vor körperlicher Aktivität

Ausgedehnte Untersuchungen am Human Performance Laboratory der Universität von Kalifornien in Los Angeles (UCLA) müssen erst noch beweisen, daß die Nahrung, die Sie zu sich nehmen, im geringsten Ihre Leistung oder Ihr Wohlbefinden beeinflußt. Wir haben die Literatur darüber durchgekämmt, haben alle Nahrungsmittel auf der Verbotsliste herausgepickt und sie kostenlos den Sportlern auf dem Campus angeboten. Schwerverdauliche, Blähungen verursachende, scharf gewürzte Nahrungsmittel – alle haben wir eingeschlossen. Weder auf dem Spielfeld noch im Laboratorium vermochten die Sportler und die Forscher den mindesten Unterschied festzustellen. Auch wurde keiner der Sportler von den «verbotenen» Nahrungsmitteln krank.

Lüge: Vor dem Schwimmen darf man nicht essen

Wie dieses Märchen entstand, das werden wir wohl nie wissen. Es gibt weder geschichtliche noch wissenschaftliche Fakten, die es bestätigen würden. Krämpfe haben noch nie zum Ertrinken geführt. Menschen, die angeblich durch einen Krampf ertranken, hatten wahrscheinlich Herzanfälle.

Die Theorie, daß man vor dem Schwimmen nicht essen dürfe, besagt, daß das Blut in Ihr Verdauungssystem gezogen werde; wenn Sie dann trainieren, wird – nach dieser Überzeugung – Ihr Herz über Gebühr beansprucht, da Muskeln ja auch Blut brauchen. Tatsache ist, daß bei Beginn einer Körperübung die Blutzufuhr zum Verdauungstrakt absinkt und das Blut in die Muskulatur strömt.

Schlimmstenfalls können Sie vielleicht Seitenstiche bekommen, wenn Sie nach dem Essen trainieren. Außerdem scheinen Krämpfe in überhaupt keinem Zusammenhang zur Nahrung zu stehen. Ich kenne eine amerikanische Schwimmerin, die eine Frikadelle mit Zwiebeln und Senf und vier Schokostangen aß und eine Coca trank – direkt vor einem Wettbewerb der Olympiade von 1968 – und dann ihren eigenen Weltrekord brach.

Das bedeutet selbstverständlich nicht, daß Sie ein Weihnachtsessen vor einem Schwimmwettbewerb zu sich nehmen sollten. Jede heftige Aktivität nach einer Vollmahlzeit kann zu Übelkeit führen. Aber Sie können zweifellos nach Herzenslust in einem warmen Schwimmbecken herumplätschern.

Lüge: Nimm Salztabletten ein, um Ermüdung zu verhindern

Niemals. Salztabletten können schlimmer sein als überhaupt kein Salz.

Es stimmt, wenn Sie reichlich schwitzen, können Sie Muskelkrämpfe bekommen, wenn Sie den Salzverlust nicht ausgleichen. Aber eine Salztablette ist ein fester Brocken Salzlake, und ein fester Brocken Salzlake auf der Schleimhaut des Magens kann zu Übelkeit und Erbrechen führen.

Wenn Sie wissen, daß Sie bei einer Übung oder einem Wettbewerb schwitzen werden, können Sie zuvor mit der Nahrung ein wenig Salz zusätzlich zu sich nehmen. Während des Wettbewerbs können Sie etwas Salz in Wasser trinken oder Salz auf eine Frucht streuen. Es empfiehlt sich sogar, etwas Salz nach Beendigung der Aktivität einzunehmen. Aber übertreiben Sie's nicht. Achten Sie darauf, daß Sie nur den Salzverlust ergänzen, der durch das Schwitzen eintrat. Der Körper speichert Salz nicht. Wenn Sie übertreiben, könnten Sie effektiv jene Krämpfe und Muskelschwächen provozieren, die Sie zu vermeiden suchten. Die Flüssigkeit aus Ihren Körperzellen wird in den Blutstrom und den Verdauungstrakt gesogen, um das Salz aufzulösen, damit es leichter aus dem Körper ausgeschieden werden kann. Genau wie man Fleisch durch Pökeln austrocknet, um es zu konservieren, haben Sie dann Ihr Körpergewebe ausgetrocknet, indem Sie die Salzzufuhr übertrieben haben.

Lüge: Zusätzliches Protein macht dich stark

So viele Sportler glauben dies, und zahlreiche Werbeleute von Zusatznahrung bestärken sie voll Wonne in diesem Glauben. Zusätzliches Protein (Eiweiß) ist reine Geldverschwendung.

Unser Körper verfügt über enorme Reserven. Er kann enorme Anpassungsvorgänge verkraften. Die Vorstellung, daß man spezielle Nahrungsmittel in täglich spezifizierten Mengen essen müsse, um sein Leistungsniveau zu halten, ist nicht stichhaltig. Ich habe einmal ein Experiment über die Auswirkungen von Hunger auf die Arbeitsleistung durchgeführt. Drei meiner Kollegen und ich hungerten vier Tage und Nächte lang. Wir nahmen nur Wasser zu uns, kauten nicht einmal Kaugummi. Ich war zu der Zeit noch Student am Springfield College in Massachusetts. Ich ging jeden Tag zu den Vorlesungen, darunter auch drei sportliche Fächer. Ich machte sogar beim Ringen mit. Zu meinem Erstaunen stellte ich fest, daß ich nach dem dritten Tag eigentlich gar nicht so hungrig war. Nur wenn ich an einer Bäckerei oder einem Würstchenstand vorbeikam, packte mich die Gier. Mehrere Jahre später nahmen wir im Harvard Fatigue Laboratory einen ganzen Monat lang keine Proteine zu uns. Erst gegen Ende des Monats zeigte sich ein Mangel an Blutvitamin B. Lassen Sie mich ganz schnell sagen, daß meine Experimente keinen Beweis dafür lieferten, daß Hungern eine gute Methode ist, Gewicht zu verlieren. Physiologen müssen dazu bereit sein, Unannehmlichkeiten auf sich zu nehmen – um festzustellen, was die Fliehkraft in ihrem Körper bewirkt, um herauszufinden, wie sich Kälte auswirkt –, sie müssen ein Experiment beginnen im Bewußtsein, daß sie ohnmächtig werden. Das ist ja auch ihre Aufgabe. Aber sie tun es wirklich nicht aus Spaß an der Sache. Und der normale Mensch hat nicht den geringsten Grund zu hungern, um Gewicht zu verlieren. Wenn er es aber tut, dann hat das Folgen. Unsere Experimente haben bewiesen, daß der Körper über so weitreichende Protein- und Fettreserven verfügt, daß er keine Zusatznahrung benötigt. Sie beweisen ebenfalls, was geschieht, wenn man über einen längeren Zeitraum hungert. Ich war hundeelend krank danach. Einen Monat lang funktionierte meine Verdauung nicht richtig, und ich war schwächer, als ich eigentlich hätte sein dürfen.

Wenn wir uns aktiv betätigen, benutzt unser Körper sein eigenes Fett und seine eigenen Kohlehydrate als Brennstoff. Eine Diät, die tierische und pflanzliche Proteine einschließt, liefert alles, was der Körper braucht, um seine Vorräte wieder zu ergänzen. Es gibt keine Superdiät für Superleistungen. Wir haben versucht, Sportler mit Gelatinepulver zu füttern, in der Annahme, es sei ein hochproteinreiches Wundermittel, das rasch Energie zuführe. Unsere ersten Tests zeigten, daß die Leistungen sich steigerten. Aber fast alles, was Sie einnehmen, weil Sie glauben, es hilft, *wird* auch helfen. Nachdem wir sorgfältigere Kontrollen anwendeten, stellten wir fest, daß die Wirkung ausschließlich psychologisch gewesen war.

Unser Konzept von einer Breitband-Diät, die wir später untersuchen werden, entwickelte sich aus der ergebnislosen Suche nach einer Diät, die sich lohnte. Man braucht alle Arten Nahrung. Irgendeine davon zu vermeiden, ist genauso falsch wie sich mit Zusatznahrung vollzustopfen.

Lüge: Schlafe ein paar Stunden mehr vor einem Wettbewerb oder wenn du sehr müde bist

Schlaf läßt sich nicht speichern. Man kann auch verlorenen Schlaf nicht wieder aufholen. Wenn Sie versuchen zwölf Stunden zu schlafen, werden Sie sich mieser fühlen als nach acht Stunden. Bettruhe, die länger als acht, bestenfalls auch neun Stunden dauert, bringt Ihnen keine Energie. Eine Bekannte von mir weigert sich, das zu glauben. «Ich kenne doch meinen Körper», behauptet sie nachdrücklich. «Und ich weiß, daß es mir guttut, zwölf Stunden zu schlafen, wenn ich mehrere Tage lang zuwenig Schlaf bekommen habe. Ich fühle mich beim Aufstehen viel besser.» Wenn sie nach neun Stunden aufstünde, würde sie sich noch weit besser fühlen. Der zusätzliche sehr kleine Gewinn, den sie an Erholung und Regeneration dabei herausschlägt, wird mehr als zunichte gemacht durch ihre Nicht-Angepaßtheit an gesteigerte Aktivität. Sie wird «un-fit».

Bettruhe hat eine ernste konditionsmindernde Wirkung. Sämtliche Körperprozesse verlangsamen sich. Nach sechs Stunden Schlaf sinkt die Herzfrequenz auf den niedersten Stand. Der Stoffwechsel wird geringer. Der Blutkreislauf arbeitet träger. Die Muskulatur erschlafft. Der gesamte Körper beginnt an Spannkraft zu verlieren. Wir haben berechnet, daß ein Mensch, der drei Tage lang inaktiv war, fünf Prozent seiner Kraft verloren hat. Wenn man einen halben Tag im Bett liegen bleibt, vermindert man die Zeit, in der man aktiv sein kann; je länger man also über ein Maximum von neun Stunden hinaus im Bett bleibt, desto schwächer wird man.

In entspanntem Zustand im Bett zu liegen, ist übrigens fast so erholsam wie Schlaf. Man kann dabei eine Menge neuer Kraft schöpfen. Anstatt länger als acht Stunden im Bett zu bleiben, weil Sie nicht schlafen konnten vor lauter Angst, sie würden nicht schlafen können, stehen Sie auf – und versprechen Sie sich, sich das nächste Mal zu entspannen, wenn Sie keinen Schlaf finden können.

Lüge: Gerate ins Schwitzen vor einem Wettbewerb

Es wäre besser für Sie, eine kalte Dusche zu nehmen.

Ich kenne einen Läufer, der mit seinem Mädchen an der Bande sitzt und Wassermelonen ißt, bis sein Lauf aufgerufen wird. Dann geht er an seinen Startplatz und gewinnt meistens. Es ist möglich, daß er seine Gegner nur nervös machen will. Andererseits ist er vielleicht up to date über die Fakten, die wir über das sogenannte Aufwärmen herausgefunden haben. In vielen Fällen ist es leistungsmindernd.

Wenn Sie vorhaben, in ein paar Sekunden aus dem völligen Ruhezustand zu höchster Anspannung überzugehen, könnte dies zu einem Versagen des Kreislaufs zum Herzen führen, und das könnte gefährlich sein, wenn Sie ein schwaches Herz haben. Aber wenn Sie nur Ihre Aktivitäten stufenweise steigern und ein Spiel spielen, das nicht anstrengend ist, dann ist es nutzlos, sich vorher bis zum Schwitzen aufzuwärmen, ja es könnte sogar nachteilig sein, wenn es sich bei der Übung um eine Ausdaueraktivität handelt. Aufwärmen ist bei Sprintern in Ordnung, die ihren Start erproben wollen. Jedes «Aufwärmen» der Technik – im Unterschied vom Aufwärmen bis zum Schwitzen – ist in Ordnung. Doch Langstreckenläufer werden die ganze Energie benötigen, die sie haben, und müssen so lange wie möglich kühl bleiben. Wenn bei ihnen der Schweiß spritzt, sind sie erledigt. «Er ist in seinem Trainingsanzug aus dem Rennen gegangen», lautet ein populärer Satz unter Läufern. Trotzdem wärmen sie sich weiterhin hartnäckig in Trainingsanzügen auf. Darunter muß ihre Leistung leiden. Wir wissen, daß Läufer, die sich am längsten kühl halten, die besten Leistungen bringen. Einmal ließen wir Läufer an einer Oberschule zehn Minuten lang vor dem Start unter kalten Duschen stehen. Mann für Mann erreichten sie entweder ihre Bestleistung oder übertrafen sie. Und sie fühlten sich hinterher besser.

Es gibt zwei Gründe, warum ausgedehntes Aufwärmen und Ins-Schwitzen-Geraten produktionsfeindlich sind: sie vermindern die Nährstoffreserven, und die Körperwärme, die sie hervorrufen, nimmt Energie weg, die für die Leistung nötig ist. Das sollte sich jeder hinter die Ohren schreiben, der mit einem Fitness-Programm beginnt.

Lüge: Schwitzen bringt dich in Form

Ich kenne einen Tennisprofi in Marina del Rey, der während der Stunden, die er gab, einen Trainingsanzug trug und sich daran gewöhnte, ihn auch bei Tennismatches zu tragen, um abzunehmen. Das führte dazu, daß er eine ganze Reihe von Spielen an Gegner verlor, gegen die er hätte gewinnen sollen und früher auch immer gewonnen hatte. Ein weiterer Bekannter trug über seinem Trainingsanzug einen Gummianzug. Er lief sich vor dem Match warm. Dann spielte er kraftvoll Tennis, wobei er sich immer wieder mit einem Handtuch den Schweiß abtrocknen mußte, um sehen zu können. «Jim, Sie verlieren Ihre Form», erklärte ich ihm. «Das einzige, worauf Sie sich konditionieren, ist Hitzeanpassung. Wenn Sie Ihren Körper dermaßen überhitzen, können Sie nicht hart genug spielen, um eine gute Kondition zu bekommen. Spielen Sie kühl, dann können Sie härter arbeiten und so eine bessere Tenniskondition erreichen.»

Gummianzüge mögen Sie ja an Hitze akklimatisieren – was ein guter Gedanke ist, wenn Sie in den Tropen Tennis spielen wollen oder in der Wüste einen Kampf austragen wollen –, aber sonst tun sie absolut nichts für Sie, ja sie könnten sehr leicht Ihr Leben gefährden.

Grundregel für körperliche Übungen ist: vermeiden Sie es, wann immer möglich, schweißüberströmt zu sein, Wärme abzugeben kostet Energie. Diese Energie entströmt Ihren Schweißdrüsen; Millionen davon liegen dicht unter Ihrer Haut und verbrauchen Stoffwechselenergie, um Schweiß abzusondern. Diese Energiemengen werden von der Gesamtenergie abgezogen, die Ihnen zur Verfügung steht, um Ihre körperliche Leistung zu vollbringen.

Ihre Muskeln müssen ihren Teil von dieser Energie erhalten, wenn sie gut funktionieren sollen. Wenn ein proportional unangemessener Teil dieser Energie dazu verwendet wird, Schweiß zu produzieren, dann bleibt nicht genug für Ihre anderen Körperfunktionen übrig. Die Arbeitsmenge, zu der Sie fähig sind, mindert sich, wenn die Schweißdrüsen Energie verbrauchen. Und wenn sie erschöpft sind, sondern sie nicht mehr ab, und Sie laufen Gefahr, einen Hitzschlag zu bekommen.

Der zweite Energieverlust findet in Ihrem kardiovaskulären System statt. Wenn sich die Haut erhitzt, öffnen sich die peripheren Blutgefäße, die zur Haut führen. Ein Großteil Ihrer Blutmenge schießt an die Körperoberfläche. Dabei wird den Muskeln das Blut entzogen, das sie benötigen. Das Herz versucht den Verlust auszugleichen und pumpt heftiger. Die Belastung wird so hoch, daß Sie kollabieren können, wenn dieser ungute Zustand über eine längere Zeitspanne anhält. Sie können möglicherweise auch daran sterben. Schweiß gewaltsam hervorzurufen ist gefährlich – und trägt nichts zur Fitness bei.

Die ideale Bekleidung für Übungen in der Hitze ist die nackte Haut. Wenn Sie im Haus trainieren, reicht Ihre Unterwäsche gut aus. Wenn Sie im Garten arbeiten, traben, Tennis oder Golf spielen, sollte Ihre Bekleidung leicht und von heller Farbe sein. Der Unterschied zwischen einem dunklen und einem hellen Hemd kann der Unterschied zwischen Annehmlichkeit und Unbequemlichkeit sein.

Es ist ungefährlich, wenn Sie sich angenehm kühl fühlen, während Sie hart trainieren. Aber es ist ein absoluter Nachteil, wenn Sie sich dabei unbequem erhitzt fühlen. Das ist sogar im Schlaf abträglich. Vor nicht allzu langer Zeit ging es mit der Mutter eines meiner Freunde rapide bergab, ohne daß man einen sichtbaren Grund hätte finden können. Sie war aktiv. Ihre Diät war in Ordnung. Sie hatte einen Arzt aufgesucht; er hatte nichts feststellen können, was bei ihr nicht in Ordnung gewesen wäre. Gerade in dieser Zeit befaßte ich mich mit den Auswirkungen von Hitzespeicherung auf Energie. Also fragte ich die Dame, ob sie vielleicht zufällig eine elektrische Wärmedecke benutze. Ja, sagte sie, sie habe gerade eine zu Weihnachten bekommen. Ich bat sie, die Einstellung zu überprüfen. Es stellte sich heraus, daß sie die Decke auf Höchststufe hatte laufen lassen und die ganze Nacht schweißgebadet dagelegen hatte. Ich riet ihr, die Wärmezufuhr auf eine niedrige Stufe zu regulieren, mit der die Klammheit aus dem Bett vertrieben, die sie aber nicht überhitzen würde. Ihre Energie stellte sich sprunghaft wieder ein.

Schwitzen zwingt das Herz *effektiv*, mehr zu arbeiten, was eines der Ziele der Fitness-Übungen ist, aber es tut dies auf eine riskante Weise. Beim Training können Sie das Pulsieren Ihres Herzmuskels unter Kontrolle halten, indem Sie ganz einfach die Übung abbrechen. Doch wenn Sie das Herz überlasten, indem Sie Ihren Körper überhitzen, gibt es keine Möglichkeit, wie Sie den Prozeß stoppen könnten, außer Sie springen in eiskaltes Wasser.

Schwitzen verbraucht *tatsächlich* Kalorien, doch ist es eine gefährliche Methode, abzunehmen. Es wäre möglich, daß Sie mit einer hervorragenden Figur im Leichenschauhaus landen. Das ist zwar eine weithergeholte Möglichkeit, aber warum sollten Sie das Risiko eingehen?

Woran Sie sich grundsätzlich erinnern sollten, ist dies: Sie haben nur eine bestimmte Energiemenge zur Verfügung. Es kostet Sie eine Menge Energie, Hitze abzugeben. Wenn Sie Ihre Energie auf diese Weise einsetzen, werden Sie nicht genug Energie übrig haben, die Aufgabe zu erfüllen, auf die Sie brennen. Runter mit den Trainingsanzügen! Weg mit der Gummikleidung!

Lüge: Zieh nach dem Training einen Sweater an

Das ist eins der Lieblingsmärchen unserer Großmütter. Aber es ist ebenfalls Unsinn. Es besteht gar kein Grund, die Erhitzung zu verlängern, indem man Körperwärme durch ein Kleidungsstück einschließt. Und was das Argument betrifft, daß man sonst mit einer Erkältung liebäugle, so ist es möglich, daß ein Teil Ihres Körpers, etwa der Nacken, steif werden könnte, aber man holt sich keine Erkältung durch Temperaturwechsel. Ich habe mit anderen menschlichen Meerschweinchen stundenlang in einem unterkühlten Raum gesessen. Wir untersuchten, wie der Körper Temperaturen reguliert. Wir klapperten ziemlich heftig mit den Zähnen, aber erkälteten uns nie. Außerdem bekamen wir auch keinen steifen Nacken.

Helfen Sie Ihrem Körper, nach einem Training, das ihn zum Schwitzen brachte, wieder in den Normalzustand zurückzufinden, indem Sie Ihren Pullover *nicht* anziehen. Dann, wenn Sie sich nicht mehr erhitzt fühlen und aufgehört haben zu schwitzen, ziehen Sie den Sweater an, damit Sie sich nicht unterkühlen. Sie werden sich viel wohler fühlen, wenn Sie nicht so lange überhitzt bleiben.

Lüge: Die kalte Dusche nach der heißen, damit sich die Poren schließen

Das ist vollkommen unnötig. Eine kühle Dusche nach einer warmen ist möglicherweise ein angenehmes Gefühl, aber die eiskalte sollten Sie unterlassen, sogar wenn Sie Masochist sind und Spaß dran haben. Sie tun sich selbst damit nicht nur nichts Gutes, wenn Sie sich dieser Folter unterziehen, Sie können sogar Ihr Leben in Gefahr bringen. Mein alter Freund George Folsey, Filmfotograf in Hollywood, genoß es, seine Dusche eiskalt zu beenden. Er konnte nicht begreifen, wieso er davon Brustschmerzen bekam. Tatsächlich hatte er damit einen Anfall von *Angina pectoris* hervorgerufen. Das kalte Wasser bewirkte, daß sich die Blutgefäße gleichzeitig im Herzen und in der Haut zusammenzogen. Blutgefäße sind aber keine Poren. Es ist nicht nötig, Poren zu «schließen».

Lüge: Niemals in der heißen Mittagssonne trainieren

Wie der englische Dramatiker Noël Coward es in einem Couplet ausdrückte, wagen sich nur «tolle Hunde und Engländer» in die Hitze der Mittagssonne. Tatsächlich ist diese Stunde an einem sonnigen Tag am sichersten. Wenn die Sonne genau über Ihnen steht, brauchen Sie nichts weiter als einen Hut, um sich gegen sie zu schützen. Am späteren Morgen oder späteren Nachmittag hingegen gibt es keine Möglichkeit, wie Sie Ihren Körper vor der direkten Bestrahlung durch die schräg einfallenden Sonnenstrahlen schützen können.

Lüge: Kein Sex vor sportlicher Betätigung

Die weitverbreitete Meinung, daß sexuelle Abstinenz irgendwie Kräfte speichere, beruht auf keinerlei wissenschaftlichen Grundlagen. Sportler sind allen möglichen Einschränkungen unterworfen. Je mehr man sie von Zwängen befreit, desto besser sind ihre Leistungen. Es hat den Anschein, daß Sportler sogar bessere Leistungen nach Geschlechtsverkehr bringen, selbst wenn dieser am Morgen vor einem Wettbewerb stattfand. Aufgeklärte Trainer ermutigen Ihre Schützlinge sogar, ihre Partner mitzubringen.

Lüge: Frauen verlieren durch sportliches Training ihre Weiblichkeit

Im Gegenteil. Sie werden weiblicher, mehr sexy, und ihre animalische Vitalität wächst. Sie sind geschmeidiger, bewegen sich mit mehr Kraft und entwickeln den typischen Sportlerinstinkt, sich zu entspannen – ein Flair der Gelöstheit, unter dem sich Kraftreserven verbergen, die darauf warten, eingesetzt zu werden.

Frauen, die Gewichte heben und gymnastische Übungen machen, entwickeln straffe Muskeln, aber dank ihrer subkutanen Fettschichten, die dicker sind, bilden sich bei ihnen nicht die Muskelstränge wie bei Männern heraus. Der Körper behält seine weiblichen Konturen. Die Entwicklung der Brustmuskulatur unterstreicht die Umrisse der Brüste. Hüften und Schenkel, die Hauptsorgepunkte für Frauen, werden durch Übungen schlanker.

Lüge: Dicke Muskeln machen dich kräftiger

Daran haben wir vor zwanzig Jahren alle noch geglaubt. Heute wissen wir, daß man kräftiger werden kann, ohne den Muskelumfang zu vergrößern, und daß man seine Muskeln aufblähen kann, ohne an Kraft dazuzugewinnen – und daß Riesenmuskeln wahrscheinlich überhaupt gar keine so gute Idee waren.

Es ist keineswegs zwangsläufig so, daß große Muskeln auch starke Muskeln, daß starke Muskeln leistungsfähigere Muskeln und daß leistungsfähigere Muskeln auch gesündere Muskeln sind. Mit Ausnahme derer, die einen massiven Körper brauchen, um schwere Lasten zu heben, akzeptieren Sportler heutzutage, daß sie ihre Muskeln klein halten sollten. Diese Information hat sich, leider, noch nicht bis hinunter in die Fitness-Institute verbreitet. Derartige Unternehmen propagieren noch immer ein Leitbild von Körperschönheit, das längst veraltet und als falsch erkannt ist.

Anfang 1900 begann ein Dr. Dudley Sargent von der Harvard University, die gymnastischen und turnerischen Übungen, die aus Schweden und Deutschland kamen, zu modifizieren. Beide Systeme hatten ihren Ursprung in der Landwirtschaft, beide waren entwickelt worden, damit der Körper einen besseren Anblick biete. Dr. Sargent nun propagierte die Idee vom idealen Mann und der idealen Frau in den USA. In seinem Labor hatte er Tausende von Messungen an Sportlern vorgenommen, mit Bandmaß, Zirkeln und Stadiometern. Er entwickelte ausführliche Kartographien, auf denen zu sehen war, wie der Idealumfang von Armen, Taille, Brust und Beinen sein müsse. Außerdem entwickelte er ganze Trainingssysteme, mit denen sich die Körpermaße verändern ließen, so daß sie seinem Standard entsprachen.

Die Anstrengung, die nötig war, diese idealen Körpermaße zu erlangen, bewirkte eine gewisse Verbesserung der Fitness bei den Praktikanten. Aber Fitness war ja keineswegs das Ziel. Das Ziel war, den Idealkörper zu produzieren. Dieser Wahn hat sich bis in unsere Tage erhalten. Schauen Sie in jeden x-beliebigen Body-Building-Club, Gesundheits-Club oder Schlankheits-Salon; dort finden Sie Statuen griechischer Götter und Göttinnen und Fotos von unwahrscheinlich aussehenden Männern und Frauen. Leute, die solche Einrichtungen besuchen, wünschen sich, daß ihre Körper so wie diese Idealbilder würden. Auf individuelle Unterschiede wird keine Rücksicht genommen. Noch kümmert man sich darum, was im Körper drinnen dabei passiert. Es kommt nicht darauf an, daß einer dabei vielleicht auf einen Herzinfarkt zusteuert oder unfähig wird, sich zu entspannen. Wenn er gut aussieht, ist er fit. Die Männer in Hollywoodfilmen sehen phantastisch aus. Sie sind schlank und sonnengebräunt. Außerdem haben sie aber auch Magengeschwüre.

Gut auszusehen ist etwas sehr Wünschenswertes. Es kann ein Nebenergebnis eines vernünftigen Fitness-Programms sein. Aber es ist keineswegs die Nagelprobe für Fitness und es sollte auf keinen Fall Hauptziel eines Fitness-Programms sein. Dieses Hauptziel sollte vielmehr sein, einen hochqualifizierten Körper zu entwickeln, der voll Lebenskraft ist und die Fähigkeit besitzt, Stress und Anstrengung auszuhalten.

Ironischerweise kann dieses weitbeliebte tarzanähnliche Idol für den männlichen Körper – breite Brust, Riesenschultern und Arme – ausgesprochen leistungsabträglich sein. Hypertrophie, also übertriebenes Wachstum der Muskelmasse, heißt, daß man zusätzliches Gewicht mit sich herumschleppen muß und dadurch in seinen Bewegungen behindert ist. Gewissermaßen ist es, als wäre man fettleibig; anstatt einer Hypertrophie der Fettzellen entwickelt man hypertrophe Muskelzellen.

Doch der größte Ärger und die meisten Probleme entstehen durch das fehlgesteuerte Ziel, das den Menschen eingeimpft wird. Jemand, der feststellt, daß sein ihm gestecktes Ziel für ihn unerreichbar ist, verkrampft sich und tut schließlich überhaupt nichts mehr. Solange diese irrigen und falschen Imagevorstellungen über Fitness in der breiten Öffentlichkeit weiterbestehen, werden die meisten Menschen entmutigt, sich auf ein echtes Fitness-Programm einzulassen. Wenn Training bedeutet, daß Sie sich zu einem Gymnastiksalon begeben, daß Sie dafür Geld ausgeben müssen, um eine Stunde lang schwer und selbstquälerisch zu fronen, um sich auf nicht erreichbare Ziele hinzuwinden, dann werden Sie es einfach leid. Es ist wirklich nicht erstaunlich, daß die meisten Menschen nicht körperlich trainieren.

Wir verbringen unser Leben mit genügend Zwängen und strikten Regeln. Dazu noch falsche Zielsetzungen, unnötige Anstrengung bei Körperübungen, sexuelle Enthaltsamkeit und diätetische Beschränkungen hinzuzufügen, die überhaupt keinen Nutzen haben, das ist eine unmenschliche – und außerdem biologisch unnötige – Forderung.

Wogegen ich kämpfe, ist jene Art strenge Disziplin, die anordnet, daß Sie jeden Morgen um sechs Uhr Ihre Fenster weit aufzureißen haben, zehnmal tief ein- und ausatmen müssen, die täglichen zehn Liegestützen oder ähnliches absolvieren müssen, dann eine eiskalte Dusche zu nehmen haben und dann endlich frühstücken dürfen – ein Frühstück aus Algen und Vitaminpillen. Für die Gesundheit ist das alles völlig unnötig, und es *könnte* mehr Schaden bringen als Nutzen.

Damit will ich nicht sagen, daß etwas dagegen einzuwenden

ist, frische Luft zu atmen, oder daß es nicht nützlich wäre, ein paar gymnastische Übungen zu machen, oder daß es schädlich wäre, gesunde Nahrung zu essen. Was ich sagen will, ist nur, daß Sie sich nicht zu einem Lebensstil zwingen müssen, der eigentlich für Sie eine Belastung darstellt. Die meisten Menschen sind heute sowieso bereits mit Anforderungen überhäuft. Sie müssen zu einer bestimmten Zeit auf und wach sein, zu einer vorbestimmten Zeit am Arbeitsplatz erscheinen, ihre Arbeit nach vorbestimmten Normen erledigt haben, eine bestimmte Menge Geld verdienen. Alle diese Anforderungen können eine solche große Belastung darstellen, daß sie gesundheitsschädigend sind. Nun aber zusätzlich dazu noch Verpflichtungen aufzubürden, die wirklich unnötig sind, das ist Idiotie.

Eine Gastgeberin ist nicht glücklich, bis ihre Gäste sich so vollgestopft haben, daß sie sich unwohl fühlen. Das gleiche perverse Prinzip wird weitgehend immer noch für Körpertraining angewendet. Wir sind nicht glücklich mit einer Übung, wenn sie nicht unbequem ist.

Die Tyrannei der Fitness-Propheten

Ich sage es mit Bedauern, aber viele Fitness-Lehrer, die Körpertraining kommandieren, sind nicht zufrieden, wenn ihren Schützlingen am Ende der Übung nicht die Zunge heraushängt. Diese Exerziermeister leiden an einem Gebrechen, das ich als «Ergomanie» bezeichnen möchte, als «Arbeitswahn». Sie sind von einem geradezu widerlichen Enthusiasmus für Körperübungen besessen. Sie sind überzeugt, daß Training nur dann nutzvoll für Sie ist, wenn Ihnen der Schweiß aus den Poren spritzt – oder wenn möglich das Blut.

William Sheldon von der Yale University unterscheidet Körpertypen nach Mesomorphen, Ektomorphen und Endomorphen. Mesomorphe Menschen sind jene schwermuskulösen, schwerknochigen, breiten und untersetzten Typen. Sie genießen anstrengende körperliche Tätigkeit und körperlichen Kontakt. Sie schwitzen gern, und es macht ihnen nichts aus, wenn sie bluten. Je heftiger die Konkurrenz, desto mehr blühen sie auf. Am wohlsten fühlen sie sich, wenn sie sich vollkommen erschöpft unter die Dusche stellen können. Wahrscheinlich duschen sie hinterher auch noch eiskalt. Aus diesem Typ Mensch rekrutieren sich gewöhnlich die Leute, die Körpertraining leiten. Sie bringen für ektomorphe und endomorphe Menschen keinerlei Sympathie auf.

Ektomorphe Menschen stellen den mageren, zarten und nervösen Typus dar. Ihrer Natur gemäß können sie nicht ruhig sein. In dem Moment, wo sie die Turnhalle betreten, haben sie möglicherweise bereits ihr Quantum an körperlicher Aktivität für den Tag ausreichend absolviert. Trotzdem werden sie mit dem Trainingsleiter kooperieren, da sie von Natur aus aktiv sind. Dieser Typus läßt sich leicht bis zur Erschöpfung hetzen.

Endomorphe Menschen hassen Körperübungen und die, die solche Übungen befehlen. Sie sind der rundliche, weiche, etwas schlappe Typ, der Bequemlichkeit und Annehmlichkeit liebt. Sie widersetzen sich der Superenergie des Turnmeisters. Sie verstecken sich in dunklen Ecken, wenn es an der Zeit ist, sich zum Wettlauf anzustellen. Sie sind des Trainingsleiters bevorzugtes Ziel. Er möchte nämlich den Endomorphen nach seinem eigenen Bild umformen. Er möchte, daß dessen Sanftheit zur Härte werde, daß seine Liebe für den bequemen Luxus Athens sich in Hingabe an die Unbequemlichkeit Spartas verwandle.

Die meisten Bücher über Körperertüchtigung werden von Mesomorphen verfaßt, die es auf die Endomorphen abgesehen haben.

Die schlimmste aller Sünden aber ist es, wenn Trainingsleiter Übungen als Strafmaßnahme einsetzen. Es ist Brauch an vielen Schulen, daß ein Schüler, der beim Sport nicht so recht mitmacht, gezwungen wird, eine bestimmte Anzahl Liegestützen zu machen oder soundso viele Runden auf der Bahn zu laufen.

Bis zur Erschöpfung führende körperliche Ertüchtigung wird offenbar irgendwie für charakterbildend gehalten. Auf Polizeischulen benutzt man dergleichen als Selektionsmethode, um Bewerber mit einem «schwachen Charakter» auszusieben. In derartigen, einer Strafarbeit ähnlichen Programmen ist es das Ziel des Exerziermeisters, seine Schüler steif und schmerzerfüllt zu entlassen. Die dem zugrunde liegende Theorie lautet, daß sie sich nicht genügend «ausgearbeitet» haben, wenn es ihnen nicht am Schluß Schmerzen bereitet. So etwas führt den unerfahrenen Schüler dazu zu glauben, daß Selbstbestrafung Teil seiner Trainingsübungen ist. Diese mentale Krankheit verbreitet sich in die Fitness-Programme von Städten und Gemeinden. Ich begegne Menschen in Parks und auf Spielwiesen, die fest davon überzeugt sind, daß es ohne Schmerzen keinen Fortschritt gebe – wie etwa der Boxer Gene Tunney, der nachts in der Kälte seine Runden zog, bis er nicht mehr weiter konnte, und der trotzdem weiterlief.

Derartige Programme bewirken Enttäuschung, führen zu Schädigungen und – manchmal – zum Tod. Das alles ist so unnötig.

Das Image, was für einen Sportchampion alles nötig und wichtig sei, wurde einfach darauf übertragen, was es bedeute, fit zu sein – Venen, die fast platzen, Lungen, die verzweifelt nach Luft ringen, Schmerzen. Das ist nicht nur ein schlechtes Fitness-Image, das kann auch für Sportkoryphäen schlecht sein. Einer meiner Studenten an der UCLA war James McAlister, der nicht nur ein hervorragender Football-Spieler, sondern daneben auch noch ein Weltklasse-Weitspringer ist. In der Nacht vor einem Leichtathletik-Wettbewerb zog er mit ein paar alten Freunden, die danach gegen ihn antreten sollten, durch die Nightclubs. Hinterher erzählte er mir: «Ich hab zwei Fliegen mit einer Klappe erwischt. Ich hab meine alten Kumpel wieder mal getroffen und ich hab meinen Rekord überboten.»

Professionelle Sporttrainer finden heraus, daß ein Gutteil der Zwänge, denen sie ihre Sportler unterwerfen, nicht notwendig sind, sondern eigentlich nur die sowieso schädlichen Belastungen im Training eines Sportlers vermehren. Ich selbst war Trainer, und ich habe die gleichen Fehler begangen. Es ist nicht nötig, wirklich nicht, ein Prinzip strikter Trainingsabsolvenz zu befolgen oder sich auf ein «Angetreten – marsch, marsch!» zu verlassen. Trainingspläne, Überprüfung der Schlafräume, die Absonderung der Sportler in einer Universität von anderen in besonderen Schlafräumen – das macht doch aus einem Sportler so etwas Ähnliches wie ein Zirkustier. Sinnlose Trainingsregeln und Bestimmungen zwingen den Trainer in die Rolle des Dompteurs, der seine Sportler mit der Peitsche zur Unterordnung zwingt. Die besten sportlichen Leistungen werden von den Sportlern gebracht, die «sich auf sich selbst gestellt» fühlen, wenn sie sich auf das Ereignis vorbereiten. Sicher, ein guter Trainer wird immer handfeste, genaue Anweisungen geben und endgültige Entscheidungen treffen. Aber er wird seine Leute nicht mit unvernünftigen Verboten belasten. Er kennt die physiologischen Bedingungen des Trainings. Deshalb wird er wohl Milch nicht verbieten, «weil sie die Lungenkapazität verringert» (er weiß, daß das nicht stimmt). Diät ist wirklich nicht so über alles wichtig. Ebensowenig ist der Schlaf über eine ganze Nacht wichtig. Wir haben eine ganze Menge gelernt, seitdem man Eleanor Holm aus dem Team der US-amerikanischen Schwimmer für die Olympiade hinauswarf, nur weil sie auf dem Schiff ein Glas Champagner getrunken hatte. Es gibt unzählige Sachen, die man in dieser Richtung über Fitness lernen könnte.

Jim McAlister weiß genau, daß es nicht nötig ist, ein spartanisches Leben zu führen, damit man ein Spitzensportler wird. Erschöpfung und stupide Reglementierung gehören nicht zu seinem Trainingsprogramm. Und sie sollten auch nicht zu dem Ihrigen gehören.

3. Fit sein wofür?

Nehmen wir an, Sie haben sich einen angenehmen Lebensstil erarbeitet. Sie besitzen ein bequemes Heim, das Ihren gesellschaftlichen und psychischen Ansprüchen entspricht. Ihre Kinder sind entweder auf der Universität oder hoffen doch, bald an eine Hochschule zu kommen. Ihre Aktiva übersteigen Ihre Schulden, Sie sind gut versichert. Außerdem haben Sie noch ein bißchen Geld auf einem Sparkonto, und Sie arbeiten in einer beruflichen Rangstufe, die diesen Gesamtzustand bequem erhalten kann. Wieviel besser ginge es Ihnen denn eigentlich, wenn Sie doppelt so hart arbeiten würden? Es besteht die Möglichkeit, daß Sie gar nicht so sehr viel dabei gewinnen würden – ja, Sie könnten sogar sehr viel schlechter dabei abschneiden. Die Mehrarbeit würde Ihnen die Zeit beschneiden, die Ihnen für sich selbst und für die Erholung bleibt. Außerdem könnte diese Mehrarbeit Sie krank machen.

Die Falle der gesteigerten Erwartungen besteht potentiell gleichermaßen für den Menschen, der fit sein möchte, wie für den, der reich werden will. Wenn die Tatsache, daß Sie mehr kriegen, Ihr Bedürfnis nach noch mehr anregt, dann werden Sie niemals zufrieden sein. Das Geheimnis des Glücklichseins liegt in einem Ziel, das Sie erreichen *können.* Wenn eine Frau beschließt, so aussehen zu wollen wie eine Schönheit aus *Vogue* oder *Brigitte,* hat sie den Pfad in die Verzweiflung eingeschlagen. Der Weg zur Fitness bedeutet, daß man sich über alles freut, was einen aus dem derzeitigen Zustand in einen *etwas* besseren bringt.

Ein flacher Bauch sieht großartig aus. Unter gewaltigen Anstrengungen wird es Ihnen gelingen, solch einen eisenharten Unterleib zu entwickeln, der in der Mitte die Turnerfalte aufweist. Wenn Sie bereit sind, jeden Tag so hart zu arbeiten, damit Sie so phantastisch aussehen, na gut. Aber man muß wirklich nicht einen eisenharten Bauch haben, um fit zu sein. Sie können einen mehr als annehmbaren hübschen Unterleib mit einem Minimum an Übungen bekommen.

Wenn Sie so fit sein wollen, daß Sie im Handstand hundert Armbeugen fertigbringen wollen, na schön. Aber um wieviel werden Sie dadurch für die realen Anforderungen in Ihrem Leben mehr fit? Der Mann, der hundert Armbeugen im Handstand machen kann, ist nämlich wirklich nicht so sehr viel mehr fit, was die Verhinderung von Verschleiß betrifft, und wirklich nicht so sehr viel mehr fit für gewöhnliche Notfälle, als er es mit einem viel weniger strengen Programm wäre.

Nehmen wir an, Sie spielen Golf. Für Golf braucht man Leistung. Die Bewegung ist hier explosionsartig. Man braucht Muskelstärke. Wenn Ihre Stärke mangelhaft ist, dann ist Ihre Fähigkeit, Leistung zu entwickeln, begrenzt. Wenn wir ein Training im Gewichtheben mit Ihnen durchexerzieren, damit Sie Muskelstärke entwickeln, wird sich Ihre Leistung erhöhen und Ihr Spiel verbessern. Doch es gibt einen Punkt, jenseits dessen Stärke nichts weiter ausrichtet. Wenn Sie fortfahren, Ihre Stärke zu entwickeln, werden Sie nicht fähig sein, sie sinnvoll und nützlich anzuwenden. Sie verschwenden Zeit und Energie. Sie würden viel besser daran tun, Zeit und Energie auf eine Verbesserung Ihrer Spieltechnik zu verwenden.

Wir benötigen ein bestimmtes Quantum Muskelstärke, Ausdauer und Kreislauf-Atmungs-Ausdauer, um richtig zu leben und unsere täglichen Aktivitäten erfolgreich und ohne Ermüdungserscheinungen auszuführen. Aber wenn wir uns auf ein sehr hohes Niveau hinauftrainieren, gewinnen wir nur sehr wenig mehr Gesundheit und Fitness für das Alltagsleben, als wir in einem Übungsprogramm von dreißig Minuten pro Woche gewinnen können, das auf der Pulsfrequenzmethode beruht. In diesen dreißig Minuten, Sie werden es bald erfahren, werden alle Muskeln trainiert, die trainiert werden müssen, und genau im richtigen Maß.

Eine einzelne Aktivität reicht nicht

Die meisten Menschen, die sich in ein Fitness-Programm stürzen, suchen nach der einen und einzigen Betätigung, mit der sie alles erreichen können. Gewichtheber sind überzeugt, daß Gewichtheben alles, was sie jemals nötig haben, bringen werde. Der Tennisspieler glaubt, daß Tennis der vollkommene Sport ist. Langstreckenläufer nehmen an, daß alle guten Dinge ihnen zufallen werden, solange sie nur weiterzockeln. Schlußfolgerungen oder Annahmen wie diese sind ein Anzeichen für das Fehlschlagen von Fitness-Programmen. Ein Läufer kann zum Beispiel ein Jahr lang jeden Tag die Meile in acht Minuten schaffen. Am Jahresende wird er in schlechterer Form sein als am Ende des zweiten Monats. In den ersten zwei Monaten würde sich seine Kondition verbessern, wenn er eine Meile läuft. Aber wenn er fortfährt, die Meile genau auf die gleiche Art zu laufen, dann paßt er sich den Anforderungen an, seine Reaktionen lassen nach, der «Konditionsverlust» beginnt. Wir werden später noch über dieses Phänomen sprechen.

Jede verschiedene Art körperlicher Anstrengung hat ihre spezifischen Konditionierungswirkungen, Punkt. Kurzstreckenläufe bauen nicht die Ausdauer für Langstreckenläufe auf. Schwimmen entwickelt keine Muskelstärke. Gewichtheben verbessert den kardiovaskulären Zustand nicht. Obgleich Training in jeder Form nützlich ist, entwickelt doch keine Sportart allein eine allgemeine Fitness. Mehrere Arten von Übungen sind vonnöten, um eine Gesamtentwicklung zu erreichen.

Das Konzept der Fitness ist im Wort enthalten. Fit sein wofür?

Vor kurzem forderte mich die Los Angeles Police Academy auf, für ihre Schüler ein Fitness-Programm aufzustellen. Als ich die vergangenen und jetzigen Programme, die sie dort hatten, kritisch untersuchte, fiel mir ein bestimmtes Muster auf. Der derzeitige Sportleiter war ein Preisboxer. Er ließ alle Polizeianwärter gegen Säcke boxen, Seilhüpfen und gegeneinander zum Sparring antreten. Der vorherige Sportlehrer war ein Leichtathlet, und sein Trainingsprogramm wirkte wie eine Fünfkampfausscheidung. Das Lehrinstitut war dem Mann, den es anstellte, vollkommen ausgeliefert. Man verschwendete keinerlei Überlegungen darauf, welche verschiedenen Arten von Fitness die Polizeiarbeit erforderte. Ich ließ einen meiner Ermittler verschiedene Polizisten auf ihren Runden begleiten und eine Untersuchung über ihre verschiedenen Pflichten anfertigen. Auf der Grundlage dieser Ergebnisse entschieden wir, daß der Polizist für kurze Aktivitätsexplosionen fit sein müsse. Wenn ein Polizist hinter einem Verdächtigen herrannte und ihn nicht auf den ersten vierzig Metern einholen konnte, dann fand er einen anderen Weg, ihn zu erwischen. In Los Angeles muß die Polizei ihre Uniform selbst bezahlen, ebenso die Reparaturen; wenn also einer über einen Zaun hätte klettern müssen, um einen Flüchtigen zu fangen, dann sagte er sich: ach, zum Teufel damit. Die Verdächtigen, die sie fingen, waren erstaunlich kräftig; wenn der Verdächtige ein Homosexueller war, dann war er etwa ein Bodybuilder. Wir hatten stets den Polizisten für den starken und den Kriminellen für den schwächeren Mann gehalten, doch nun begann sich unser Eindruck zu ändern. Wir gingen in Gefängnisse und testeten die Stärke von Häftlingen, da wir voraussetzten, daß die Polizisten mindestens so stark sein sollten wie ihre Gegner. Aus dieser Untersuchung heraus konnten wir mit größerer Genauigkeit das Fitness-Bedürfnis der Polizisten bestimmen und schlugen der Akademie ein andersgeartetes Programm vor. Statt dem Fünf-Meilen-Lauf, der in den meisten Trainingsprogrammen der Polizeischule ein Muß ist, schrieben wir Fünfzig-Meter-Sprints in Intervallen vor. Statt der Punchingsäcke für Boxer setzten wir Gewichtheben ein. Wir bauten den Nahkampfdrill aus und Festnahmemethoden.

Frag dich, wer du bist

Bevor Sie mit einem Fitness-Programm beginnen, müssen Sie zuerst einmal wissen, wer Sie sind. Mein Mitautor, Leonard Gross, hat ein Programm für einen Schriftsteller, Ehemann, Vater, Skiläufer und Tennisspieler. Hätten wir ein Programm nur für den Schriftsteller, Ehemann und Vater entwickelt, dann würde es ganz anders aussehen. Es hätte z. B. keine Forderung nach Leistungsextremen gegeben. Indem wir aber Skilaufen und Tennis hinzunahmen, mußten wir für ein hohes Maß an Muskel- und Kreislauf-Atmungs-Ausdauer sorgen.

Das Ziel ist es, fit zu sein, für das, was man ist. Wenn Sie nicht Tennis spielen oder Ski laufen, dann brauchen Sie wirklich nicht das gleiche Niveau an Fitness, das für einen Tennisspieler oder Skiläufer nötig ist.

Für Fitness zu trainieren, das liegt genau zwischen der Physiotherapie für den Rekonvaleszenten auf der einen und der sportlichen Hochleistung auf der andern Seite der Skala. Es gelten die gleichen Grundprinzipien – nur auf andere Weise.

In der Physiotherapie ist das Problem der Muskelschwund. Also ist das erste Ziel, den Muskel zu vergrößern, damit genügend Gewebe vorhanden ist. Man kann einen Muskel nicht kräftigen, wenn er nicht genügend Gewebe hat, das man kräftigen könnte. Zu diesem Zweck regt man die Patienten an, ihre Bemühungen auszudehnen, bis sie unbewußt andere Muskeln als Ersatz einsetzen, um ihre Vorhaben zu erreichen. Kernpunkt der Therapie ist es, sie dazu zu bringen, daß sie Muskeln einsetzen, die bisher ungenutzt waren. Wenn der Patient beginnt, den übrigen Körper dazu zu verwenden, sein Bein zu heben, dann ist er auf dem Weg zum Normalzustand zurück.

Im Hochleistungssport ist das Ziel, die Toleranz des Sportlers für die ein oder zwei Extrasekunden der Anstrengung zu erhöhen, die aus ihm einen Champion machen können. Diese Spitzenanstrengung liefert den Bruchteil, den er für eine bessere Leistung benötigt.

Keine der beiden beschriebenen Situationen gilt für das körperliche Fitness-Training. Sie sollten sich nicht nur nicht angetrieben fühlen, Sie sollten sich nicht einmal unbehaglich fühlen.

Organische Fitness ist Voraussetzung für alle körperlichen Aktivitäten. Sie ist kein Training für eine sportliche Leistung, aber sie muß dem Training für diese Leistung vorausgehen. Ohne organische Fitness sind Sie nicht reif für das Training. Leute, die jeden Sonntagmorgen drei schnelle Sätze Tennis spielen, sonst aber während der ganzen Woche nichts tun, laufen Gefahr, sich zu schädigen. Wenn sie aber eine angemessene Fitness-Reserve aufrechterhalten, dann sind sie auf das sonntägliche Treffen vorbereitet.

Ich würde niemals Sportler so trainieren, wie ich gewöhnliche Menschen trainiere, fit zu bleiben; wenn Sie ein Sporttraining beginnen, dann wird vorausgesetzt, daß Sie in guter körperlicher Kondition sind. Auch physiotherapeutische Übungen würde ich nicht für gesunde Menschen verschreiben; das wäre weit unter dem, was sie benötigen. Ich würde einem Kranken oder Verletzten auch kein Fitness-Programm verordnen; solch ein Programm beginnt man erst nach der völligen Wiederherstellung.

Wenn Sie aber kein Sportler und kein Patient sind, der sich von einer Krankheit erholt, dann brauchen Sie ein Fitness-Programm. Ihre Bedürfnisse sind andere als die des Sportlers und des Rekonvaleszenten. Deshalb sollte auch Ihr Programm anders sein.

Fitness ist nicht Gesundheit

Gesundheit, Fitness und Leistung sind drei verschiedene und nur wenig zusammenhängende Phänomene.

Gesundheit wird allgemein als Freisein von Krankheit definiert.

Fitness bezieht sich strikt auf Ihre Fähigkeit, mit den Anforderungen Ihrer Umwelt fertig zu werden.

Leistung ist, wie gut Sie eine Aufgabe erledigen.

Man kann gesund sein, ohne fit zu sein. Man kann eine mangelnde Gesundheit haben und exzellente Leistungen erbringen. Kranke Sportler haben schon viele Rekorde gebrochen. Jeder Olympia-Wettbewerb ist voll von Sportlern, die Erkältungen, Fieber, Infektionen und Durchfälle haben. Aber sie alle stellen sich dem Wettkampf und bringen die ihrem Niveau entsprechende Leistung. Der Gedanke, daß Sport einen gesund mache, ist Unsinn. Sport kann sogar schädlich sein. Er ist nicht an sich ungesund, aber er *kann* es sein.

Man muß nicht fit sein, um gesund zu sein. Wenn sich Gesundheit als Abwesenheit von Krankheit definieren läßt, dann ist Fitness nicht gleich Gesundheit. Nur wenn Sie in Ihre Definition von Gesundheit die funktionale Tüchtigkeit einbeziehen – also die Fähigkeit, mit Ihrer Umwelt fertig zu werden –, treffen Gesundheit, Fitness und Leistung zusammen.

Vor einigen Jahren nahm ich an einem Picknick meiner Fakultät teil und ging mit meinem Kollegen John Sellwood zum Schwimmen. Er starb langsam an Lungenkrebs. Ein Lungenflügel war bereits entfernt worden, der andere war auch befallen. Er sollte am nächsten Tag in die Klinik gehen. Wir hatten beide während unserer Studienzeit im Team der Uni geschwommen. Wir paddelten eine Weile dahin, dann sagte Sellwood: «Schwimmen wir fünfzig Meter um die Wette?»

«Die Vorgabe hast du mir ja schon gegeben», sagte ich und dachte, daß ich eigentlich unfairerweise im Vorteil sei. Wir begannen auf gleicher Höhe. Ich ließ ihn nicht absichtlich gewinnen, aber er gewann. Am nächsten Tag ging er in die Klinik, und einen Monat später war er tot. Ich könnte mir kein besseres Illustrationsbeispiel dafür vorstellen, wie wenig Gesundheit und Leistung zusammenhängen.

Fitness bedeutet die Entwicklung mehrerer Komponenten: Muskelstärke, Ausdauer der Muskulatur, Ausdauer des kardiovaskulären Systems und Anpassungsfähigkeit.

Nehmen wir an, ich gehe in eine Sportschule und entwickle alle diese Komponenten. Werde ich dann besser schwimmen, Ski laufen oder Basketball spielen? Wahrscheinlich nicht. Vorausgesetzt, ich spiele *nur* Basketball oder laufe Ski oder schwimme.

Wenn es mein Ziel ist, eine Sportart besser zu beherrschen, dann sollte ich sie eben auch ausüben. Wenn ich schwimme, Basketball spiele oder Ski laufe, verbessere ich meine Leistung in dieser Sportart – aber das bedeutet möglicherweise nur einen geringfügigen Zuwachs meiner allgemeinen muskulären und kardio-respiratorischen Fitness.

In der Physiologie haben wir einen Namen für dieses Phänomen: *Spezifizität.* Das heißt, wenn Sie für ein bestimmtes sportliches Ereignis trainieren, dann simulieren Sie beim Training dieses Ereignis. Für die Leser, die eine Sportart mit Begeisterung betreiben, werde ich später einige zusätzliche Vorschläge unterbreiten, wie sie ihre Leistung steigern können. Doch hier ist es unsere Aufgabe, Sie für den Alltag in Form zu bringen, damit Sie jünger aussehen und am Abend nicht absacken.

Wie man sich in Form bringt, um in Form zu kommen

Warum fangen Menschen, die so lange Zeit keine körperlichen Übungen machten, plötzlich damit an?

Eines Tages merken Sie, daß Sie Ihr Leben nicht mehr in der

Hand haben. Sie ertrinken in Ihrem Beruf, in der Verantwortung für die Familie, in der Sorge, wie Sie Ihre Rechnungen bezahlen sollen. An diesem bestimmten Tag haben Sie beim Rasieren oder während Sie Make-up auflegten bemerkt, daß Ihre Schultern, die früher muskulös und kräftig waren, nun knochig und hängend sind. Alles an Ihrem Körper scheint nach unten zum Zentrum Ihres Skeletts abgesackt zu sein. Einer Ihrer engsten Freunde ist gerade an einem Herzinfarkt gestorben. – Oder: Sie sind losgezogen, um auf einen Hügel zu steigen oder mit den Kindern herumzutollen, Fangen zu spielen oder Tennis zu spielen, und nach ein paar Minuten sind Sie außer Atem. Auf Grund eines oder aller dieser Alarmsignale haben Sie beschlossen, etwas für Ihre Kondition zu tun.

Wenn Sie sich einzig dazu entschließen, künftig statt des Aufzugs die Treppe zu benutzen, wird das schon Wunder wirken.

Vor Jahren machte ich eine Testreihe über die Konditionierung der Fakultätslehrer an drei Universitäten: Iowa, Harvard und Southern California. Einen Monat nach Beginn des Programms kam einer der Professoren zu mir und bekannte, daß er sich einfach für das Programm, das ich für ihn aufgestellt hatte, nicht zu interessieren vermöge. Er verabscheute Gymnastik. «Das einzige, was ich wirklich anders gemacht habe», sagte er, «war, daß ich jetzt Treppen steige, statt den Lift zu nehmen.» Er machte eine Pause. «Ich weiß nicht, wie ich es erklären soll, aber es macht einen Riesenunterschied.»

An seiner äußeren Erscheinung konnte ich erkennen, daß dies stimmte. Aber ich konnte auf Grund meiner Kenntnisse auf dem Gebiet der Physiologie der Körperertüchtigung und meiner Arbeit über Muskulatur, Herz und Blut einfach nicht verstehen, warum diese eine kleine Veränderung ihn physiologisch beeinflussen konnte. Es dauerte jedoch nicht lange, da zeigte sich das gleiche Phänomen auch bei anderen Teilnehmern des Programms. Auch sie hatten sich vor der Gymnastik gedrückt. Aber sie hatten eine Kleinigkeit in ihrem täglichen Ablauf verändert.

Die Ergebnisse widersprachen allen Theorien, die ich bis dahin für richtig gehalten hatte. Die Fundamentaltheorie lautete, daß harte körperliche Übungen nötig seien, um sich eine gute körperliche Kondition zu erhalten. Hier aber sah ich plötzlich viele Leute, die dramatische Verbesserungen zeigten, nur weil sie eine einzige Gewohnheit geändert hatten.

Ich befragte alle. Es ergab sich, daß das Beharren auf der neuen Angewohnheit viele andere Gewohnheiten beeinflußte. Sie rauchten weniger, vermieden es, wertlosen Schund an Nahrung zu essen, tranken sehr viel mäßiger. Ein Zuwachs in ihrem Leben hatte ihre philosophische Einstellung zum persönlichen Konditionserhalten verwandelt.

Wenn Sie etwas in Körpertraining investieren, fallen Ihnen plötzlich andere vernünftige (oder unvernünftige) Gewohnheiten auf, die Ihre Gesundheit beeinflussen. Und Sie denken ja gar nicht daran, Ihre Investitionen vergeblich gemacht zu haben.

Die letzten vier Wochen zählen

Der Körper paßt sich den Forderungen an, die Sie Tag für Tag an ihn stellen. Jede Anstrengung, die über eine leichte Mühe hinausgeht, ist eine «Überlastung» – und regt die Entwicklung an. Die Mühe kann klein sein und dennoch anregend.

Wenn Sie in einem Beruf arbeiten, in dem Sie sich regelmäßig schwer anstrengen müssen, dann haben Sie wahrscheinlich bereits die ganze Anstrengung, die für Sie nötig ist, um fit zu sein. Sie brauchen nichts extra zu tun, es sei denn, Sie arbeiten etwas anderes; Gräben ausheben wird Sie nicht fürs Skilaufen fit machen.

Der Körper reagiert auch auf einen Mangel an Forderungen, mit dem Sie ihn konfrontieren. Wenn Sie die Anforderungen verringern, registriert Ihr Körper dies sofort. Ihr Körper spiegelt jede Woche genau wider, was Sie in der vorhergehenden Woche getan – oder nicht getan haben. Ihre Erbmasse, das medizinische Profil und Ihre sportlichen Gewohnheiten sind Faktoren in Ihrer derzeitigen Kondition, aber was Sie gewohnheitsmäßig während der letzten vier Wochen Ihres Lebens getan – oder nicht getan – haben, ist unendlich viel wichtiger, um zu bestimmen, in welcher Form Sie heute sind.

Angenommen, Sie sind gesund, waren Ihr Leben lang kräftig und aktiv und es gibt keine Krankheitsgeschichte in Ihrer Familie. Sie sind großartig in Form. Eines Tages wird Ihnen eine Aufgabe übertragen, die so brennend wichtig ist, daß Sie einen ganzen Monat lang nicht vom Schreibtisch wegkommen. Jede Woche in diesem einen Monat wird sich Ihre Kondition verschlechtern. Am Monatsende haben Sie achtzig Prozent Ihrer früheren Kondition verloren. Auf einer Hunderterskala stehen Sie dann bei zwanzig Punkten. Zwei Wochen später stehen Sie bei zehn, falls Sie sich immer noch nicht körperlich betätigt haben.

Angenommen, es handelt sich um das Gegenteil: Sie haben Ihr Leben lang körperliche Betätigung vermieden. Dann können Sie innerhalb eines einzigen Monats Ihr Konditionsniveau von nahezu Null auf achtzig erhöhen.

Manche Leute mögen gar nicht in guter Kondition sein. Bewußt oder unbewußt haben sie beschlossen, daß sie lieber weichlich, schwabbelig und schwach sein wollen. Sie wollen, daß man sie umhätschelt und für sie sorgt. Sie wollen der Verantwortung ausweichen. Oder sie möchten, daß man sie für hochsensibel, für intellektuell, für Gehirntypen hält. Welches Motiv auch immer dahintersteckt, diese Menschen «des-adaptieren» sich selber, sie schwächen ihr Anpassungsvermögen, indem sie sämtliche körperlichen Anforderungen an ihren Körper herabsetzen, um zu dem ersehnten Image des kleinen, schwachen, körperlich leistungsunfähigen Menschen zu gelangen. Sie trainieren sich selbst, gebrechlich zu sein.

Wenn Sie dagegen ein Mensch sind, der von Natur aus prädisponiert ist, sich körperlich zu betätigen, der aber durch Beruf oder den Druck der Lebensumstände daran gehindert wurde, dann sollten Sie als erstes einmal Ihren Lebensstil genau unter die Lupe nehmen und sich überlegen, daß Sie sich damit wortwörtlich umbringen. Wenn Sie hoffen, eine normale Lebensspanne zu erleben, dann müssen Sie aktiv werden.

Meine Frau sagt: «Ich beneide dich. Am Montagabend gehst du kegeln. Donnerstag- und Samstagnachmittag spielst du Golf. Am Sonntagvormittag und am Mittwochnachmittag spielst du Tennis, und dann suchst du noch nach einem Partner für Dienstag und Freitag.» Darauf antworte ich: «Es ist nicht leicht, sich die Zeit zu nehmen. Keiner regelt einem das Leben und sagt: ‹Du mußt dir Zeit für dein Körpertraining nehmen.› Man muß schon selbst entscheiden, was man mit seiner Zeit und seiner Energie anfangen will. Wenn dein Tagesplan nicht auch etwas enthält, das dir Spaß macht und gut für dich ist, dann liegt es bei dir, dein Leben zu ändern.»

Wie man sein Leben umkrempelt

Wenn Sie sich dermaßen unter Druck fühlen und merken, daß Sie sich dabei verschleißen, dann denken Sie mal besser genau über Ihren Beruf, Ihren Lebensstil und Ihre häusliche Situation nach und tun Sie etwas in einem oder in allen diesen Punkten. Kein Brötchengeber, kein Lebenspartner hat das Recht, einem andern Menschen seine normalen Lebensfunktionen und Lebensstrukturen zu verwehren. Wenn Sie zulassen, daß Sie in Rechnungen und Kindern und Einkaufen aufgehen, dann haben Sie zugelassen, daß die Falle über Ihnen zuklappt. Wenn Sie sich gern körperlich betätigen, es aber nicht tun können, dann ist das für Sie doppelt frustrierend. Und wenn Sie zudem noch voll Scham über das sind, was Sie in Ihrem Spiegel sehen, dann ist es höchste Zeit, daß Sie Ihr Leben umkrempeln und ein bißchen Aktivität in Ihr Schema bringen. Es gibt drei Schritte, die zu einem derartigen Wandel führen und die keinerlei Körperübungen erfordern.

Der erste Schritt ist: einfach die Wichtigkeit körperlicher Aktivität zu akzeptieren. Man findet immer Zeit, das zu tun, was man wirklich gern tun möchte.

Der zweite Schritt: die erwünschte Aktivität in den Gesamtplan einzubauen, trotz all der anderen Dinge, die man zu tun hat. Sie, die Aktivität, muß in Ihrem Leben eine vorrangige Priorität einnehmen.

Der dritte Schritt: arbeiten Sie an Ihrer Einstellung gegenüber körperlicher Betätigung.

Es gibt wenigstens fünfzehn Entschuldigungen, die wir vorbringen können, um uns nicht körperlich betätigen zu müssen: Es widerspricht unserem Lebensstil. Keiner sonst tut es, und wenn wir es machten, würden die andern uns auslachen. Es gibt heute Motoren, um das zu erledigen, was früher mit Muskelkraft getan werden mußte. Unsere äußeren Möglichkeiten für Training sind zu gering und beengt. Wir wissen nicht genug über Körpertraining. Wir sind nicht geschickt genug dafür. Wir haben etwas Besseres vor, wenn sich die Chance zum Training ergibt. Wir könnten hinfallen. Wir kriegen einen Herzschlag. Wir machen uns lächerlich. Wir geben eine schreckliche Figur ab. Es macht uns zu müde. Wir bekommen Muskelkater. Wir kriegen davon Kopf- und Rückenschmerzen.

Zuweilen hört man sogar medizinische Argumente gegen körperliches Training. Ich kenne einen Arzt – er ist sicher ein Anhänger der deterministischen Philosophie –, der behauptet, daß das menschliche Herz für soundso viele Schläge programmiert sei, und wenn man den letzten Schlag verbraucht habe, dann stürbe man eben. Daraus ergibt sich, daß jede Aktivität, die die Herzfrequenz steigert, mit allen Mitteln verhindert werden müsse. Nehmen wir an, diese Theorie sei richtig. Dann wäre es nur noch weit vernünftiger zu trainieren, da die Herzfrequenz eines gutkonditionierten Menschen gute zehn Schläge pro Minute (im Ruhezustand) niedriger ist, als es der Fall wäre, wenn er in schlechter Form ist.

Wir wissen alle, daß unsere Leistungskapazität mit den Jahren abnimmt. Aber man muß sich fragen, ob diese Minderung ein unvermeidbares Ergebnis des Alterns ist oder ob sie durch einen Wandel in unseren Tätigkeiten hervorgerufen wird. Wenn wir älter werden, funktionieren wir weniger gut. Dieser Prozeß entwickelt sich zu einem Teufelskreis. Die verminderte Anstrengung vermindert unsere Fähigkeit zur Anstrengung immer mehr. Daraus ergibt sich, daß wir unsere Kapazität zur Anspannung steigern könnten, wenn wir unsere Bemühungen steigerten.

«Ich bin zu alt, um *nicht* zu trainieren»

Vor einiger Zeit beauftragte mich die Public-School-Behörde* in Los Angeles, für ältere Menschen eine Vortragsreihe über Gerontologie zu halten. Die Vorträge fanden in Oberschulen, Seniorenheimen und öffentlichen Sälen statt. Ich sprach nicht nur über Körpertraining, ich lehrte auch gleichzeitig die Zuhörer, wie sie ihre Gesichts-, Nacken-, Bein- und Armmuskeln trainieren könnten, während sie drunten auf ihren Stühlen saßen. Die Übungen machten ihnen einen Heidenspaß, und offensichtlich führten sie sie hinterher täglich weiter durch, denn eine Folgeuntersuchung ergab, wieviel besser sie sich fühlten und wie sehr mein Programm ihr Leben beeinflußt hatte. Einige Statements kamen von Menschen über neunzig.

Unseligerweise sind die meisten älteren Menschen nicht so. Sie glauben, sich genügend körperlich zu betätigen, selbst wenn sie sich überhaupt nicht betätigen. Je älter sie werden, desto

* Das Schul- und Erziehungssystem in den USA unterscheidet sich in vielem von dem in Deutschland. Die erwähnten Vorträge lassen sich am besten noch mit denen unserer Volkshochschulen vergleichen. (Anm. d. Übers.)

mehr neigen sie dazu zu behaupten, sie hätten genügend körperliche Aktivität. Sie benutzen ihr Alter als eine Entschuldigung für Inaktivität. Sie behaupten: «Ich bin zu alt, um zu trainieren.» Sie sollten jedoch sagen: «Ich bin zu alt, um *nicht* zu trainieren.»

Die meisten Erwachsenen, die sich überhaupt mit einer körperlichen Übung befassen, nehmen die Sache so leicht und betreiben sie nur so kurzfristig, daß dabei ihre Herz- und Atemfrequenz kaum gesteigert wird. Nur drei von hundert US-Amerikanern beteiligen sich an einem organisierten Fitness-Programm. Fünfundachtzig Prozent der Bevölkerung besitzen keinerlei Übungsgeräte, nicht einmal ein Paar Turnschuhe. Diese Menschen stehen vor einem Problem, das genauso speziell ist wie das des rekonvaleszierenden Patienten oder des Spitzensportlers in einem Trainingsprogramm. Der Patient weiß, was zu seiner Wiederherstellung nötig ist. Der Sportler weiß, was er tun muß, um zu siegen. Aber die Leute zwischen beiden Extremen hängen wirklich in der Luft. Sie wissen, was sie wollen, aber keineswegs, was sie brauchen.

Sie *wünschen* sich ein jugendlicheres Aussehen und die entsprechende Kraft und Ausdauer. Was aber für sie *nötig* ist, ist ein Abbau des übermäßigen Körperfetts, eine Zunahme an Muskelmasse und -spannkraft und eine Verbesserung der Kreislauf-Atmungs-Ausdauer.

Positive Unterstützung

Untersuchungen in Krankenhäusern der Veterans Administration für Kriegsversehrte machten uns klar, daß der erste Schritt zur Rehabilitierung darin besteht, das Selbstgefühl eines Menschen, seine Vorstellung von sich als einem leistungsfähigen menschlichen Wesen, zu vergrößern. Eine Methode ist dabei, seinen Körper zu vergrößern. Es sind nicht sosehr die Muskeln, die er dabei entwickelt, sondern das neue Gefühl einer «Muskel-

Bewußtheit», die ihn überzeugen, daß er leistungsfähiger ist. Er spürt sich selbst als lebendiger vom Tag an, an dem er mit dem Aufbauprogramm beginnt.

Die Verhaltenswissenschaften lehren uns, daß gutes Verhalten durch positive Unterstützung angeregt wird. In den Konditionierungsprozeß sind eine Menge Hilfen eingebaut; wenn man sich besser fühlt, ist das eine großartige Belohnung. Aber man muß auch sicher sein, daß einen die andern ermutigen, wenn man ein solches Programm beginnt. Umgekehrt sollten *Sie* ermutigen, wenn es Ihr Partner ist, der mit einem Trainingsprogramm beginnt. Ich kenne eine ganze Reihe Frauen, die ein Trainingsprogramm in der Blüte erfrieren ließen, indem sie einfach ihre Männer schon am ersten Tag entmutigten. Da meint die teure Gattin, daß er lächerlich wirken werde. Sie stiert auf seinen hüpfenden Bauch. Oder sie nimmt ihn nicht zur Kenntnis. Wenn man eine Gewohnheit auslöschen möchte, ignoriert man sie. Wenn man dagegen eine Gewohnheit fortgesetzt sehen möchte, dann lobt man sie. An jedem Tag, an dem meine Frau ihr Trimm-dich-Fahrrad besteigt und arbeitet, sage ich: «Braves Mädchen.» Einmal hatte ich das vergessen. Sie sagte darauf: «Du hast aber nicht ‹braves Mädchen› zu mir gesagt!» Vor Jahren hatte ich ein Haus mit Swimmingpool, und ich bat meine Frau, mir jedesmal zu sagen, wenn ich abends von der Arbeit nach Hause kam: «Warum schwimmst du nicht ein paar Runden, Liebling?» Es war mir klar, daß sie mir mit gleicher Münze heimzahlte, aber immerhin, ich habe tatsächlich meine Runden geschwommen.

Ebenfalls vor ein paar Jahren kam die Frau eines Bekannten zu mir. «Ich kann ihn nicht dazu bringen, auch nur irgendwas zu tun», klagte sie. «Er geht noch nicht einmal mit dem Hund Gassi.» Ich riet ihr, sie solle ihren Mann loben, wenn er auch nur die kleinste körperliche Aktivität entwickle, und sei es nur, daß er vor die Tür trete, um Luft zu schöpfen. Wenn er vorschlüge, einen Schaufensterbummel zu machen, solle sie begeistert darauf eingehen. «Gib ihm das Gefühl, daß er prima ist, weil er das macht», bedrängte ich sie. Jetzt führt er immerhin schon den Hund spazieren.

Die einzige Methode, daß Sie Ihr Programm durchhalten, ist, wenn Sie finden, daß es Ihnen Spaß macht. Also müßte es Ihr Ziel sein, Ihr Übungsprogramm so vergnüglich wie mögliche zu gestalten. Zumindest sollten Sie versuchen, das durchaus verständliche Vorurteil abzulegen, das Sie beim Barras oder in der Schule gegen Körpertraining entwickelt haben.

Ignoriere das «Vor-dem-Start»-Phänomen

Frühere Erfahrungen haben uns auf die Überzeugung festgelegt, daß jegliche Anstrengung unbequem, potentiell schädlich oder eine Plage ist. Also übertragen wir diese vorkonditionierte Einstellung auf jegliche Anstrengung, ob rechtens oder nicht. Wir fühlen uns sogar gelegentlich krank, meist sind es Übelkeit und Erbrechen.

Wie Sie sich vor einer körperlichen Anstrengung fühlen, steht in keiner Beziehung dazu, was Sie leisten werden. Es kann sogar umgekehrt sein: je schlechter Sie sich fühlen, desto besser ist Ihre Leistung, und zwar deshalb, weil Ihre Befürchtungen und Ängste den Adrenalinausstoß in Ihrem Körper erhöhen, und der stärkt die Muskelkontraktion. Die Nervosität, die diesen Adrenalinausstoß begleitet, bezeichnet man als «Vor-dem-Start-Phänomen». Wenn es bei Ihnen nicht auftritt, fühlen Sie sich zwar besser, aber gehen Sie keine zu hohen Wetten auf Ihr Golfspiel ein. Die Tage, an denen Sie sich scheußlich fühlen, sind häufig eben jene Tage, an denen Sie Ihr bestes Spiel machen.

Mel Patton, der der schnellste Läufer der Welt war, als er für die University of Southern California startete, mußte jedesmal vor seinen besten Erfolgen erbrechen.

Es besteht ein Unterschied zwischen dem Gefühl, das Sie haben, ehe Sie mit einer Übung beginnen, und dem während der

Übung. Sie müssen zwischen diesem Angstgefühl und einem echten Krankheitszustand unterscheiden lernen. Wenn Sie eine Infektion haben und sich übel fühlen, sollten Sie für diesen Tag die Übung ausfallen lassen. Aber Sie sollten auch in der Lage sein, jetzt, da Sie über das Vor-dem-Start-Phänomen Bescheid wissen, zwischen Krankheit und Lampenfieber zu unterscheiden. Das Lampenfieber vor dem Start verschwindet, sobald Sie mit Ihrer Übung begonnen haben, und Ihre Kontrolle über die Anspannung wird äußerst exakt.

Leistungsbesessene «Ergomane», die sich bemühen, anderen Fitness zu verkaufen, töten die Idee der körperlichen Fitness bereits völlig im Keim. Ich kenne einen Mann, der so eifrig ist, daß er jeden Morgen eine halbe Stunde lang übt, gleichgültig ob er todmüde ist oder Fieber hat. Der Morgen, an dem er sein Training ausfallen läßt, wird der Morgen nach seinem Tod sein. Worum es mir hier geht, ist, daß er sich häufig mehr Schaden als Nutzen zufügt. Er sollte das Training ausfallen lassen, wenn er krank oder überarbeitet ist. Es entgeht ihm, wirklich, nicht das geringste, wenn er eine Runde überspringt.

Ich tue nichts, wenn ich das Gefühl habe, daß irgend etwas mit mir nicht in Ordnung sein könnte. Neulich wachte ich mit einem merkwürdigen Gefühl der Übelkeit auf; es ähnelte dem Zustand, in dem ich bin, wenn ich zuviel getrunken habe. Aber ich hatte die Nacht davor überhaupt nichts getrunken. Dieses Gefühl dauerte eine Woche, und diese ganze Woche lang trainierte ich überhaupt nicht. Was immer es gewesen sein mag, es erledigte sich auf natürliche Weise. Ich nahm mein Programm wieder auf. Eine Woche später hatte ich das mir gemäße Fitness-Niveau wieder erreicht.

In der Woche ohne Training konnte ich allerdings die Folgen sehen. Meine Mittelpartie wurde weich. Das Gefühl der Körperspannkraft verschwand. Mein ganzer Körper fühlte sich wie ein Schwamm. Aber trotzdem machte ich mir keine Sorgen darüber, daß es mit meiner Fitness abwärts gegangen war.

Wenn Sie routinemäßig regulär trainieren und es tritt irgendwas ein, was Sie veranlaßt, Übungen auszulassen, dann sollten Sie sich wirklich nicht schuldbeladen fühlen. Aber es ist von höchster Wichtigkeit, daß man zwischen dem Mangel an gesundheitlicher Möglichkeit und dem Mangel an Lust unterscheiden lernt. Letzteres hat überhaupt nichts mit Ihrer Leistungskapazität zu tun und sollte einfach nicht zur Kenntnis genommen werden. Möglicherweise geht es Ihnen nicht gut, aber viel wahrscheinlicher ist es, daß Sie das Vor-dem-Start-Phänomen durchmachen.

Vor Trainingsübungen müssen Sie sich psychologisch vorbereiten. In *Visions of Eight*, einem Film von David Wolpers über die Olympiade von 1972, gab es eine Sequenz mit einem riesenhaften sowjetischen Gewichtheber, der an die Gewichte trat, den Kopf schüttelte und wegtrat. Viele Male versuchte er es, schaute die Gewichte an, murmelte in sich hinein und trat zurück. Schließlich rannte er zu den Gewichten, versuchte zu liften unf fiel rücklings zu Boden. Sein Problem ist dem Ihren gar nicht so unähnlich. Sie sagen zu Ihrem «Gewicht»: «Ich krieg dich hoch.» Und das Gewicht «antwortet» Ihnen: «O nein, ich bin viel zu schwer für dich. Versuch's lieber gar nicht. Du tust dir bloß weh dabei.» Manchmal kann das «Gewicht» Sie psychologisch überrumpeln. Bei dem sowjetischen Olympiateilnehmer war das der Fall. Aber es kann auch in Ihrem Schlafzimmer, oder wo immer Sie Ihre Übungen machen, stärker sein als Sie.

Ich möchte nicht, daß Sie jemals in eine derartige Situation geraten. Sie werden bei meinem System nicht versuchen, ein bestimmtes Gewicht zu heben oder gegen den Sekundenzeiger anzurennen. So etwas hat als Zielsetzung keinen Sinn. Es wird immer Tage geben, an denen Sie einfach nicht fähig sind, derartigen Anforderungen zu genügen. – Außerdem sagen sie nichts darüber aus, was mit und in Ihnen passiert und wie sich Ihre Bemühungen auswirken. Die richtige Zielsetzung ist die, die zu Ihrem Gesamtbefinden paßt oder zu Ihrem Gefühl, wieviel und was für eine Art von Anspannung für Sie richtig ist.

Hüte dich vor Sofortprogrammen

Es ist wichtig, daß Sie nicht von Ehrgeiz gepackt werden und sich in ein Sofortprogramm stürzen. Sie würden nämlich unweigerlich hinterher die Trümmer zusammenklauben müssen. Sie würden wahrscheinlich Ihr Trainingsprogramm überhaupt aufgeben. Es hat viele Jahre gedauert, bis Sie in die miese Form kamen, in der Sie heute sind. Also können Sie, sollten Sie sich doch sehr gut eine Methode gönnen, mit der Sie sich fast sofort *ein bißchen* besser fühlen (und besser aussehen), und in ein paar Monaten *sehr viel* besser. Körpertraining müßte eigentlich grundsätzlich eine glückspendende Erfahrung sein, so daß Sie sich nach jeder Runde prima fühlen.

Leider müssen wir mit unserem Programm in Wettstreit treten mit anderen Programmen, die Ihnen die Sterne vom Himmel versprechen. Sie werden ein Pfund pro Tag, sieben Pfund pro Woche schlanker, verspricht man Ihnen. Was man Ihnen dabei *nicht* sagt, ist, daß Sie fast verhungern müssen, um das zu erreichen.

Von einem Menschen zu fordern, daß er auch nur zwei Pfund pro Woche verliert, ist ein unmenschliches Ansinnen. Eine dermaßen rigorose Diät verlangt von Ihnen Einschränkungen der Ernährung, die nahezu sicher zu gesundheitlichen Schäden führen werden. Und mit nahezu der gleichen Sicherheit werden Sie die verlorenen Pfunde wieder aufholen und wieder aufnehmen.

Aus der Verhaltensforschung ist uns bekannt, daß Menschen nicht dazu bereit sind, Gewohnheiten und Lebensstil zu verändern. Seltene Ausnahmen sind Menschen, die, sagen wir, etwa in einen Kibbuz in Israel gehen. Wenn ein Großbankier freiwillig Landarbeiter wird, dann ist das ein extremer und außergewöhnlicher Fall von Lebensveränderung. Die meisten Menschen sind dazu nicht fähig. Es ist sehr leicht, einen Raucher dazu zu bewegen, seine Zigarettenmarke zu wechseln, aber es ist höchst schwierig, ihn zu bewegen, das Rauchen aufzugeben. Und die

Chance, einen Alkoholiker zu heilen, beträgt nur 1:300. Wenn Sie versuchen, sich eine Änderung in Ihren Fitness-Gewohnheiten vorzunehmen, versuchen Sie bitte auch, realistisch zu bleiben. Um die körperliche Kraft und Ausdauer, die Sie derzeit haben, zu verdoppeln und Sie auf den Stand eines durchtrainierten Sportlers zu bringen, sind pro Tag mindestens zwei Stunden äußerst anstrengenden Trainings nötig. Aber das ist doch kein wirklichkeitsnahes Ziel: Sie haben weder die Zeit noch die Geduld, noch die Neigung, noch das Bedürfnis dafür. Sie können mit weniger extrem gut abschneiden.

Du stehst mit niemand in Konkurrenz

Einmal demonstrierte ich einem Freund meine ganz persönlichen Trainingsübungen. «Das schaffe ich nicht», murmelte er. Dann nahm ich ihn mir richtig vor. «Wenn du dich damit befaßt, deinen Körper zu entwickeln und in Schuß zu halten, dann kümmerst du dich einfach nicht um Konkurrenz», sagte ich. «Du darfst nicht deine Notwendigkeiten mit den meinen vergleichen. Du stehst nicht in Konkurrenz – am wenigsten mit dir selbst.»

Sie versuchen nicht, schwerere Gewichte als sonst einer zu heben. Das wäre kein Maßstab für Ihre Fitness. Sie haben nicht vor, zweihundert Pfund zu heben oder fünfzehnhundert Meter in sechs Minuten zu schaffen. Das sind Ziele, die sich Sportler setzen, aber Ihre Ziele sind keine sportlichen Erfolge. Der Begriff «Sportler» beinhaltet bereits, daß man über andere siegen will. In unserem Fitness-Programm gibt es keinen Sieg über andere und keine Niederlage.

So sollte Ihre Einstellung aussehen: Das ist mein ganz persönliches Trainingsprogramm. Ich mache das ganz privat bei mir zu Hause. Niemand sonst wird etwas davon erfahren, es sei denn, ich erzähle davon. Und außerdem ist es ganz anders als alle anderen Fitness-Programme der Welt.

Bei Ihrem Training brauchen Sie nichts zu tun, was Ihnen verhaßt ist. Auf jeden, der gern lange Strecken läuft, kommen wahrscheinlich Zehntausende, die das hassen. In lächerlicher Bekleidung in der Öffentlichkeit herumzurennen, wo einen alle anstarren? Wer will, wer muß das schon?

Körperliche Aktivität ist etwas Sinnliches. Wenn Sie sich bewegen, sollten Sie sich graziös fühlen und in einem rhythmischen Zusammenhang. Ihre Bewegung sollte entspannt sein, und wenn Sie ausgreifen, sollte das angenehm sein. Wenn man gegen eine Stoppuhr ankämpft, statt dem eigenen natürlichen Rhythmus zu folgen, dann werden Körperübungen zur Qual. Ihr Training sollte wie ein Tanz sein. Sie drücken sich so aus, wie Sie sich fühlen. Sie verstärken ihr Körpergefühl durch die sensorische Rückkoppelung von Ihrer Muskulatur. Sie sollten lieber eine gute Rhythmik – sei es mit Hilfe einer Schallplatte – entwikkeln als ein militärisches Eins-zwei-Exerziertraining.

Militärisches Training verfolgt zwei Absichten. Die eine ist die körperliche Ertüchtigung. Die zweite ist physiologische Konditionierung. Wie die Bekleidung «uniform» ist, so müssen auch die Bewegungen «uniform» sein. Der ganze Trupp beim Militär muß sich «uniform» bewegen, ganz gleich, ob diese Bewegungsart für manche zur Erschöpfung führt und für andere extrem leicht ist. Wenn alle die gleichen Bewegungen ausführen, werden die Schwächeren entweder kaputtgemacht oder hochgetrimmt; die Kräftigeren werden hinunterkonditioniert. Am Ende bewegen sich alle in einer gleich mittelmäßigen Kondition.

In den meisten Fällen spiegelt sich dieser pseudomilitärische Ursprung der Gymnastik auch heute noch in den routinemäßigen Trainingsprogrammen wider. So etwa in der Gymnastik schlechthin, die aus Deutschland stammt und darauf abzielte, Landarbeiter zu ertüchtigen, die in den Krieg zu ziehen hatten. Man verwendete bei den Turnübungen Geräte, wie es sie auf Bauernhöfen gab. Turnen ist bis heute «teutonisch» beeinflußt; der Wettkämpfer wird gezwungen, aufrecht und starr wie ein

Soldat zu sein und in einer bestimmten Haltung auf einem bestimmten Punkt zu landen, wenn er seine Position verändert.

Wenn jemand Sie auffordert, eine Übung mitzumachen, haben Sie sofort das Gefühl, Sie müßten sie «richtig» machen, das heißt: strikt den Regeln entsprechend. Hier handelt es sich wieder nur um ein Beispiel mehr, wie fehlorientiert die besondere Betonung des körperlichen Teils von Übungen sein kann. Was Sie tun, wäre demnach wichtiger als das, was Sie damit für sich innerlich erreichen, was mit Ihnen insgesamt geschieht. Es ist aber genau diese «innere» Wirkung, auf die Sie aus sind. Wenn Sie als Turner in einen Wettkampf eintreten wollen, müssen Sie natürlich die formale Leistung erbringen, um Punkte zu gewinnen. Aber wenn Sie in Ihrem eigenen Haus trainieren, dann wollen Sie eigentlich nur ein paar Streckübungen machen und Ihre Herzfrequenz ein bißchen hochtreiben, Ihre Muskeln ein wenig anstrengen und sie kräftigen. Kein Mensch gibt *Ihnen* Punkte dafür, wie Sie aussehen oder wie oft Sie etwas tun . . . Wir hier schauen nicht auf die Stoppuhr. Es ist nicht das Ticken Ihrer Stoppuhr, sondern das Klopfen Ihres Herzens, das für uns – und für Sie – wichtig ist.

Mach es doch so, wie's für dich richtig ist

Fitness-Training hat nur das eine Ziel: körperliche Konditionierung – also Körperfunktionen wie Muskelstärke und Ausdauer, und das Durchhaltevermögen des Kreislaufs und der Atmung zu verbessern. Eine Uniformität wie bei einem Parademarsch ist nicht nötig: wir haben keine Festlegungen im Rhythmus, Weite, Stellung oder Bewegungsradius. Jeder einzelne paßt sich den vorgegebenen Angaben gemäß seinen eigenen Bedürfnissen an. Er bewegt sich so, wie ihm zumute ist und wie es ihm recht erscheint.

Damit möchte ich wirklich nicht etwa sagen, daß die Harmonie einer Gruppe in gemeinsamer Bewegung schlecht sei; ein gutdisziplinierter Drill in einer Gruppe – wie etwa in einem Chor oder einer Ballettgruppe – kann durchaus eine transzendentale Erfahrung für Menschen sein, die so was mögen und genießen. Aber das Hauptziel dabei ist nicht die persönliche Entwicklung des einzelnen. In meinem Fitness-Programm marschiert man nach dem Rhythmus der eigenen Trommel.

Eine meiner schwierigsten Aufgaben besteht darin, den Menschen, die mich konsultieren, klarzumachen, daß sie nicht mehr als 400 bis 500 Gramm pro Woche abzunehmen versuchen sollten. Darüber sprechen wir noch ausführlich in Kapitel 5. Die zweite komplizierte Sache ist, ihnen klarzumachen, daß sie ihrem eigenen inneren Rhythmus entsprechend trainieren müßten. Bei Ausbruch des Zweiten Weltkrieges begab ich mich nach Terminal Island in San Francisco, um an einem Kursus für künftige Marineoffiziere teilzunehmen. Meine Entwicklungsgeschichte in Körpertraining wurde prompt erfaßt, und man bat mich, das Training zu leiten. Bis dahin hatten wir die normalen Gymnastikübungen gemacht: die Zehen mit den Fingerspitzen berühren, Hüpfen und so weiter. Als erstes erklärte ich allen Teilnehmern, sie sollten sich mal hinsetzen. Dann erklärte ich ihnen, daß sie – da sie ja auf einem Schiff, also auf beschränktem Raum würden leben müssen – eine Trainingsmethode und -routine bräuchten, die sich auf engem Raum durchführen läßt. Danach beschrieb ich ihnen diese Trainingsroutine in der Schiffskabine (am Strand) und bat jeden einzelnen, nach seinem persönlichen Rhythmus zu trainieren und abzubrechen, wenn ihm danach zumute war. Der Leitende Offizier war entsetzlich schockiert. Wenn nun einer seiner Vorgesetzten zufällig vorbeikäme und sähe, daß dieses Training auf eine so «schlampige» (oder legere) Weise durchgeführt wurde, dann würde man ihm einen Scheiterhaufen unter dem Hintern anzünden. Also nahmen wir den militärischen Drill mit «Eins-zwei» wieder auf. Das wirkte auf das Auge des Betrachters zwar sehr schön, aber es bewirkte nicht die geringste Körperertüchtigung für die Leute, die diese Exerzitien durchführten.

Vor einiger Zeit traf ich einen meiner Offizierskollegen wieder. Steve Miller ist jetzt Börsenmakler. Er erzählte mir, daß er noch immer seine «Kabinen-Übungen» mache, aber keine Gymnastik mehr betrieben habe, seit er vor dreißig Jahren aus der Navy ausgeschieden sei.

Im letzten Krieg wurden die Marineflieger-Kadetten einem äußerst harten Fitness-Training unterzogen und auf ein extrem hohes Fitness-Niveau gebracht. Aber nachdem sie ein Jahr lang gedient hatten, waren ihre «Sitzbäuche» wieder da. Die einzige Übung, die sie durchführten, war, daß sie die Ellbogen auf die Bartheke im Offiziersklub lümmelten. Man hatte ihnen die Fitness versauert. Seither haben sich die Trainingsprogramme beim Militär gewaltig geändert.

Flieger sind Individualisten. Sie widersetzen sich der Reglementierung. Sie sind ganz drastisch gegen körperliches Training. Zwar sehen sie die Notwendigkeit ein, fit sein zu müssen. Aber sie hassen, genau wie ich, Training auf Kommando. Im Jahre 1948 baute ich an der Air Force School of Aviation and Research in San Antonio ein Programm auf, das körperliche Fitness mit fliegerischer Leistung in Zusammenhang setzen sollte. Nie werde ich den Protest eines Majors vergessen: «Um Himmels willen, Dr. Morehouse, ich muß doch nicht fähig sein, die Maschine zu heben, um sie zu fliegen!» Ich stimmte ihm zu.

Als das Programm für die Astronauten entwickelt wurde, unternahmen Ärzte der Air Force und Fitness-Experten mehrere Versuche, für die Raumfahrer ein strenges Körpertraining einzuführen. Die ersten Astronauten waren Testpiloten, die allerunabhängigsten Flieger überhaupt. Sie weigerten sich glattweg, sich herumkommandieren zu lassen. Sie argumentierten, daß jeder für sich trainieren und sich auf seine Weise auf die Härten des Raumflugs vorbereiten könne. Das war ein außerordentlich stichhaltiges Argument. Und es gilt für Sie nicht weniger.

Die sicherste Methode, mit der Sie Ihre Trainingsübungen

erfolgreich durchführen, ist, sie auf Ihre eigene Weise zu erledigen. Zu Hause. Sie brauchen keine Zeit damit zu verschwenden, zu einer Sportschule zu fahren und zurück. Sie brauchen sich nicht einmal zusätzlich pro Tag umzuziehen und zu duschen. Sie können Ihr Training in ihren sonstigen Tagesplan einbauen.

Eins aber sollten Sie sich ganz klar vor Augen halten, bevor Sie anfangen: was will ich erreichen? In dieser Beziehung habe ich eine Menge von John Smith gelernt, einem Läufer von der UCLA, der einen Weltrekord über die Viertelmeile hielt. Jedesmal, wenn er sich an ein Trainingsprogramm macht, hat er ein bestimmtes Ziel im Auge. Es ist vielleicht nur eine Kleinigkeit, aber sie ist klar bestimmt. Bevor er auf diese Weise zu arbeiten begann, blieb der Erfolg aus; sobald er aber diese Praxis durchführte, stieg er zur Weltklasse auf. Ihr Ziel sollte es sein, eine etwas intensivere Anstrengung als während der vorhergehenden Runde zu machen, in der Lage zu sein, dieses Anspannungsniveau ein paar Sekunden länger durchzuhalten oder Ihre Herzfrequenz um ein paar Schläge pro Minute zu erhöhen, oder eine bestimmte Partie Ihres Körpers zu entwickeln.

Vor allem sollten Sie sich die Dinge heraussuchen, die Sie mit Spaß tun, nicht etwas, wozu Sie sich zwingen müssen. Sie sollten niemals das Gefühl haben, daß Sie sich zum Training zwingen.

Training könnte man als eine bestimmte Kombination von Bewegungsabläufen definieren, mit denen ein bestimmtes Ziel erreicht werden soll. Wenn Sie diese Bewegungsabläufe durch einen flotten Tango erledigen, dann haben Sie die Hauptsache Ihres Trainings erledigt. Bestimmten Anforderungen muß Genüge geleistet werden. Wenn Sie das nicht tun, werden Sie nicht fit sein. Aber Sie könnten dies jeden Tag tun, ohne daß Sie eine einzige isolierte Übung ausführen.

4. Was passiert, wenn ... und wenn nicht

Vielleicht kennen Sie die Sache mit der neureichen Dame, die in ihrem neuen Superkabrio vor dem Ferienhotel vorfährt. «Sie nehmen die Koffer», sagt sie zu einem der Boys. «Und Sie tragen den Schrankkoffer», befiehlt sie einem andern. «Und Sie», sagt sie zu einem dritten, «Sie tragen meinen Sohn.»

Der dritte Hotelboy schaut sich den zwölfjährigen Jungen an. «Was fehlt ihm denn, gnädige Frau? Kann er nicht gehen?»

«Doch, schon», antwortet Frau Neureich. «Aber Gott sei Dank braucht er nicht zu gehen.»

Die Wahrheit ist natürlich, daß ein Mensch, der aufhört zu gehen, auch bald die Fähigkeit dazu verliert.

Wenn der Mensch in einer günstigen Umgebung lebt, mit Nahrung im Überfluß, in einem angenehmen sozialen Klima und mit einem Sexualleben ohne Komplikationen, dann vermindert sich sein Fitness-Niveau auf eine Stufe, die für sein Überleben nötig ist. Doch wenn sich die Umwelt verändert, wird er verstört und furchtsam. «Ich existiere bloß so weit, wie ich fähig bin, mit den Anforderungen meiner Umwelt fertig zu werden», sagt er zu sich. «Wenn ich abhängig bin, ist mein Zustand gefährlich.»

Fitness ist nicht weniger und nicht mehr als Anpassungsfähigkeit an die Umwelt. Da der Mensch Intelligenz besitzt, kann er seinen Anpassungsgrad erkennen. Er ist fit für das seßhafte Leben, das die meisten seiner Aktivitäten kennzeichnet, aber er besitzt genug Intelligenz, sich zu sagen: «Ich möchte so fit sein, daß mir mein Körper Spaß macht.» Er begreift auch, daß er nicht so schwächlich bleiben darf, wie dieses seßhafte Leben ihn gemacht hat, weil das nicht ewig ungestraft so weitergehen kann. Es kommt die Zeit, da muß er ein bißchen kämpfen oder klettern oder sich anstrengen, und dafür ist er nicht fit, wenn er nicht trainiert.

Früher glaubte man, daß körperliche Aktivität den Verschleiß des Körpergewebes fördere und den Alterungsprozeß beschleunige. Heute wissen wir, daß das Gegenteil der Fall ist. Körperliche Betätigung verbessert den Zustand der Gewebe des Körpers und seine Funktionen. Fortgesetzter Gebrauch schiebt den Alterungsprozeß hinaus. Der Gebrauch schafft das Organ: das Herz, die Knochen, ja sogar die Geschlechtsorgane.

Die Strukturen und Funktionen des Körpers passen sich der Belastung an, die man ihnen auferlegt. Wenn die Belastung sich verringert, schwinden die Muskeln, und man verliert an Kraft. Das Herz schrumpft, wird schwächer und weniger leistungsstark. Blutgefäße verschwinden. Und das Ergebnis ist, daß der Körper weniger dazu fähig ist, mit körperlichen Anforderungen fertig zu werden, und in Notfällen möglicherweise versagt. Leichte Herzattacken, Schlaganfälle und Störungen des Stoffwechsels wie etwa ein Diabetes können dann mit erhöhter Wahrscheinlichkeit verheerende Folgen haben.

Den wahrscheinlich besten Beweis für die Auswirkungen von Inaktivität gewannen wir aus den Erfahrungen unserer Astronauten. Die Raumfahrer, die die ersten einwöchigen Flüge durchführten, verloren zehn Prozent ihrer Knochensubstanz. Während des zweiwöchigen Flugs erhöhte sich dieser Verlust auf fünfzehn Prozent. Wir fragten uns bereits, ob der Mensch überhaupt jemals zu den Sternen würde fliegen können. Würde von den Astronauten überhaupt noch etwas übrig sein, wenn sie am Ziel ankämen? Doch bei den Skylab-Unternehmen fanden wir heraus, daß sich nach fünfzig Tagen der Abbau auszupendeln schien. Die Astronauten erreichten ein Fitness-Plateau, das zwar niederer war als das, mit dem sie starteten, das aber eindeutig ausreichte, um ihre Aufgaben im Raum zu erfüllen. Bei den Apollo-Flügen fanden wir heraus, daß der Astronaut, der im Orbit um den Mond in der Kommandokapsel verblieb, einen höheren Abbaugrad erreichte als die Astronauten, die zur Mondoberfläche hinabstiegen und dort arbeiteten.

Warum Training dem Herzen hilft

Die meisten Menschen geben zu, daß körperliche Betätigung gut für das Herz sei, wenn auch nur, weil sie in den letzten Jahren so oft darüber gehört haben. Was sie aber vielleicht nicht wissen – weil man es ihnen nicht gesagt hat – ist, *warum* körperliche Aktivität gut für das Herz ist.

Durch die richtige Betätigung wird das Herz erhöht mit Sauerstoff versorgt, es wird massiver, kräftiger und leistungsfähiger. Ein solches rekonditioniertes Herz schlägt im Ruhezustand langsamer und langsamer bei der Arbeit. Es erlangt eine erhöhte Pumpkapazität.

Im entspannten Zustand füllt sich das Herz mit Blut. Wenn die Kontraktion eintritt, also wenn das Herz pumpt, muß es gegen diese Belastung ankämpfen, um das Blut hinauszudrängen. Dies ist das beste Training, das das Herz erhalten kann.

Wenn Sie sich klarmachen wollen, wie der Herzmuskel arbeiten muß beim Hinauspumpen des Blutes aus den Kammern dieses Hohlorgans, dann legen Sie die Finger Ihrer linken Hand in die rechte Handfläche. Drücken Sie jetzt die Finger mit der rechten Hand. Die Herzmuskeln – hier durch die Finger Ihrer rechten Hand repräsentiert – müssen gegen den Blutvorrat ankämpfen – die Finger Ihrer linken Hand, um das Blut aus dem Herzen in die Arterien zu drängen. Je mehr Blut den Herzmuskel füllt, desto mehr muß das Herz pumpen und desto besser wird es trainiert.

Der Unterschied zwischen einem Herzen, das durch Training

gekräftigt, und einem, bei dem das nicht der Fall ist, läßt sich durch das gleiche kleine Beispiel demonstrieren. Legen Sie also wieder die Finger der einen Hand in die andere Handfläche. Drücken Sie nun die Finger sacht. Dann drücken Sie kräftig zu. Der sachte Druck entspricht genau der Funktionsweise eines schwachen Herzens, das Blut aus der Herzkammer in den Körper pumpt. Der harte Druck symbolisiert das kräftige Herz bei der Arbeit. Der Unterschied dürfte Ihnen klar sein: ein durch Training gekräftigtes Herz pumpt das Blut leistungsstärker und mit weniger Mühe.

Es kommt aber noch etwas Zusätzliches als Plus dazu. Training liefert dem Herzen ein hervorragendes Hilfssystem. Jeder Körpermuskel wirkt wie ein Hilfsherz und hilft, das Blut durch den Körper zu pumpen. Wenn ein Muskel sich zusammenzieht, dann drückt er das Blut zum Herzen. Wenn er sich entspannt, kann das Blut wieder zurückströmen und ihn füllen. Genau wie dies beim Herzen der Fall ist. Der Muskelprotz, der fünfzehn Pfund über Normalgewicht hat, weil er soviel Muskulatur mit sich herumschleppt, belastet dennoch mit seinen fünfzehn Mehrpfunden nicht sein Herz; tatsächlich helfen ihm diese Muskelpfunde und unterstützen sein Herz. Der Mann dagegen, der fünfzehn Pfund Übergewicht an Fett mit sich herumschleppt, belastet sein Herz; seine Schwabbeligkeit trägt nicht nur nicht zur leichteren Blutzirkulation bei, sie besteht auch aus Millionen parasitärer Kapillargefäße, die vom Herzen mit Blut versorgt werden müssen.

Vor ein paar Jahren arbeitete ich in einem «Arbeitskreis über Körpertraining und Herz» mit dem verstorbenen Paul Dudley White zusammen, dem Herzspezialisten, der Präsident Eisenhower behandelte. Wir diskutierten die Zusammenhänge zwischen der Skelettmuskulatur und dem Herzmuskel. Da sagte Dr. White plötzlich: «Larry, bevor ich an eine Herzoperation denke, betaste ich stets die Oberschenkelmuskeln des Patienten. Wenn der Oberschenkel kräftig ist, dann weiß ich, daß der Chirurg auch ein kräftiges Herz vorfinden wird, wenn er aufschneidet, um zu operieren. Wenn der Oberschenkel jedoch schlaff ist, dann ist das Herz genauso – und die Sache wird kompliziert.»

Das richtige Konditionierungstraining ist ein rhythmisches anhaltendes Training, bei dem die Muskeln kontinuierlich arbeiten («pumpen»). Wenn Blut aus der Muskulatur gepumpt wird, fließt es immer zum Herzen hin. Man nennt das «venösen Rücklauf». Die Beteiligung der Muskeln verstärkt die Aktion. Ein rascher Herzschlag (die hohe Herzfrequenz) allein, ohne Beteiligung der Körpermuskulatur, schafft es nicht. Ihr Herz pocht schnell, wenn Sie gefühlsmäßig erregt sind, aber Sie haben nichts davon, weil Ihre Muskeln keine größere Blutmenge zum Herzen zurückpumpen, wie dies der Fall ist, wenn sie sich körperlich betätigen. Die Folge davon ist, daß das Herz unbelastet ist; es hat nicht den ausreichenden Blutvorrat, um bei der erhöhten Frequenz dagegen anzupumpen. Ein Körpertraining be- und entlädt das Herz mit zusätzlichen Blutmengen und macht es für eine kräftige Kontraktion fit.

Unser Herz ist nicht so konstruiert, daß es ganz für sich allein arbeiten könnte. Sie können sich davon durch ein einfaches Experiment überzeugen. Stehen Sie auf und bleiben Sie vollkommen ruhig stehen, ohne einen Muskel zu bewegen. Nach ein paar Minuten – höchstens fünf – wird Ihnen schwindlig werden. Wackeln Sie sofort mit den Zehen. (Wenn Sie das nicht tun, kippen Sie vielleicht um!) Diese minimale Bewegung zieht die Muskeln an Ihren unteren Extremitäten zusammen und bewirkt, daß der Blutstrom von dort wieder zum Herzen zurückfließt, nachdem die Schwerkraft das Blut da unten angesammelt hat. Dieses kleine Experiment beweist, daß ohne die Unterstützung der Skelettmuskulatur das Herz den Blutkreislauf nicht in ausreichendem Maß aufrechterhalten kann. Wenn Sie vollkommen stillstehen, wird Ihr Gehirn mangelhaft durchblutet und Sie fühlen sich schwindlig.

Und wenn Sie sich nicht körperlich betätigen, wiederholen Sie eigentlich andauernd dieses obige Experiment. Sie verlassen sich

Jahren aus. Wir nahmen als Versuchspersonen ein paar leitende Angestellte aus Boston und dazu einige Professoren aus Harvard. Wir testeten sie auf dem Laufband, um sicher zu sein, daß ihre Bemühungen eine konditionsverbessernde Wirkung hatten. Jeder einzelne zeigte positive Erfolge. Der Firmenmanager, der uns mit diesem Problem konfrontiert hatte, wies nicht nur bessere Laborergebnisse auf, sondern stellte auch eine erhöhte Leistungsfähigkeit bei der Arbeit am späten Nachmittag fest. Er erklärte sich das so: «Bevor Sie mich in Form gebracht haben, arbeitete ich mit der oberen Hälfte meiner verringerten Kapazität, und dabei ging ich manchmal bis an die äußerste Grenze. Das hat mich regelrecht erledigt. Jetzt sind meine Reserven größer, und ich kann die gleiche Arbeit mit der unteren Hälfte meiner Kapazität erledigen. Ich schaffe das Doppelte und komme noch nicht mal an die Grenze meiner Leistungsfähigkeit. Wenn ich ein bißchen müde werde, bringt mich eine kurze Ruhepause wieder auf den Damm. Es fällt mir nicht mehr schwer, morgens aus dem Bett zu finden. Und das wichtigste ist, daß diese meine gesteigerten Reserven mich mit größerem Selbstvertrauen erfüllen, bei allem, was ich tue. Ich werde ganz bestimmt nie mehr ein halber Mensch sein.» Ich weiß nicht, ob der Mann am Verhandlungstisch danach mehr Glück hatte, aber ich würde darauf wetten.

Fitness und Sex

Eine der unmittelbaren Auswirkungen der Fitness zeigt sich im Bett. Nicht nur, was die Leistungsfrequenz, sondern auch was die Qualität betrifft. Je besser der Organismus reagiert, desto schärfer sind die sexuellen Empfindungen. Wenn Sie übermüdet sind und schlapp, werden Ihre Reaktionen dementsprechend sein. Aber es handelt sich um mehr als nur um Ihren Sinnesapparat. Sex ist ein Kraft- und Ausdauervorgang. Er stellt Ansprüche an das neuromuskuläre und das kardiovaskuläre System. Bestimmte Stellungen beim Geschlechtsverkehr führen zur Ermü-

darauf, daß Ihr Herz eine Arbeitsleistung vollbringt, für die es nicht konstruiert ist. Es hat einfach nicht die Fähigkeit dazu. Der überraschendste Aspekt unseres kleinen Experiments aber ist, wie wenig körperliche Bewegung nötig ist, um einen Kreislauf-Normalzustand aufrechtzuerhalten. Die simple Tatsache, daß man mit den Zehen wackelt, korrigiert das Ungleichgewicht. Das gleiche gilt für den Alltag. Die winzigste körperliche Aktivität bringt die Skelettmuskulatur und das Herz in Harmonie ... Die Skelettmuskulatur wird zu dem, was sie sein soll: zu Hilfsherzen.

Daraus läßt sich aber auch eine nützliche Lektion ableiten. Es ist vorteilhaft, wenn man sich bei der Arbeit am Schreibtisch oder wenn man in einem Sessel liest, immer wieder einmal bewegt. Man bleibt leistungsfähiger. Ich habe herausgefunden, daß meine Doktoranden während vierstündiger Examen in ihren Leistungen exakt proportional zu der Häufigkeit und dem Ausmaß abschnitten, mit denen sie sich während des Examens bewegten. Die Kandidaten, die während der ganzen Prüfung fast wie im Halbschlaf dasitzen, haben einen guten Start, aber ihre Antworten auf spätere Fragen sind unweigerlich unter dem Niveau ihrer früheren Antworten. Im Gegensatz dazu halten sich die Leistungen jener Kandidaten, die während der ganzen Prüfung herumzappeln, durchgehend auf einem gleichmäßigen Niveau. Der Unterschied ist eben, daß die Zappler ihr Gehirn mit einer ausreichenden Menge Blut versorgen. Wir alle kennen Quiz-Programme, und manchen von Ihnen ist vielleicht schon einmal aufgefallen, wie sehr manche, gerade die besten Kandidaten, herumzappeln.

Ihre Muskeln sind die Maschinerie, die Sie in Bewegung setzt und hält. Der Treibstoff für diese Motoren sind Chemikalien, die Ihr Körper beständig erneuert. Aber diese Treibstoffe sind nutzlos, wenn sie in Motoren gelangen, die nicht funktionsfähig sind. Wenn Sie einen Muskel nicht benutzen, dann schwindet er, bis er nahezu ganz verschwunden ist. Alle Fasern schrumpfen fast zu nichts zusammen. Doch im Augenblick, in dem Sie sie wieder zu benutzen beginnen, reagieren Ihre Muskeln, als würden sie glimmende Kohlen durch Anblasen zur Glut bringen. Ihr Muskelmotor zündet und läuft. Wenn Sie zu den vielen gehören, die sich zwanzig Jahre lang haben gehenlassen, dann probieren Sie doch nur mal, einfach um den Block zu gehen. Es ist ein kleines Wunder. Da, wo Sie geglaubt hatten, völlig schlapp und erledigt zu sein, tauchen plötzlich wieder neue Kräfte auf.

Wenn Sie in einem Laboratorium trainieren würden, dann würden Sie sehr rasch die Ergebnisse Ihres Ausdauertrainings auf Ergometern und anderen Instrumenten ablesen können: erhöhte körperliche Leistungsfähigkeit, verminderter Herzstress, Besserung von Angina pectoris, Aktivitätssteigerung ohne Mühe und Schmerzen, reduzierte Gesamtresistenz des Blutkreislaufs, verminderter systolischer und diastolischer Druck, erhöhter Arteriendurchmesser, eine höhere Zahl von Kapillargefäßen und weniger Lipide, besonders Triglyceride, im Blut. Wenn Sie z. B. ein Patient mit einem Herzfehler wären, würden Sie nach körperlichem Training bald wieder Ihrer normalen Tätigkeit nachgehen können.

Warum Herzspezialisten trainieren

Wenn man Blutgefäße nicht beansprucht, verschließen sie sich, schrumpfen und verschwinden fast ganz. Sobald Sie mit einem Training anfangen, bilden sie sich schrittweise zu Gefäßen zurück, erweitern sich und nehmen ihre Funktion wieder auf. Einer der Gründe, warum Kardiologen heutzutage Körperübungen als Präventivmaßnahme gegen Herzerkrankungen und als Rehabilitationsmethode für die Rückkehr zu einer normalen Aktivität nach einem Herzanfall empfehlen, ist die, daß Training eine Zunahme an Kapillargefäßen bewirkt. Herzspezialisten vertreten die Theorie, daß ein gutkonditioniertes Herz mehr

Kapillargefäße zur Verfügung hat, falls und wenn ein Blutgefäß ausfällt.

In vieler Hinsicht sind die Symptome eines chronischen Herzversagens denen ähnlich, die bei schweren Anstrengungen auftreten. Das Herz schlägt heftiger, die Ventilation der Lungen ist erhöht, das Blut kann die Gewebe nicht mit genug Sauerstoff versorgen. Wenn man sich nun auf Übungen trainiert, die den Körper an eine sehr hohe Herzfrequenz, eine hohe Atemfrequenz der Lungen und einen hohen Sauerstoffverbrauch gewöhnen, dann kann dies dem Körper helfen, mit einem Herzanfall fertig zu werden, falls ein solcher eintritt.

Zwar mag es wohl bisher noch keine klinischen Beweise dafür geben, daß Körpertraining das Leben verlängert, aber es gibt nicht den geringsten Beweis dafür, daß es schädlich sei. Andererseits verfügen wir über Berge von Daten, die darauf hinweisen, daß damit die Chancen steigen, länger zu leben.

Chirurgen und Kardiologen, die Menschen mit lebensgefährlichen Erkrankungen behandeln, stellen fest, daß jene Patienten, die bei Ausbruch der Krankheit körperlich fit sind, sehr viel länger mit ihrer Krankheit ein normales Leben leben können als die, die nicht fit sind. Und sie überstehen Operationen besser.

Ich kenne keinen einzigen Herzspezialisten, der nicht trainierte.

Dr. James Jackson, ein Chirurg, hält seinen Diabetes unter Kontrolle, indem er ein gutausgewogenes Programm von Insulinspritzen, Zuckerzufuhr und – Körpertraining durchführt. Zu Hause strampelt er auf seinem Trimm-dich-Fahrrad zwanzig Minuten jeden Tag und kommt auf eine Herzfrequenz von 140; außerdem macht ihm diese Arbeit auch noch Spaß. An guten Tagen läuft er im Freien, wobei er seine Herzfrequenz überwacht, um seine Trainings-«Dosis» jeweils anpassen zu können. Vor einiger Zeit plante er eine Reise um die Welt und wollte auf mehreren medizinischen Kongressen sprechen. Er sollte über einen Monat lang fort sein und würde in Hotels leben müssen. Er hätte gern sein Trimm-dich-Fahrrad mitgenommen, aber das ging natürlich nicht. Darum bat er mich, für ihn ein Programm auszuarbeiten. Wieder einmal holte ich meine «Kabinen-Übungen» aus der Schublade und paßte sie seinen speziellen Bedürfnissen an. Es störte ihn nicht, daß er auf dem Fleck laufen sollte, und so maß er nach den Übungen zum Aufwärmen und zur Muskelspannung alle zwei Minuten seinen Puls, während er an Ort und Stelle die gewohnte Zeit «lief». Indem er so die ihm gewohnten Übungsbedingungen beibehielt, brauchte er die Insulineinheiten nicht zu ändern, die er sich spritzte, noch war eine Änderung in seiner Diät nötig. Außerdem behielt er den gewohnten Zustand einer hervorragenden körperlichen Kondition. Heute verordnet er ein ähnliches Programm seinen Patienten als Rehabilitierungstraining nach Operationen.

Manche Ärzte, die selbst Marathonläufer sind, glauben, daß solche Langläufe effektiv gegen ein Versagen der Herzkranzgefäße immun machen.

Medizinische Untersuchungen über Risikofaktoren bei Herzerkrankungen bewerten den Faktor der körperlichen Untätigkeit nicht als so gewichtig wie hohen Blutdruck, Zigarettenrauchen und hohen Cholesteringehalt im Blut, aber die Untersuchungen enthalten stets die Empfehlung, sich körperlich zu betätigen, neben all den anderen Ratschlägen der Lebensumstellung, die das Risiko einer Herzerkrankung mindern sollen.

Wenn ein Mensch mit einem seßhaften Beruf mäßig aktiv wird, indem er z. B. spazierengeht, treten in seinem Körper viele Veränderungen auf, die man alles in allem für einen bedeutsamen Beitrag zur Entwicklung einer Resistenz gegen eine kardiovaskuläre Krankheit betrachten kann. Der Blutdruck sinkt, die Herzfrequenz im Ruhezustand sinkt, die Muskulatur – einschließlich des Herzmuskels – kräftigt sich, die Zahl der aktiven kleinen Blutgefäße, die das Blut in die Zellen des Muskelgewebes transportieren, nimmt enorm zu. Die Blutzusammensetzung selbst bessert sich; das Blut enthält mehr Sauerstoff, und die Blutkörperchen, die klebrig werden und Gefäße im Herzen und im Gehirn verstopfen können, was zu Herzinfarkt und Gehirnschlägen führen kann, werden durch Körpertraining weniger «klebrig».

Training und langes Leben

Wenn also aktive Menschen so viele Vorteile haben, dann sollte es bei ihnen weniger Herzinfarkte geben – und müßten sie nicht eigentlich auch länger leben? Nun, sie müßten, und wahrscheinlich tun sie es auch, aber die epidemiologischen Untersuchungen großer Populationen konnten bisher die Lebenserwartung von aktiven und inaktiven Menschen noch nicht eindeutig differenzieren. Sobald dies der Fall sein wird, sollten aktive Menschen weniger für ihre Lebensversicherung bezahlen müssen.

Der Grund, warum der Zusammenhang zwischen körperlicher Betätigung und Langlebigkeit wahrscheinlich niemals ganz deutlich sein wird, ist der, daß das Aktivitätsniveau, das erforderlich ist, um sich gegen tödliche Krankheiten zu schützen, dermaßen niedrig ist, daß es nahezu unmöglich wird, eine Kontrollgruppe zu bestimmen. Fast jeder wird ab und zu mal aktiv. Und aktive Menschen werden hier und da «seßhaft». Das ist allerdings ein Forschungsproblem, nicht unseres, wenn wir versuchen, unseren Lebensstil zu verbessern. Wir wissen jetzt bereits genug und brauchen nicht zu warten, bis die Epidemiologen ihre Fakten in Ordnung gebracht haben. Die Fakten, die wir brauchen, sind bekannt: wenn wir nicht regelmäßig ein paar körperliche Übungen durchführen, schädigen wir uns selbst, vermindern unsere Lebenskapazität, beschneiden die Zahl der aktiven Jahre unseres Lebens und verkürzen wahrscheinlich unser Leben selbst.

Noch etwas müssen wir aus den Erfahrungen der Medizin bezüglich Körpertraining und Herzerkrankungen lernen. Vor kurzem wurden mehrere Versuchsreihen gestartet, die sich in langfristigen Untersuchungen mit der Effizienz von aggressivem Körpertraining in bezug auf eine Senkung der Häufigkeit von Koronarinsuffizienz-Erkrankungen (Schwäche der Herzkranzgefäße) befaßten. Die Leiter dieser Untersuchungen setzten das Trainingsniveau dermaßen hoch an, verordneten eine dermaßen drakonische Diät, daß nur die allerabgehärtetsten Versuchspersonen mitmachen konnten. Und die Versuchsleiter waren ihre Versuchspersonen lange vor Abschluß der Testreihe los. Was wir daraus schließen können, ist für uns von größter Wichtigkeit, wenn wir die für uns zuträgliche Aktivitätsbelastung bestimmen wollen: es ist sinnlos, wenn man sich zu einer routinemäßigen Tätigkeit (oder Diät) zwingt, die man nicht durchhalten kann. Ich wäre nicht im geringsten überrascht, wenn die Fehlschläge, die sich aus derartig strengen Maßstäben ergeben, letztlich den Teilnehmern mehr Schaden als Nutzen gebracht hätten. Es ist immer deprimierend und ärgerlich, eine Verpflichtung einzuhalten zu versuchen, von der man genau weiß, daß man nicht in der Lage sein wird, der Abmachung gerecht zu werden. Und wenn Sie dann schließlich doch aufgeben, fühlen Sie sich schuldbewußt und als Versager. Solche Gefühle sind nicht gut; man kann davon Magengeschwüre bekommen – und überhöhten Blutdruck.

Die Antwort darauf? Setzen Sie Ihre Anforderungen niedrig genug an, damit Sie noch einigermaßen angenehm mit sich selbst leben können. Es ist besser, sich damit zufriedenzugeben, täglich einen kleinen Spaziergang zu machen, als in einem Langstreckenläufer-Team mitzurennen, bei dem man genau weiß, daß man weder dazugehört noch mitmachen kann. Genau aus diesem Grund plädiere ich so stark für ein Trainingsprogramm, das dem einzelnen nicht so wahnsinnig schwerfällt. Ihr *Herz* muß dabei sein.

Die Lebensqualität

Der Lebensprozeß ist zweidimensional. Eine Dimension sind die effektiven Lebenstage eines Menschen. Die andere ist die *Qualität* seines Lebens. Und es kann keinen Zweifel geben, daß Sie Ihre Lebenstage *besser* leben, wenn Sie trainieren.

Kurz nach dem Zweiten Weltkrieg arbeitete ich am Laboratorium für Ermüdungsforschung der Graduate School of Business Administration in Harvard. Der Manager einer führenden Firma wandte sich mit einer bestimmten Forderung an unser Forschungsteam. «Ich habe das Gefühl, daß die unter uns, die das Management und die Aktionäre repräsentieren, bei Verhandlungen mit den Gewerkschaften auf Grund reiner körperlicher Unterlegenheit den kürzeren ziehen», sagte er. «Unsere Tarifverhandlungen sind Marathonsitzungen. Die Vertreter des Managements rauchen und trinken unweigerlich zuviel, sie haben keinen körperlichen Ausgleich, und sie schlafen schlecht. Gegenüber sitzen die Arbeitervertreter. Die haben körperliche Arbeit geleistet. Die sind körperlich abgehärtet. Sagen wir, wir tagen seit acht Uhr morgens, und jetzt ist es zehn Uhr nachts, und wir nähern uns einem Kompromiß. Beide Seiten wissen das, aber unsere Seite macht schlapp. Unsere Lungen brennen. Wir fühlen uns völlig aufgelöst. Und da sitzen uns die andern gegenüber und hämmern kräftig mit den Fäusten auf den Tisch. Ich habe den Eindruck, daß ihre körperliche Stärke uns überwältigt. Und das ist unweigerlich der Moment, an dem sie ihre Forderungen vorbringen; wir geben nach, und sie kriegen einen besseren Tarifvertrag.» Der Firmenboss streckte resigniert die Hände nach oben. «Gibt es irgendwas, was wir tun könnten, damit wir körperlich besser in Form sind und unsere Aufgaben besser erfüllen können?»

Wenn man Wissenschaftler mit einem derartigen Problem konfrontiert, hat man sich meistens die Folgen selber zuzuschreiben. Wir arbeiteten ein Körperertüchtigungsprogramm für Männer in leitenden Stellungen und den entsprechenden

dung der Muskulatur. Aber wahrscheinlich ist vom physiologischen Standpunkt aus gesehen die erhöhte Herzfrequenz und der erhöhte Blutdruck als größte Beanspruchung anzusehen. Wenn Sie eben nicht in Form sind, wird Ihre «Leistung» dementsprechend sein.

Als ich an der Universität von Iowa war, regte ich ein Konditionstraining für die Mitglieder der Fakultäten an. Eines Tages kam die Frau eines Spanischprofessors zu mir und erzählte mir folgende kleine Geschichte: «Alberto hat unter entsetzlichem Druck gestanden. Nach seinen Vorlesungen, der Arbeit im Komitee und seiner Forschungsarbeit kommt er nach Hause und versucht jede Nacht an einem Buch zu arbeiten. Und dann ist er natürlich immer zu müde. Er sackt an seinem Schreibtisch weg und schläft ein. Aber er ist dermaßen überdreht, daß er nicht einschlafen kann, wenn er endlich ins Bett kommt. In den ersten Jahren unserer Ehe war unser Sexualleben prima und völlig in Ordnung. Aber jetzt ist es nur noch in den Ferien gut. Ich bin frustriert. Wissen Sie einen Ausweg? Können Sie helfen?» Ich schlug der Dame vor, daß Alberto mich anrufen möge. Er tat es am nächsten Tag.

Er gab an, er müsse sich unbedingt entspannen, also nahm ich ihn in mein Konditionsprogramm für Universitätsprofessoren auf. Jedem einzelnen Professor wurde ein bestimmtes Programm auf den Leib geschneidert, das auf seine persönlichen Mängel zugeschnitten war, dazu kamen die obligatorischen Gymnastikübungen, um die Leute warmzumachen, und ein Schwimmprogramm, das Alberto jedesmal ein bißchen mehr beanspruchte. Ich «verschrieb» Alberto nichts Besonderes für sein sexuelles Versagen – außerdem, wie sich herausstellte, brauchte er das auch gar nicht. Seine Frau sagte mir Wochen später: «Mensch, was für ein Unterschied!»

Was Alberto sich erwarb, war neben zusätzlicher Energie ein neues Gefühl seiner Männlichkeit. Lang mißachtete Muskeln, von denen er gar nicht wußte, daß er sie besaß, wuchsen und wurden wieder stark und kräftig. Er konnte wieder stolz sein, wenn er sich morgens im Spiegel ansah.

Wenn ein Mensch körperliche Betätigung aufgeben muß, weil er einen Herzschlag oder sonst eine Erkrankung erlitt, die ihn unfähig dazu machte, wird er sich nie wieder ganz okay und in Form fühlen, wenn er nicht das gewohnte Sexualleben wiederaufnehmen kann. Es spielt für ihn keine Rolle, was er sonst alles tun kann; wenn er *das* nicht tun kann, ist er nicht gesund. Und wenn er es wieder kann, dann ist er es.

Selbst bei normal Gesunden gilt als höchster Maßstab für Männlichkeit und Weiblichkeit die «Leistung» im Bett. Ein gesunder Mensch – also jemand, der frei von Krankheit ist – kann aber trotzdem zu einer befriedigenden Geschlechtsbeziehung unfähig sein. Aber andererseits stimmt das Gegenteil auffallend. Herbert De Vries, ein Sportphysiologe an der Universität von Southern California und einer meiner ehemaligen Schüler, machte mehrere Versuchsreihen mit Bewohnern der Stiftung Leisure World* in Südkalifornien. Er fand heraus, daß Training in vielen Fällen die depressiven Zustände besserte, die sich bei älteren Menschen zeigen, und daß gleichermaßen die Testpersonen mit einem besseren Fitness-Niveau auch angaben, in ihren höheren Lebensjahren ein befriedigenderes Geschlechtsleben zu haben.

Wenn man sich selbst als Lebewesen mit dem eigenen Körper, wie er ist, akzeptiert, kann man auch leichter mit den anderen zurechtkommen. Man ist einfach mehr bereit, wenn sie einen anschauen, einen berühren und erotische Beziehungen zu einem aufnehmen wollen. Wenn man sich in seiner eigenen Haut nicht wohl fühlt, wie soll man dann wirksame erotische Signale an eine andere Person ausstrahlen? Diese Signale sind, was Sie als Sexappeal zu bezeichnen gewohnt sind.

* Ein neuartiger Versuch, alte Menschen in komfortable Umstände, die mehr (und meist weniger) der vertrauten Lebenssituation entsprechen, als dies in einem herkömmlichen Seniorenheim der Fall wäre, zu bringen. (Anm. d. Übers.)

Wenn Sie ein wenig trainieren, haben Sie sehr viel mehr vom Leben. Sie werden jünger aussehen, sich ein wenig besser fühlen und wahrscheinlich auch ein bißchen länger leben, als das ohne das minimale Körpertraining der Fall gewesen wäre. Wenn Sie sich nicht körperlich betätigen, entwickeln Sie sich zu einem abhängigen Organismus hinunter. Bei Anforderungen sind Sie davon abhängig, daß irgendwer Ihre Arbeit für sie erledigt. Und wenn das keiner tut, können Sie nicht überleben.

Angesichts solcher Alternativen scheint die Wahl doch eigentlich leicht. Wenn Ihr Seelenkostüm in Ordnung ist, dann werden Sie sich wohl eigentlich wünschen, fit zu werden. Die Natur hat da bereits vorgesorgt, indem sie unseren Organismus mit einer sagenhaften Anpassungsfähigkeit ausgestattet hat. Und zwar in einem Maß, daß Sie in wenigen Tagen Ihre Kondition dermaßen verbessern können, daß Sie angesichts von Anforderungen nicht mehr flach auf dem Bauch landen.

Wenn es für Sie nicht genügt, daß Sie besser aussehen, sich besser fühlen und wahrscheinlich länger leben können, dann überlegen Sie sich doch einfach folgendes: Körpertraining ist der Schlüssel zu einer schmerzlosen und anhaltenden Abnahme Ihres fetten Bauchs, Ihrer fetten Schenkel – also der Weg, das überflüssige Fett loszuwerden, das man anhäuft, wenn man sich gehenläßt.

5. Wie man für immer Gewicht verliert, ohne sich dabei zu quälen

Gewichtskontrolle ist das am meisten mißhandelte Problem auf dem Sektor der Körperpflege. Millionen unschuldiger Pummelchen sind Gefangene von Normen, die in keinerlei Bezug zur Wirklichkeit stehen, und lassen sich von einer Handvoll Scharlatane verführen – Ärzte, Physiotherapeuten, Ernährungsspezialisten gehören auch dazu – mit Versprechungen, die unhaltbar sind. Die populären Modediäten und Schlankheitsprogramme sind größtenteils eine Qual, sie sind gefährlich, und sie nützen nichts.

Und doch kann man genauso leicht zu einer Kontrolle des Körpergewichts gelangen, wie man muskuläre und kardiovaskuläre Ausdauer gewinnen kann. Ich sagte zu Beginn, daß Sie sich nicht zu Tode zu hungern brauchen oder irgendwelche bestimmten Nahrungsmittel absetzen müßten. Jetzt aber sage ich Ihnen: wenn Sie eins von beidem doch tun, gefährden Sie Ihre Zielsetzung.

Wenn Sie die Pulsfrequenzzählung zu Ihrer Leitplanke und zu einem integralen Bestandteil Ihres Lebens machen wollen, dann wird die Gewichtskontrolle etwas ganz Einfaches für Sie sein: Sie sagen einfach morgens «nein» zu dem einen Stück Toast mehr und abends «nein» zu dem Extraglas Whisky.

Ich habe Tausenden Menschen geholfen, ihr Gewicht zu reduzieren. Wie ich schon erwähnte, war der schwierigste Teil der Angelegenheit der, sie davon zu überzeugen, daß sie pro Woche nicht mehr als ein Pfund abnehmen sollten – ja es nicht einmal *dürften.* Das ergäbe 52 Pfund im Jahr. Und das ist doch wirklich genug, jeden zufriedenzustellen. Trotz meiner Ermahnungen wollten aber viele raschere Erfolge sehen. Alle ohne Ausnahme sind dabei gescheitert. Wer sich genau an mein Programm hielt, hatte Erfolg. Muß er ja auch. Der Prozeß ist automatisch. Es kann gar nicht schiefgehen. *Wenn* Sie ein bißchen mehr Aktivität entfalten und *wenn* Sie eine kleine Veränderung in Ihrer Kalorienzufuhr vornehmen, dann müssen Sie zwangsläufig abnehmen. Und es gibt keine andere Methode, nachhaltig Gewicht zu verlieren, ohne den Körper zu schädigen.

Das System ist effektiv so absolut sicher, daß Sie zunehmen müssen, wenn Sie schneller sein wollen als Ihr Tagesplan. Nur der genau geplante Gewichtsverlust ist von Dauer.

Lassen Sie mich Ihnen das hier beweisen.

Der menschliche Körper arbeitet genau wie ein Motor. Er unterliegt den Gesetzen der Physik, besonders dem Gesetz von der Erhaltung der Energie. Die Energie, die in Arbeit umgesetzt wird, muß zunächst dem Körper als Nahrung zugeführt werden. Wenn jemand mehr Energie verbraucht, als er sich durch Kalorienmenge in der Nahrung zuführt, dann *muß* er Gewicht verlieren. Das ist ein physikalisches Gesetz. Das Gegenteil gilt natürlich ebenfalls. Wenn jemand mehr Kalorien mit der Nahrung zu sich nimmt, als er an Energie verbraucht, dann *muß* er zunehmen. Ein Erwachsener von durchschnittlicher Körpergröße nimmt pro Tag etwa 2400 Kalorien zu sich. Er verbraucht etwa 2300 Kalorien. Dieser kleine Unterschied von 100 Kalorien zwischen Aufnahme und Verbrauch ist die Ursache für die schleichende Fettleibigkeit bei vielen.

Wie stoppt man die schleichende Fettleibigkeit?

Nehmen wir an, Sie seien dieser Normaltyp. Denken Sie mal daran, wie dicht davor Sie stehen, die ganze Sache zu Ihren Gunsten zu wenden. Durch die kleine Änderung von 100 Kalorien täglich können Sie der schleichenden Fettsucht Einhalt gebieten. Diese Änderung können Sie auf zweierlei Weise vornehmen: entweder indem Sie 100 Kalorien vermeiden (eine Tasse Kaffee mit Sahne und Zucker oder 30 Gramm Käse) oder indem Sie 100 Kalorien zusätzlich verbrauchen durch Energieaufwand (vierzehn Minuten Tennis, zwanzig Minuten Gartenarbeit).

Sobald Sie den Ausgleich geschafft haben, heißt jede Veränderung, daß Sie mehr Kalorien verbrauchen, als Sie zu sich nehmen. Und in diesem Augenblick beginnt Ihr Körper – der ja noch immer mit Treibstoff laufen muß – seine Energiereserven einzusetzen. Plötzlich verbrennen Sie Fett.

Die Fettzellen des Körpers sind die Reservoirs, in denen sich übermäßige Nahrungszufuhr ablagert. Sie sind für Notfälle gedacht. In der Vorzeit, als die Jäger manchmal eine Woche lang kein jagbares Wild fanden, konnte ihr Körper auf diese Fettzellen zurückgreifen und sie mit der Energie versorgen, die nötig war, um weiter zu jagen. Heute, wo Nahrung fast überall leicht erhältlich ist, wird diese Fettreserve unnötig. Fettreserven sind nur nötig, wenn Sie vorhaben, durch das kalte Wasser des Ärmelkanals Langstrecke zu schwimmen, oder wenn Sie einen Sport mit Körperkontakt ausüben und das Fett Sie vor schweren Körperschäden schützen soll. Die Nachteile sind geradezu katastrophal. Ein fettleibiger Mensch ist behindert, er ist unattraktiv und verletzbar.

Fett enthält viele Blutgefäße. Mit jedem Pfund Fett müssen kilometerlange neue Blutgefäße angelegt werden. Um eine ausreichende Durchblutung zu erhalten, müssen diese Gefäße anderen Körperorganen Blut entziehen. Dies bedeutet eine Belastung für das Herz. Und deshalb können fette Menschen nicht mit der gleich hohen Lebenserwartung rechnen, die sie hätten, wenn sie schlank wären.

Wenn aber die Strafe so hart ist, warum lassen dann intelligente Menschen, die aller Wahrscheinlichkeit nach gern so lang wie möglich leben möchten, zu, daß sie fett werden?

Die Schuld liegt nicht allein bei ihnen selbst.

Ein neugeborenes Baby verfügt über genau die richtigen Reflexe. Wenn es Hunger hat, schreit es nach der Mutter. Wenn es satt ist, hört es auf zu trinken. Es trinkt einfach nicht weiter. Man kann ihm den Nuckel in den Mund stecken, und es behält ihn vielleicht auch zwischen den Lippen, aber es saugt nicht weiter. Es wächst und gedeiht. Sein innerer Mechanismus lenkt ihn auf vollkommene Weise im Kampf ums Überleben.

Dann geschieht etwas, und sein ausgewogenes Gleichgewicht wird über den Haufen geworfen. Manchmal gibt es nichts Gefährlicheres und Gesundheitsschädlicheres als eine liebevolle Mutter. Und der Vater, die Krankenschwester und der Lehrer helfen bereitwillig mit. Sie alle miteinander vergiften das Baby regelrecht. Sie belohnen es dafür, wenn es sich überfrißt. Sie loben seinen Stuhlgang. Und sie vernichten sein natürliches und naturgemäßes Programm.

Wir alle sind korrumpierte Babies. Wir belohnen uns als Erwachsene weiterhin auf die gleiche Weise, wie wir als Säuglinge belohnt wurden. «Du mußt deinen Teller leeressen» wird zu «Du mußt aber noch ein bißchen nehmen». Es ist egal, daß Sie überhaupt keinen Hunger mehr haben, sowieso schon zu viele Pfunde mit sich herumschleppen, wenn jemand etwas für uns gekocht hat, fühlen wir uns verpflichtet, es auch zu essen. Oder da der Mittagstisch mit bestimmten altehrwürdigen Ritualen behaftet ist, behalten wir sie bei, auch wenn wir keine Nahrung benötigen und auch gar keinen Appetit haben. Beim Erntedankfest feiern wir die Tatsache, daß wir wieder einmal nicht verhungern müssen; also fressen wir, bis wir platzen.

Der erste Schritt bei jedem Trainingsprogramm in der Schlankheitstherapie ist es, sich einzugestehen, daß man so ist, wie man ist, weil da irgendwann einmal die wohlmeinenden Eltern, Freunde und Lehrer uns einem Konditionierungsprozeß unterzogen haben. Nur weil man uns beigebracht hat, so oder so zu essen, brauchen wir ja nicht unbedingt unser ganzes Leben lang damit fortzufahren.

Aber Erkenntnis allein löst keine Probleme. Wir müssen auch die Zusammenhänge genau verstehen.

Was deine Waage dir *nicht* sagt

Wenn Sie auf die Waage steigen, müssen Sie auch richtig interpretieren können, was Sie da ablesen.

Sie messen nämlich auf der Skala nicht das Fett, das Sie im Körper haben. Ja, Sie können sogar abnehmen und effektiv mehr Fett im Körper speichern. Das tritt häufig bei Sportlern am Ende einer Wettbewerbssaison auf. Sie hören auf, hart zu trainieren, essen aber weiter die gleiche Diät. Ihre Muskeln atrophieren und verkümmern. Da aber ein Muskel sehr viel schwerer wiegt als Fettgewebe, erscheint der Verlust an Muskelgewebe als Gewichtsverlust auf der Waage. Darum können Sportler tatsächlich abnehmen und gleichzeitig mehr Fettgewebe speichern. Auf der Waage zeigt sich das natürlich nicht.

Außerdem zeigt die Waage auch nicht an, wieviel Rückstände im Körper enthalten sind, die innerhalb kurzer Zeit ausgeschieden werden. Nehmen wir an, Sie haben bei einer Mahlzeit knapp vier Pfund Nahrung zu sich genommen. Das könnte sich auf Ihrer Waage am nächsten Morgen als knapp drei Pfund darstellen. Auf der Skala ist der Anblick natürlich furchterregend, aber er bedeutet keineswegs eine genaue Aussage über Ihre Kondition. Drei Tage später nämlich wird das Nahrungs- und Flüssigkeitsplus nahezu völlig ausgeschieden sein. Die tatsächliche Gewichtszunahme nach Ihrer Schlemmerei beträgt knapp ein Pfund – wenn überhaupt soviel. Und wenn Sie inzwischen vernünftig gegessen haben und sich auch angemessen körperlich betätigten, dann sind Sie bald wieder auf dem Stand vor Ihrer Orgie.

Eine Waage sagt auch nichts aus über Gewichtszunahmen im Zusammenhang mit dem Klima. An Tagen mit hoher Luftfeuchtigkeit absorbiert der Körper so viel Flüssigkeit, daß das Gewicht um fast anderthalb Pfund steigen kann. Wenn man in Wüstenklima Golf spielt, kann man zwischen drei und fünf Pfund täglich «verlieren». Weder die Gewichtszunahme noch der Gewichtsverlust sind von Dauer.

Eine Badezimmerwaage ist kein Präzisionsinstrument. Der Zeiger geht nicht nach jedem Wiegevorgang auf Null zurück, er zeigt noch nicht einmal genau das gleiche Gewicht an, wenn Sie nochmals auf die Waage steigen. Es wäre ein solch hoher Grad von Genauigkeit nötig, daß Waagen für den Hausgebrauch zu teuer würden. Selbst wenn Sie auf Ihrer Skala Null sehen, ist Ihr Gewicht nicht zwangsläufig in der gleichen Weise registriert wie am Vortag. Sie brauchen nur Ihr Gewicht zu verlagern oder in anderer Haltung dastehen, und der Zeiger kann sich bis fünf Pfund nach oben oder unten verändern. Wenn Sie die Badezimmerwaage als Herrn und Meister anerkennen, unterwerfen Sie sich einem höchst unzuverlässigen Tyrannen.

Wenn Sie es gewohnt sind, sich täglich zu wiegen, und merken, daß Sie konstant mehr wiegen, könnte es durchaus der Fall sein, daß Sie an Muskelgewicht durch schwere Arbeit oder Training zunehmen. Wenn Sie aber keine Muskelaufbauarbeit geleistet haben, dann dürfen Sie annehmen, daß die Gewichtszunahme Fett ist. Wenn Sie andererseits Gewicht verlieren, dann bietet Ihnen die Waage nicht die Garantie, daß das, was Sie da verlieren, Fett ist. Der Gewichtsverlust kann durch Dehydration, gesteigerte Urinabsonderung oder durch die Aufnahme harntreibender Flüssigkeiten wie Tee oder Bier bewirkt worden sein. Schlankheitsprogramme, die einen wöchentlichen Gewichtsverlust von fünf Pfund versprechen, beruhen meist auf der Gewichtsangabe auf der Badezimmerwaage und arbeiten mit dem Prinzip der Harnausscheidung. Das kann man aber nicht als Gewichtsminderung im Sinne eines Verlusts an Fettgewebe bezeichnen. Die Messungen auf der Waage werden recht schnell wieder genauso hoch sein wie zuvor, sobald Sie den Flüssigkeitsverlust ausgeglichen haben.

Wenn es möglich wäre, daß man zehn Tage lang genau die gleiche Nahrung zu sich nimmt, daß man zehn Tage lang genau die gleichen körperlichen Anstrengungen unternimmt, sich an jedem Tag in der gleichen Stimmung und der gleichen Spannung befindet (zwischen Anspannung und Entspannung), daß dazu noch die gleichen atmosphärischen Bedingungen kommen (Temperatur und Luftfeuchtigkeit), dann würde man immer noch von Tag zu Tag Gewichtsunterschiede feststellen müssen. Dies würde von den Verdauungs- und Stoffwechselprozessen herrühren, die ihrem eigenen Rhythmus folgen. Sie würden einfach nicht jeden Morgen die gleiche Menge Stuhl oder Urin absondern, und Sie würden nicht die gleiche Menge unmerklichen Schweiß abgeben.

Waagen haben nur insofern einen Sinn, als Sie Ihnen eine allgemeine Vorstellung über Ihre Überernährung liefern. Ein viel genauerer «Maßstab» ist Ihr Anblick im Spiegel. Man braucht wirklich keine Waage, um zu sehen, daß man fett ist. Man kann die Fettmassen ja am Körper schwabbeln sehen, man kann sehen, wie alles bibbert, wenn man sich bewegt. Wenn Ihnen die Speckfalten über den Hosenbund hängen, dann brauchen Sie weiter nichts, um sich zu sagen, daß Sie ein Problem haben. Teilnehmer an einem Ertüchtigungsprogramm für Universitätsprofessoren nannten dies «Dunlapismus» oder Friedhofssyndrom: «Dein Knödelfriedhof hängt dir schon zum Bauch raus.»*

* Das Wortspiel ist leider nicht übersetzbar: «dun» und «lap» haben im Deutschen keine Entsprechung. (Anm. d. Übers.)

Der neue Standard: Zuviel Taille bei den Männern – Die Zwickmethode bei den Frauen

Fettleibigkeit ist abhängig vom Fett, nicht vom Gewicht. Die Verallgemeinerung, daß man fett sei, weil man zu viele Pfunde wiegt, kann falsch sein. Schwellende Muskeln können das Körpergewicht erhöhen, aber Menschen mit derartigen Muskeln haben selten viel Fett im Körper. Wir brauchen also eine neue Standardisierung, um unseren Konditionsstand festzustellen.

Ziel der Gewichtsabnahme ist es, überflüssiges Fett zu verlieren, ohne das nicht-fette Gewebe des Körpers zu vermindern: also die Muskulatur, die Knochen, das Blut. Sämtliche derartigen Gewebe wachsen durch körperliches Übungstraining. Während Sie Fett loswerden, gewinnen Sie wertvolles Körpergewebe. Auf der Waage zeigt sich dabei vielleicht, daß Sie zunehmen, anstatt ab, weil das nützliche Körpergewebe mehr wiegt als das Fett, das Sie ersetzen. Dann schauen Sie eben mal rasch in den Spiegel!

Sie sollten auf die Fettansätze an Ihrer Taille, Ihren Hüften und Ihren Schenkeln achten, nicht auf die Ziffern auf Ihrer Waage. Der echte Maßstab ergibt sich aus Ihrer Gürtellänge und Ihrer Rock- oder Hosenweite. Wenn das Fett verschwindet, verringert sich diese Weite. Wenn Ihnen Ihr Rock oder Ihre Hosen zu eng werden, dann werden Sie fett. Wenn sie locker sitzen, verlieren Sie Fett. Sie können auf die Waage ganz verzichten, wenn Sie mögen, und sich nur nach Ihrer Taille richten. Ihr Körpergewicht kann aus reinem Muskelgewebe zusammengesetzt sein. Wenn das aber nicht so ist, dann wird es Ihnen Ihre Taille verraten.

Bei Männern ist die Frage ganz besonders nicht die, ob sie übergewichtig, sondern ob sie über*bäuchig* sind. Männer verteilen charakteristischerweise das Körperfett um den Schwerpunkt ihres Körpers, wenn sie zunehmen.

Die Messungen mit dem Bandmaß können höchst ungenaue

Werte ergeben, wenn man nicht auf eine ganz bestimmte Weise vorgeht. Der Unterleib muß im Normalzustand sein, also weder eingezogen noch vorgestreckt. Das Becken muß eben sein. Das Maßband muß in Gürtelhöhe, also über den Beckenknochen, angelegt werden und ringsum gleichmäßig horizontal sein. Die beste Methode ist immer noch die, nicht ein Schneidermaß um den Bauch zu legen, sondern einen Gürtel zu verwenden; man zieht den Gürtel bis auf das bequemste Loch an, bis er angenehm, aber nicht *zu* stramm sitzt, dann zieht man ihn aus und mißt ihn.

Aber für Männer ist ein Bandmaß wirklich gar nicht nötig. Es gibt eine viel einfachere Meßmethode – welche Größe sie nämlich in Unterhosen tragen. Wenn Sie etwa hundertsechzig wiegen und nicht bequem in eine Unterhose Größe 5 (Medium bis Large) passen, dann haben Sie zuviel Fett. Genauer brauchen Sie eigentlich gar nicht zu werden.

«Speck-Messer» für Männer
(Fett-Kontrolldaten)

Wieviel wiegen Sie unbekleidet?	Dann darf Ihre Taillenweite nicht größer sein als:
45 kg	76 cm
50 kg	79 cm
55 kg	81 cm
60 kg	82 cm
65 kg	83 cm
70 kg	85 cm
75 kg	87 cm
80 kg	90 cm
85 kg	92 cm
90 kg	94 cm
95 kg	96 cm
100 kg	97 cm
105 kg	99 cm
110 kg	100 cm
115 kg	102 cm

Bei Männern kann man wirklich eine Vergleichstabelle aufstellen, in der das Gewicht mit dem Taillenumfang in Vergleich gesetzt wird. Wenn Sie herausfinden wollen, wie Sie abschneiden, dann ziehen Sie einfach eine Linie zwischen den Maßangaben über Ihr Gewicht und Ihre Taillenweite. Wenn der Strich nach unten weist, sind Sie fett. Eine gerade oder eine aufsteigende Linie bedeutet, daß Ihre Taille okay ist.

Männer sind in ihrem Körperbau einander ziemlich ähnlich, und das Fett ist in ihrem Körper ziemlich gleichmäßig verteilt. Wenn also zwei Männer, deren Normalgewicht gleich sein müßte, plötzlich zunehmen – der eine, weil er fett wird, der andere, weil seine Muskelsubstanz wächst –, dann wird der erste mehr Taillenumfang haben, der andere aber nicht.

Bei Frauen ist das ganz anders. Ihre Körperkonturen sind höchst verschieden. Und es gibt keine Regelmäßigkeit in der Verteilung des Fetts im weiblichen Körper. Es kann sich an den Schenkeln oder am Po oder an den Brüsten oder den Armen ansammeln. Frauen, deren Unterkörper Fett ansetzt, können immer noch einen relativ schmalen Oberkörper haben.

Der beste Fett-Test für Frauen ist die «Zwickmethode».

Bei den meisten Erwachsenen bedeutet es zirka vierzig Pfund Fett, wenn man etwa zwei Zentimeter Hautfett zwischen Daumen und Zeigefinger fühlen kann. Das bedeutet nicht etwa, daß man fünfunddreißig bis vierzig Pfund *übermäßiges* Fett hat, sondern nur, daß die entsprechende Menge vom Gesamtkörpergewicht Fett ist. Jeder zusätzliche halbe Zentimeter, wenn Sie Ihre Haut zwischen Daumen und Zeigefinger nehmen, bedeutet, daß Sie acht bis zehn Pfund mehr an Fett haben. Und so messen Sie:

Suchen Sie sich im Bücherschrank ein Buch, das genau zweieinhalb Zentimeter dick ist. Messen Sie genau mit dem Zentimetermaß nach. Gewöhnen Sie sich daran, wie sich dieses Buch zwischen Zeigefinger und Daumen anfühlt. Dann zwicken oder kneifen Sie in das Fleisch an Ihrem Bauch, an der Taille, den Schenkeln, dem Po und der Unterseite Ihrer Arme. An keinem einzigen Punkt Ihres Körpers dürfte die Dicke der Hautfalte, die Sie drücken, mehr als zweieinhalb Zentimeter betragen. Wenn das aber doch der Fall ist, dann muß etwas dagegen getan werden.

Die gefährlichen Hungermethoden

Vor einiger Zeit beschloß die Frau eines meiner Bekannten, sie müsse unbedingt zwölf Pfund verlieren. Es hatte eine ganze Weile gedauert, ehe sie sich dazu durchringen konnte. Sie beschloß, die Geschichte so rasch wie nur immer möglich hinter sich zu bringen. In Ihrem Arzneikästchen gab es da noch ein paar «Energiepillen», die ihr der Arzt bei einem früheren derartigen Versuch verschrieben hatte. Die nahm sie, aber sonst aß sie kaum etwas.

Am ersten Tag wog sie vier Pfund weniger, am zweiten Tag waren es noch einmal zwei Pfund weniger. Am zehnten Tag war sie bis auf drei Pfund ihrem Ziel nahegerückt. Und da ging sie mit ihrem Mann Tennisspielen. Eine halbe Stunde später mußte sie aufgeben. Auf der Heimfahrt wurde ihr Gesicht im Auto dunkelrot. Sie bekam Niesanfälle und zeigte fortgeschrittene Grippesymptome. Ein Fall, geradezu von klassischen Ausmaßen, von einer Reaktion auf kombinierte Aushungerung und Dehydration.

Fasten ist ein bequemer Weg, Gewicht zu verlieren, wenn der Körper es durchhält. Manche Menschen können sich einen oder zwei Tage mit einer Nur-Wasser-Diät ohne größere Schäden für den Körper am Leben erhalten. Andere, deren Kohlehydratstoffwechsel empfindlicher ist, sind in großen Schwierigkeiten, wenn ihr Körper länger als zwölf Stunden ohne Nahrung bleibt.

Ziel eines jeden Programms, das Körperbetätigung mit verminderter Nahrungsaufnahme verbindet, ist es, das Körperfett als oder anstatt Nahrung zu verwenden. Die Fettzellen liefern die Energie für die körperliche Betätigung, und dabei werden sie aufgezehrt. Wenn Sie sich einer gemäßigten Minimaldiät unterwerfen, das heißt, wenn Sie trotzdem eine ausgewogene Diät essen, können Sie gar nicht in Schwierigkeiten geraten. Aber streichen Sie mal irgendwelche Bestandteile Ihrer Diät, dann wird es problematisch. Streichen Sie die Kohlehydrate zum Beispiel, dann fangen Sie an, Ihr Körpergewebe als Brennstoff zu verwenden. Und nicht etwa nur das Fettgewebe, sondern die Muskel- und Blutreserven genauso. Und wenn Sie das lange genug durchhalten, wie etwa die Frau meines Bekannten, dann haben Sie irgendwann eben Ihren Vorrat an Kohlehydraten verbraucht und gehen an die Fett- und Proteinreserven. Das führt zu einem veränderten Säurehaushalt, was nicht nur ein abnormer Zustand ist, sondern auch dazu führt, daß Sie sich unwohl und krank fühlen.

Die Proteine sind die Bausteine des Körpers. Fette und Kohlehydrate muß man nicht unbedingt haben, Proteine *muß* man. Jede Diätvorschrift, die Sie dazu zwingt, Protein als Hauptquelle Ihrer Energieversorgung zu benutzen, ist dazu angetan, die Grundlagen Ihrer Existenz zu vernichten. Diätpläne, die langfristig eine niedrige Kohlehydratzufuhr vorsehen, zwingen den Körper dazu, Proteine als Treibstoff zu verwenden.

Natürlich verbraucht der Körper immer Kohlehydrate, Proteine und Fette in seinem Stoffwechsel. Im Körperstoffwechsel kennt man zwei Phasen: den Katabolismus und den Anabolismus. Der Katabolismus bricht im Körper Substanzen und Gewebe auf und verwendet sie. Dies ist ein ganz normaler Prozeß, der unablässig und in einem bestimmten Rhythmus verläuft. Anabolismus hingegen ist der beständige Aufbau des Körpergewebes, der gleichfalls in konstantem Rhythmus erfolgt. Wenn ein Körper sich in einem stabilen Gleichgewicht von beidem hält, also zwischen dem Aufbrechen und Aufbauen in Katabolismus und Anabolismus, dann bleibt seine Beschaffenheit konstant. Man kann den katabolischen Prozeß beschleunigen, indem man sich überanstrengt oder hungert, aber der anabolische Prozeß läßt sich nicht in gleicher Weise beschleunigen. Der Körper verbraucht statt dessen Proteine, selbst wenn man eine hochproteinhaltige Diät durchführt. Überfütterung und übermäßig ausgedehnte Ruheperioden beschleunigen den Anabolismus im Stoffwechsel keineswegs in besonderem Maß. Die Körperprozesse laufen in etwa im gleichen Rhythmus ab.

Unser Ziel ist es hier, den Körper in seinem Normalzustand zu erhalten. Übermäßiges Fett ist auf ein bißchen zu viel Erholung, nicht genügende körperliche Betätigung und ein bißchen mehr Nahrung als nötig zurückzuführen. Und wir wollen versuchen, Ihnen dabei zu helfen, daß Sie ein bißchen weniger essen und sich ein bißchen mehr körperlich betätigen. Ganz sanft wollen wir das versuchen, Schritt für Schritt, wie es die homöostatische Erhaltung des Gleichgewichts in Ihrem Körperstoffwechsel verlangt.

Aber dahin führt nur ein einziger Weg.

Wir müssen uns an die Breitband-Diät gewöhnen

In der Ernährung ist Abwechslung wirklich die Würze des Lebens.

Es ist gefährlich, wenn man irgendein Nahrungsmittel von seinem Speiseplan streicht. Der Schaden wiegt den Nutzen bei weitem auf, den man haben kann, wenn man eine bestimmte Nahrungszusammensetzung als das Evangelium betrachtet. Vor Ihren Augen sollte jedesmal eine rote Warnflagge hochgehen, wenn Sie ein Diätrezept lesen, das von Ihnen fordert, daß Sie bestimmte Nahrungsmittel streichen. Wenn Sie sich nämlich daran halten, fordern Sie nur Schäden heraus. «Schon»-Diäten sind für Kranke, für Patienten, die an Allergien oder sonstigen pathologischen Schwächen leiden. Und wenn Sie gesund sind und sich einer derartigen Diät unterziehen, dann ist das genauso, als würden Sie an den Arzneischrank eines Kranken gehen und seine Pillen futtern.

Wenn Sie vor kurzem eine Blutuntersuchung gemacht haben, und es erwies sich, daß Ihr Cholesteringehalt im Blut ein wenig zu hoch ist, und Sie haben letzthin täglich sechs Eier gegessen, dann wäre es klug, wenn Sie Ihren Eierverbrauch reduzierten. Andererseits sind Eier und das in ihnen enthaltene Cholesterin ein hervorragendes Nahrungsmittel; und sie sind auch keineswegs giftig. Also wäre es doch unklug, sie ganz fortfallen zu lassen. Körpertätigkeit und Ernährung hängen sehr eng zusammen. Wenn Sie den ganzen Tag nur herumsitzen, dann müssen Sie eben besonders auf Ihre Diät achten. Dann sollten Sie eventuell nicht mehr als drei Eier pro Woche essen. Und wenn Sie Eier besonders gern mögen, sollten Sie eben ein bißchen körperlich aktiver werden.

Besondere Abmagerungsdiäten – wie etwa eine ausschließliche Traubenkur, oder ausschließlich Birnen und Hüttenkäse – sind ernsthaft unzulänglich und führen zu Erkrankungen, wenn man sie radikal einen Monat oder länger durchhält. Das sind schlechte Diätformen, die die Vielfalt der Nahrungsmittel einschränken, so daß man sich von einer Handvoll «magischer» Nahrungsmittel am Leben erhält. Empfehlungen wie einerseits «keinerlei Kohlehydrate» oder andererseits «nur Kohlehydrate» treiben den, der sie befolgt, zu einer schlechten Ernährungslage.

Die Antwort auf das Problem lautet: große Vielfalt in allem. In einer Schnellimbißhalle finden wir die beste Diät auf dem Tablett, das die größte Vielfalt an Nahrungsmitteln aufweist. Dabei kann auch ruhig Kuchen und Schlagsahne mit draufstehen. Aber natürlich heißt das nicht, daß man sich eine große Vielfalt an Kuchen, Torten und Cremes auflädt.

Wenn Sie gern Rindfleisch essen, dann essen Sie's. Essen Sie alles, was Ihnen schmeckt. Wenn es Sie nach Speck gelüstet, dann essen Sie ihn eben ab und zu. Es ist eine ganz exzellente Sache, wenn Sie sich wenigstens einmal pro Woche mit einem Gericht beglücken, das Sie wirklich gern essen. Einschließlich der fünfhundert Kalorien in einem Eisbecher oder einer Maß

Bier, wenn Sie gierig darauf sind.

Das Niedrigkaloriengericht, das heute die meisten Restaurants anbieten, basiert auf einem guten Ernährungsprinzip, da es eine Zahl verschiedenartiger Nahrungsmittel enthält: ein Stück Fleisch, Hüttenkäse, Salate und Obst. Was den Teller nahrhaft macht, ist nicht die Quantität oder Qualität, sondern die Vielfalt.

Nahrungsvielfalt heißt: eine Mischung von Kohlehydraten, Fetten, Proteinen, Vitaminen und Mineralstoffen.

Raffinierte Kohlehydrate wie weißer Zucker und gebleichtes Mehl sind wahrscheinlich am wenigsten nahrhaft bezüglich der verwendbaren Nahrungssubstanzen, die sie enthalten. Raffinierte Kohlehydrate verwandeln sich rasch in Fette, wenn sie im Verhältnis zu der verbrauchten Energie im Übermaß zugeführt werden. Ein Gutteil der Cholesterinablagerungen in den Blutgefäßen inaktiver Menschen führt man auf eine überhöhte Zuckerzufuhr in der Diät zurück, nicht sosehr auf die Fettzufuhr, wie die meisten Leute glauben.

Es ist ein weitverbreitetes Mißverständnis zu glauben, daß das Körpergewebe auf die Nährstofftypen, die jemand zu sich nimmt, zurückzuführen sei. Sportler glaubten bisher gern, daß sie größere Muskelpakete ansetzen würden, wenn sie nur sehr viel Fleisch äßen. Viele denken das noch heute und essen dementsprechend. Andere wissen es inzwischen besser. Protein kann aus Kohlehydraten und Fetten gebildet werden, Fett kann sich aus Kohlehydraten und Proteinen bilden, Kohlehydrate können sich aus Proteinen und Fetten bilden. Eine unserer hauptsächlichen Proteinquellen ist Ochsenfleisch, also Fleisch von einem grasfressenden Tier. Gras ist aber fast reines Kohlehydrat. Wenn wir also Rindfleisch essen, essen wir «veredeltes» Gras. Damit ist die Behauptung ad absurdum geführt, daß «man ist, was man ißt». Die Magie Ihres Körpers macht mehr aus Ihnen als das, was Sie essen.

Als ich 1940 Forschungsassistent in Physiologie an der medizinischen Fakultät der University of Iowa war, gab es nur ein halbes Dutzend bekannte Vitamine. Man machte sich damals große Sorgen darüber, wie alle zu einer ausreichenden Vitaminzufuhr kommen könnten. Heute kennen wir über ein Dutzend Vitamine. Und es ist gar nicht unwahrscheinlich, daß wir in zwanzig Jahren über zwei Dutzend Vitamine kennen werden. Wo liegt also der Sinn, wenn man täglich Vitaminpillen in bekannter Menge zu sich nimmt, um sicherzustellen, daß man die nötige Vitaminmenge bekommt? Man muß auf ein gewisses übergroßes Vertrauen in das derzeitige Wissen der Menschheit schließen. Es gibt nämlich nur einen Weg, sicherzugehen, daß man alle nötigen Vitamine bekommt, und der ist: eine Breitband-Diät, eine große Vielfalt an Nährstoffen – besonders Nahrungsmittel wie Milch, Eier, Getreidekörner und Fisch, die uns als höchst nahrhaft bekannt sind. Die uns bislang noch unbekannten Vitamine sind zweifellos in dieser Nahrung und anderen gesunden Nährstoffen enthalten.

Das gleiche gilt auch für Mineralstoffe. Es hat den Anschein, daß man jeden Monat ein neues Mineral entdeckt, das für unsere Ernährung große Bedeutung hat. Im einen Monat ist es Zink, im nächsten Chrom. Bald werden wir eine Liste haben, die nahezu alle chemischen Elemente umfaßt. Aber anstatt sie wie eine Medizin einzunehmen, bietet sich uns die beste Garantie dafür, daß wir sie alle und in den richtigen Mengen bekommen, durch die Breitband-Diät.

Neulich abends war ich zum Essen eingeladen. Mein Gastgeber hatte mich kaum begrüßt, da drängte er mich auch schon in die Küche. Voller Stolz wies er auf eine Reihe Flaschen und Behälter. Es handelte sich um die größte Privatsammlung an Nahrungsmittel-, Vitamin- und Mineralstoff-Ersatz, die ich jemals gesehen habe. Ich brachte es nicht übers Herz, ihm zu erklären, daß er sein Geld zum Fenster hinauswerfe. Sicher, wenn er in einer unfruchtbaren Gegend in Asien wohnte und einen ganzen Winter lang nur von Kartoffeln leben müßte, dann würde ihm dieser Ersatz etwas nützen. Aber hier bei uns gibt es keinen Landstrich, wo man nicht eine Breitband-Diät bekommen könnte. Es besteht keine Notwendigkeit zu einer derartigen Besorgnis bezüglich der Ernährung, noch besteht der Zwang dazu.

Die bedrohlichen Warnungen bezüglich der schlimmen Folgen, wenn man nicht täglich dieses Vitamin oder jenes Mineral einnimmt, lassen sich einfach heute genausowenig vertreten wie die Argumente für strikte körperliche Trainingsprogramme auf täglicher Basis oder eine bestimmte geplante Menge an Schlaf. Sie haben den Körper eines Jägers auf kargem Boden. Ihr Körper trägt alles mit sich, in reichlichen Reserven, was Sie brauchen, um nötigenfalls tagelang ohne Nahrungsaufnahme weiterzumachen. So ungefähr das einzige, was täglich ersetzt werden muß, ist Flüssigkeit. Als Rücklage für die Tage, in denen Sie vielleicht nicht genug oder nicht nahrhaft genug zu essen bekommen, kann diese Ihre wunderbare innere Fabrik das Nötige aus dem vorhandenen Material produzieren. Ihr Körper kann aus Protein oder Fett Kohlehydrate machen, Protein aus Kohlehydraten oder Fett und Fett aus Kohlehydraten oder Proteinen. Selbst wenn Sie am Verhungern sind, werden ein paar Kalorien einer beliebigen Nahrung in die Stoffe umgewandelt, die für Ihr Überleben am nötigsten sind. Und in langen Wochen und Monaten werden dann durch eine große Vielfältigkeit der Ernährung die edlen Teile, die Sie verbraucht haben, wieder ersetzt.

Wie man seinen Eßgewohnheiten ein Schnippchen schlägt

Es kann zu einer Sucht werden, daß man um 7 Uhr frühstückt, um 12 Uhr zu Mittag und um 18 Uhr zu Abend ißt. Lassen Sie eine Mahlzeit ausfallen, und Sie leiden unter «Entziehungs»-Symptomen. Das gleiche gilt für Körperübungen und Schlaf. Wenn Sie an jedem Tag Handball spielten, würden Sie sich scheußlich fühlen, wenn Sie mal einen Tag aussetzen. Ich weiß das genau. Ich war nämlich handball«süchtig». Wenn Sie gewohnheitsmäßig von 23 bis 7 Uhr fest schlafen, werden Sie sich am Tag nach einer Nacht, in der Sie bis 1 Uhr morgens aufgeblieben sind, elend fühlen. Ebenso wenn man Sie um 5 Uhr weckte und Sie nicht wieder einschlafen könnten. Regelmäßige Gewohnheit fordert, daß man an ihr festhält. Alles läuft gut, solange der Rhythmus nicht durchbrochen wird. Wenn aber, dann leiden wir.

Das Gegenmittel besteht darin, den Rhythmus ab und zu einmal bewußt zu durchbrechen. Man kann den Essenszwang vermeiden, indem man den Zwangsrhythmus stört. Seien Sie gelassen und inkonsequent; machen Sie sich nicht zum Sklaven der Uhr.

Wenn ich von Los Angeles nach New York fliege, muß ich beständig gegen die Zeitverschiebung ankämpfen. Ich bin nachts munter und morgens ein Muffel. Das kommt daher, daß ich mich an reguläre Schlafenszeiten gewöhnt habe. Vor kurzem beschloß ich, dagegen etwas zu unternehmen. Eine Woche vor einem geplanten Flug nach Osten begann ich absichtlich den Zeitpunkt des Zubettgehens und des Aufstehens zu variieren. Als ich dann in New York ankam, hatte sich meine Gewohnheit so weit gelockert, daß ich mich leichter anpassen konnte. Das gleiche Prinzip gilt für das Essen.

Es ist ungesund, Gesundheitsvorschriften zu ernst zu nehmen. Wenn sie Sie völlig beherrschen, verdrängen sie andere angenehmere Erfahrungen. Sie machen Ihnen das Leben zur Hölle, und Sie machen dann andern das Leben zur Hölle. Unser Leben ohne Feste – es wäre eine ziemlich traurige Existenz. Warum sollten Sie sich und andern bei einem Fest die Freude verderben? Kümmern Sie sich nicht um Einschränkungen.

Aber arbeiten Sie rechtzeitig dem übermäßigen Genuß entgegen. Es fällt so sehr viel leichter, sich zurückzuhalten, wenn man bedenkt, daß man ein paar Stunden später dafür belohnt werden wird, als wenn man am nächsten Morgen als Buße für seine Sünden zurückstecken muß.

Wenn Sie in einem guten Restaurant zum Mittagessen eingeladen sind und wissen, daß es dort Spezialitäten gibt, die Sie sich aussuchen werden, dann frühstücken Sie eben ein bißchen früher oder nehmen Sie kleinere Portionen. Wenn Sie bei Ihrer Mutter zum Abendessen geladen sind, sorgen Sie dafür, daß Sie hungrig sind, wenn Sie bei ihr ankommen.

An normalen Tagen können Sie sich selbst den größten Gefallen erweisen, wenn Sie ein reichliches Frühstück zu sich nehmen. Das wappnet Sie für einen hungerfreien Tag.

Die beste Aufteilung besteht in einem handfesten Frühstück, einem mäßigen Mittagsmahl und einem leichten Abendbrot. Die kleinen Häppchen vor dem Schlafengehen oder im Bett sind wahrscheinlich für den Fettansatz verantwortlich. Worauf es ankommt, das sind aber die Kalorien und nicht der Zeitpunkt.

Wenn Sie «kohlehydrat-empfindlich» sind – d. h. wenn nahezu der kleinste Entzug Ihnen zu schaffen macht –, dann kennen Sie zweifellos jene kritischen Momente gut, in denen die besten Diätvorsätze zum Fenster hinausflattern. Sie glauben, Sie müßten verhungern. Sie fühlen sich unglücklich und unwohl, ja fast krank. Sie wissen, daß Sie etwas zu essen brauchen, also zum Teufel damit, Sie essen. Und es schmeckt so gut und riecht so gut, und Sie fühlen sich so prima, daß Sie plötzlich alles essen möchten, was Ihnen vor die Augen kommt. Und Sie tun's auch. Vier-, fünf-, sechs-, siebenhundert – ach was – tausend Kalorien. Dieser Ausbruch an Freßgier wirft Sie fünf Tage zurück.

Wenn Sie das nächste Mal diesen Drang verspüren, bekämpfen Sie das Feuer mit Feuer. Wenn Sie nach Kohlehydraten hungern, dann essen Sie Kohlehydrate, aber nehmen Sie nicht einen ganzen Eimer, wenn ein Glas die Flammen erstickt. Eine geringe Menge süßer Nahrungsmittel, ein Glas Apfelsaft oder eine Orange etwa, bringen Sie fast sofort wieder auf den Damm. Wenn gar nichts anderes da ist, essen Sie ein Bonbon. Eins reicht. Sie mögen ja vielleicht gern mehrere essen, aber es ist nicht nötig. Das Heißhungergefühl wird bald vergehen. Und Sie, Sie fühlen sich nicht nur zufriedengestellt, Sie fühlen sich auch noch tugendhaft. Sie haben nichts kaputtgemacht.

Um es noch einmal zusammenzufassen: Die bestmögliche Diät für jedermann (Sportler inbegriffen) ist eine große Vielfalt von Nahrungsmitteln in Mengen, die nötig sind, das Normalgewicht des Körpers aufrechtzuerhalten. Der Körper ist eine Maschine, in der die aufgenommene Energie gleich der verbrauchten Energie sein muß, wenn Gleichgewicht herrschen soll. Nahrung ist potentielle Energie. Wenn Sie mehr essen, als Sie verbrauchen, dann lagern Sie das als Fett ab. Wenn Sie mehr verbrauchen, als Sie aufnehmen, verlieren Sie einen Teil dieses gespeicherten Fetts.

Setzen Sie Fett an, bevor Sie abnehmen

Wenn Leute mit einem Gewichtsproblem zu mir kommen, erkläre ich ihnen, daß mein Programm jeweils am folgenden Montag beginnt – und daß sie bis dahin sich voll sattessen können. Vor Beginn des Programms wünsche ich keinerlei Beschränkungen in der Diät. Sie können alles essen, was ihnen unter die Gabel kommt. Ich ziele bewußt darauf ab, daß das Körpergewicht am Montagmorgen hoch ist, weil die ersten zwei Wochen eines jeden Programms die härtesten sind. Während dieser Periode pendelt sich der Stoffwechsel ein. Und Nahrungsaufnahme in reichlicher Menge vor Beginn des Programms erleichtert die Stoffwechselumstellung.

Wenn Sie ein Programm suchen, das schiefgeht, dann fangen Sie mit einem Zeitraum an, in dem Sie halb verhungert sind, und versuchen Sie von da abzunehmen. Das schlimmste, was Sie tun können, wenn Sie entschlossen sind abzunehmen, ist eine Woche lang zu hungern. Sie tun sich bestenfalls nur das eine Gute an, daß Sie Ihre Schuldgefühle kitzeln. Sie haben gesündigt, und jetzt tun Sie Buße. Wenn Sie Fasten als eine Art Absolution betrachten, na schön, aber als Methode zum Schlankerwerden taugt es nichts. Auf Fasten folgen unweigerlich die Feste.

Die Frau meines Freundes – Sie erinnern sich, sie nahm in zehn Tagen zwölf Pfund ab und wurde dann krank – hatte geglaubt, daß sie ihren Bauch verlieren würde, wenn sie ein paar Tage lang nichts äße. Das ist falsch. Was man dabei vielleicht verliert, ist die Gewohnheit des Magens, Nahrung aufzunehmen, wodurch dieser dann eben weniger Hungergefühle produziert. Aber die tatsächliche Magengröße ändert sich nicht.

Die Unterernährung hatte bei dieser Frau eine Reaktion auf körperliche Aktivität hervorgerufen. Sie hatte ihre knappen Reserven an Kohlehydraten, die hauptsächliche Brennstoffquelle, schon zu Beginn des Tennismatchs verbraucht. Sie wurde hypoglykämisch. Der Blutzuckerspiegel fiel unter die Grenze, bei welcher derer die Gehirnfunktion noch aufrechterhalten bleibt. Außerdem wurde sie für Allergien und Infektionen empfänglich. Ich sagte ihrem Mann, er solle sie dazu bringen zu essen. Sie weigerte sich. Ein paar Tage darauf war sie krank.

Der Grund für ihre Weigerung ist ziemlich einfach. «Jetzt habe ich mich so gequält, um abzunehmen, und zum Teufel noch mal, ich werde die Pfunde nicht wieder drauflegen», sagte sie. In Wahrheit hatte sie aber gar nicht soviel Fett verloren. Ihr Gewichtsverlust bestand hauptsächlich in Wasser. Nahrungsmittel enthalten große Mengen Flüssigkeit, fünfzig und mehr Prozent. Indem sie ihre Nahrungs- und Getränkezufuhr drastisch einschränkte, entzog sie ihren lebenswichtigen Körpergeweben – dem Muskel-, Nerven- und Eingeweidegewebe – die nötige Flüssigkeit. Im Augenblick, in dem sie wieder eine vernünftige Diät essen würde – und das würde sie irgendwann tun müssen, um ihre Krankheit zu überstehen –, würde sie bis auf ein oder zwei Pfunde den gesamten Gewichtsverlust wieder einholen.

Schließlich begann sie wieder genug zu essen, um ihre Energie stabil zu halten. Sie mußte es tun. Das Programm, das sie durchexerziert hatte, war unmenschlich und biologisch ungesund gewesen. Sie hatte in ihre normalen Körperprozesse hineingepfuscht. Und sie hatte von sich selbst zu viel verlangt, als daß sie in diesem halbverhungerten Zustand hätte richtig funktionieren können.

In diesem Moment bot ich ihr vier Alternativen an:

1. Sie könnte in ihrem Gewaltprogramm weitermachen in der Hoffnung, daß das Gewebe und die Funktionsfähigkeit ihres Körpers so exzellent in Schuß seien, daß sie einem derartigen Angriff standhalten könnten.

2. Sie könnte die Hälfte ihres abgehungerten Gewichts wiedergewinnen und dann mit einem vernünftigeren Programm weitermachen, bei dem sie Fett abbauen würde.

3. Sie könnte versuchen, das derzeitige niedere Gewicht zu bewahren und zu stabilisieren und nur hoffen, daß sie damit durchkäme. Sie hatte zwölf Pfund abgenommen. Möglicherweise würde dieser Gewinn erhalten bleiben, wenn sie ein paar Monate lang auf dem gleichen Gewichtsstand bliebe.

4. Sie könnte ihr vorheriges Gewicht zurückgewinnen und ganz von vorn anfangen. In diesem Fall würde ich ihr garantieren – wenn sie täte, was ich von ihr verlangte –, daß sie in zwölf Wochen zwölf Pfund verlieren würde. Und diesmal würde die Sache von Dauer sein.

Ich erklärte ihr, daß ich bei weitem vorzöge, daß sie das ursprüngliche Gewicht wiedergewänne. Es war ein prima Gewicht für den Start.

Widerwillig stimmte sie zu. Die Zeit, bis sie ihr Gewicht wieder bis auf den Startpunkt hochgebracht hatte, war für sie das reinste Paradies. Dann setzte ich das Programm an.

Wählen Sie ein Gewicht für den Rest Ihres Lebens

Ihre Kleidergröße und wie Ihnen die Kleider passen, das ist immer noch der beste Maßstab zur Bestimmung, ob Sie fett sind oder nicht, aber als tägliche Leitplanke für die Fettreduzierung reicht es nicht aus. Dazu benötigen Sie die Waage im Badezimmer – so unvollkommen die sein mag.

Bei unserem Programm gehen wir so vor, als sagte die Waage über die Fettprozente in Ihrem Körper die Wahrheit aus. Wir wissen, daß Veränderungen eintreten, aber im großen und ganzen ignorieren wir das. An Tagen, an denen Luftfeuchtigkeit und andere Faktoren zu hohen Meßwerten führen, tun wir so, als handle es sich um eine echte Gewichtszunahme, und richten uns entsprechend danach. Das gleiche gilt für trockene Tage, an denen die Meßwerte niedriger sind; wir behandeln das als Fettabnahme. Wir schenken der Waage Beachtung, besonders da sie einen so guten Ansporn darstellt, aber wir nehmen sie nicht allzu ernst.

Wenn Sie zugenommen haben, obwohl Sie glauben, Sie hätten abnehmen müssen, weil Sie ja so gewissenhaft waren, geben Sie dem Wetter die Schuld. Aber bleiben Sie weiter gewissenhaft. Die für die Gewichtszunahme verantwortlichen Faktoren werden vielleicht am folgenden Tag ausgependelt. Wenn Sie aber am Tag darauf noch immer zuviel haben und am dritten Tag auch, dann haben Sie keine Entschuldigung mehr, dann handelt es sich zweifellos um einen Fettaufbau, und Sie müssen sich dementsprechend anpassen.

Es gibt Methoden, mit denen man derartige Variable auf ein Minimum reduzieren kann.

Wenn Sie mit einem Programm beginnen, stellen Sie Ihre Waage mit der Stellschraube genau auf Null, kleben Sie einen Klebestreifen über die Stellschraube und fassen Sie sie erst wieder an, wenn Ihr Programm beendet ist. Wenn Sie auf die Waage steigen, stellen Sie sich bequem und in Balance hin, verteilen Sie das Gewicht gleichmäßig auf beide Füße. Wir neigen dazu, die Waage zu verstellen, wie es uns angenehm ist. Darum schauen Sie also erst gar nicht auf die Skala, bevor nicht Ihre Füße richtig placiert sind. Wenn Sie dann runterschauen, haben Sie das Gewicht für den Tag. Versuchen Sie nicht, es zu manipulieren.

Die Frau meines Freundes befolgte meine Instruktionen und wog sich am Montagmorgen, an dem das Programm beginnen sollte, nackt vor dem Frühstück und nach der Entleerung von Blase und Darm. Die Waage zeigte 64 Kilo an.

«Also gut», sagte ich, als sie in meine Praxis kam, «wieviel wollen Sie für den Rest Ihres Lebens wiegen?»

Die Frage überraschte sie. Sie wußte nicht, was sie sagen sollte.

«Es gibt kein Programm ohne eine Zielsetzung», sagte ich. «Und es muß sich um ein vernünftiges, gemäßigtes und erreichbares Ziel handeln. Suchen Sie sich das Gewicht aus, von dem Sie glauben, daß Sie es möglicherweise erreichen können, ein Gewicht, bei dem Sie nicht dünner sind als damals, als Sie in einem Zustand angenehmer Schlankheit waren. Schauen Sie auf die Entwicklung Ihres Körpergewichts zurück. Versuchen Sie sich zu erinnern, wann Sie am besten aussahen, sich am besten fühlten, während Sie gleichzeitig ohne Schwierigkeiten Ihr Gewicht halten konnten. Ihr Ziel ist es, einigermaßen schlank zu sein, nicht dürr.»

Auf dem College hatte sie nur 53 Kilo gewogen, aber sie wußte natürlich, daß dieses Gewicht jetzt für sie nicht realistisch war. Sie wählte ein Gewicht, das sie mehrere Jahre lang bequem hatte halten können: 58 Kilo.

Als nächstes nahmen wir ein Blatt Millimeterpapier und trugen ihr Startgewicht (128 Pfund) in der linken oberen Ecke ein. Wir setzten dort einen Punkt. Jedes Quadrat, erklärte ich ihr, stelle auf dem linken Rand ein halbes Pfund dar. Jedes zweite Quadrat abwärts wurde mit der nächstniedrigen Angabe bezeichnet: 127, 126, 125 usw.

Am unteren Rand trugen wir horizontal, beginnend mit dem heutigen Datum, die Tage ein. Jedes Quadrat stellte einen Tag dar. Dann kehrten wir zur linken oberen Ecke zurück und zählten sieben Quadrate nach rechts, beginnend bei dem Startgewicht 128. Beim siebenten horizontalen Quadrat gingen wir zwei Gevierte nach unten und markierten einen Punkt, desgleichen beim vierzehnten und einundzwanzigsten, jeweils zwei Quadrate nach unten und eine Punktmarkierung. Mit einem Lineal verbanden wir dann den Startpunkt links oben und den dritten Punkt rechts unten mit einer Linie, die auch durch die anderen Punkte lief.

Startgewicht: 128 Pfund (64 kg) Wochenabnahme: 1 Pfund (0,5 kg)
Zielgewicht: 116 Pfund (58 kg) Abnahmedauer: 12 Wochen = 3 Monate
Differenz: 12 Pfund (6 kg)

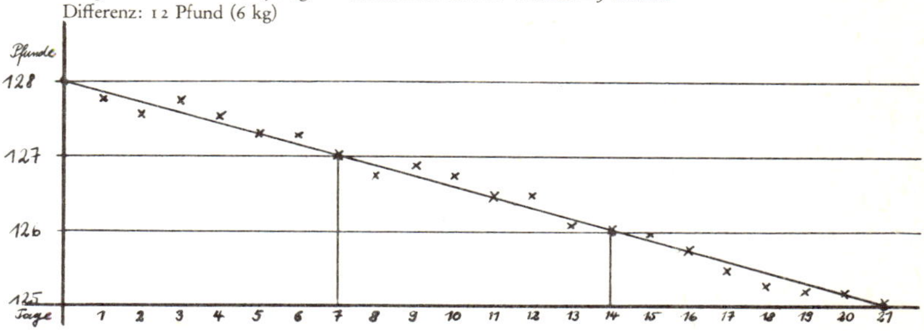

«Das ist Ihr Gewichtskontrollprogramm für die ersten drei Wochen», erklärte ich ihr. «In der ersten Woche und jeder folgenden, bis das erwünschte Gewicht erreicht ist, nehmen Sie ein Pfund ab, nicht mehr und nicht weniger. Also, da Sie zwölf Pfund abnehmen wollen, wird das zwölf Wochen dauern, und wir werden insgesamt vier derartige Dreiwochentabellen dazu benötigen. Da Ihre erste Tabelle von 128 bis 125 geht, muß die zweite logischerweise von 125 bis 122 reichen, die dritte von 122 bis 119 und die vierte von 119 bis 116. Und damit hätten Sie ja Ihr Zielgewicht von 58 Kilo erreicht.

Sie wiegen sich jeden Tag nackt vor dem Frühstück. Das ist dann Ihr Tagesgewicht. Sie tragen dieses Gewicht auf dem Millimeterpapier ein, entweder über oder unterhalb der dicken Linie oder genau auf ihr. *Sie sind keine Heldin, wenn Sie unterhalb der Linie landen. Eine Heldin sind Sie nur dann, wenn Sie genau auf der Linie stehen.*

Wenn Sie unterhalb der Linie sind, heißt das, daß Sie an diesem Tag nach Belieben essen können, aber so, daß Sie am folgenden Tag *auf* der Linie sind. Wenn Sie oberhalb der Linie stehen, bedeutet es, daß Sie zu jenen Nahrungsmitteln nein sagen müssen, die Sie an diesem Tag nicht brauchen, und daß Sie sich ein bißchen mehr körperlich betätigen müssen als gewöhnlich. Wenn an diesem Tag eine Einladung zum Abendessen geplant ist, können Sie sich darauf vorbereiten, indem Sie zum Frühstück und Mittagessen nur die halbe Portion essen.»

«Aber wie trage ich Bruchteile von Pfunden ein?» fragte sie.

«Sie nehmen das nächst gelegene halbe Pfund. Es ist unmöglich, das Gewicht in winzigen Einheiten zu kontrollieren. Die Skalen sind einfach nicht genau genug dazu. Aber das Gewicht, das Sie notieren, ist immerhin so genau, daß wir es als Leitfaden für Ihr Programm verwenden können.»

Der Schlüssel zum Erfolg, erklärte ich ihr, sei, daß sie nicht wie bei ihren vorherigen Erfahrungen einen täglichen Kampf auszufechten haben werde. «An manchen Tagen werden Sie unterm Strich sein. Dann essen Sie ruhig die geliebte Schoko-Fruchteiscreme. An manchen Tagen stehen Sie überm Strich. An solchen Tagen nix mit Schoko-Fruchteis. Sie werden Ihr Körperfett als Teil Ihrer Mahlzeiten verbrauchen, aber in so geringem Maß, daß Sie sich nicht unwohl dabei fühlen. Dieses Programm ist für Nichtspartaner wie Sie und mich rigoros genug. Alles, was darüber hinausgeht, wird zur übermenschlichen Heldentat, und das ist mehr, als wir aushalten können. Der Körper wird sich diesem gemäßigten Programm bereitwillig anpassen, und Sie werden sich weder halbverhungert noch getrieben dabei fühlen. Wenn Sie versuchen, pro Tag ein Pfund abzunehmen, dann weihen Sie sich einem Leben, in dem beständig der Hunger nagt und in dem die körperliche Lebenskraft ausgelaugt wird. Solche Diäten führen zur Lethargie, damit man Energie spart – und das ist genau das Gegenteil von dem, was wir erreichen wollen. Der Ein-Pfund-pro-Woche-Prozeß dagegen kann zur Gewohnheit werden.»

«Aber was ist mit den Kalorien?» fragte sie.

«Sie brauchen keine Kalorien zu zählen. Ihre Waage zählt sie für Sie. Übersehen Sie einfach die Möglichkeit, daß Gewichtsschwankungen auf das Wetter oder auf außergewöhnliche Aktivitäten zurückzuführen sein könnten. Versuchen Sie immer weiter das Gewicht an jedem Morgen auf die Kontrollinie zu bringen, indem Sie die Nahrungsaufnahme und Körperbetätigung entsprechend regulieren. Nach der ersten Woche werden Sie so ziemlich genau wissen, was Sie an Gewichtszunahme bezahlen müssen, wenn Sie ein Dessert essen oder sich zweimal bedienen.

Sobald Sie die richtige Gewichtsstufe erreicht haben, fahren Sie trotzdem damit fort, sich jeden Morgen zu wiegen und die Nahrungsaufnahme zu regulieren, so daß Sie mindestens eine Woche lang auf der Kontrollinie bleiben. Danach genügen Gewichtskontrollen zweimal wöchentlich vor dem Frühstück, um die Balance zwischen Nahrungsaufnahme und Energieabgabe zu überwachen.»

«Verstanden», sagte sie, «aber *wie* nehme ich jetzt ab?»

Abnehmen mit einem Pfund pro Woche

Ein Pfund Fett hat 3500 Kalorien. Um täglich ein Pfund Fett zu verlieren, müßte man 3500 Kalorien mehr verbrauchen, als man zu sich nimmt. Das ist unmöglich, außer man ißt gar nichts und schuftet wie ein Pferd. Ich spreche von anhaltendem Gewichtsverlust bezüglich Fett im Gegensatz zu zeitweiligem Gewichtsverlust bezüglich Wasser.

Selbst wenn Sie ein Pfund Fett pro Woche verlieren wollten, müßten Sie täglich 500 Kalorien mehr verbrauchen, als Sie zu sich nehmen. Soviel täglich abzuarbeiten würde ziemlich anstrengend sein. Nur wenige unter uns haben dazu die Zeit, ganz zu schweigen von der Lust.

Wenn Sie dagegen die «Kalorienverbrennung» körperlicher Betätigung mit Zurückhaltung in der Diät kombinierten, könnten Sie auf ein Kaloriendefizit von 500 pro Tag kommen, ohne sich zu überanstrengen oder zu hungern – und dabei pro Woche ein Pfund Fett verlieren.

Meine Formel für einen Gewichtsverlust auf Dauer lautet: die tägliche Nahrungsaufnahme um zweihundert Kalorien zu vermindern und dreihundert Kalorien durch zusätzliche Körperaktivität abzubauen.

Durch diese Kombination wird Ihr Stoffwechsel nicht durcheinandergebracht. Alle Körperprozesse arbeiten im richtigen chemischen Gleichgewicht. Proteine werden erhalten. Das normale «pH»-Niveau – der Spielraum zwischen der Azidität und der Alkalinität (Säuren und Basen) im Körper – bleibt gewahrt. Wenn Sie bei diesem Verfahren ein Pfund Gewicht verlieren, dann ist es nicht ein Pfund Wasser oder lebenswichtiges Körpergewebe, sondern ein Pfund überflüssiges Fett.

Mein Programm läßt sich nicht mit anderen vergleichen, die eine Gewichtsabnahme von sieben Pfund pro Woche versprechen. Solche Programme haben nur Erfolg, wenn sie beträchtliche Flüssigkeitsverluste bewirken. Fast neunzig Prozent unseres Körpers ist Wasser; diese Flüssigkeit ist notwendig, um eine normale Funktion der Gewebe aufrechtzuerhalten. Wenn Sie austrocknen, indem Sie die Flüssigkeitsmenge reduzieren, die Sie zu sich nehmen, oder wenn Sie durch Diuretika austrocknen oder sich in Saunen und Dampfbädern ausschwitzen, dann versetzen Sie sich bloß in einen zeitweiligen unnatürlichen Zustand des Flüssigkeits-Ungleichgewichts. Der Flüssigkeitsverlust muß rasch wieder ersetzt werden, oder Ihre Gesundheit leidet.

Bei diesen heldenhaften Methoden der Flüssigkeitsreduktion geht möglicherweise auch ein bißchen Fett mit fort, falls die Kalorienzuführung reduziert oder die körperliche Aktivität gesteigert wird. Selbst Ruhelosigkeit oder Schlafmangel, wie sie auftreten, wenn man Anregungsmittel nimmt, führen zu einem gewissen Fettverlust. Aber Ihre Müdigkeit wird Sie bald eingeholt haben, und dann sind Sie für genauso viele Tage flau und down, wie Sie zuvor high waren. Wenn Sie sich nach einer mißglückten Bemühung, Ihr Gewicht mittels Pillen oder Wasserverlust zu verringern, wieder aufrappeln, haben Sie noch

Glück gehabt, wenn Sie nicht dabei draufgezahlt haben.

Der Kalorienverbrauch durch Körperaktivität ist bei Frauen etwa der gleiche wie bei Männern. Männer haben normalerweise einen schwereren Körper und einen schwereren Körperbau, müssen also mehr Masse bewegen, aber Frauen reagieren vor, während und nach Übungen in Kreislauf und Atmung stärker als Männer. Im allgemeinen verbrauchen alle Erwachsenen etwa dreihundert Kalorien pro Tag mehr, wenn sie das Aktivitätsniveau von einem seßhaften auf ein gemäßigt bewegtes anheben.

Wie es eine ideale Gehgeschwindigkeit gibt, scheint es auch ein optimales Dauerverhältnis der Nahrungsaufnahme zu geben. Bleibt man darunter, ist man hungrig, ob man aktiv ist oder nicht. Darüber wird man fettleibig, wenn man nicht der gesteigerten Aufnahme mit gesteigerter Aktivität begegnet. Wenn man das Problem stückweise angeht, kann das sehr hart werden. Man muß fünfzehnhundert Meter zusätzlich gehen oder laufen, um eine Scheibe Butterbrot mehr abzuarbeiten.

Wenn die körperliche Aktivität abnimmt, geht damit nicht zwangsläufig auch eine Appetitabnahme Hand in Hand. Tatsächlich tritt das Gegenteil ein. Körperliche Untätigkeit führt zu gesteigerter Nahrungsaufnahme. Die Viehzüchter wissen das und pferchen ihre Tiere ein. Das Ergebnis der Bewegungslosigkeit ist ein rasches Anwachsen des Körperfetts und ein Weichwerden der Muskelgewebe. Das bringt zwar zarte Steaks, aber für den Menschen ergibt sich daraus nichts Gutes. Zwar sieht es so aus, als wäre eine Situation beneidenswert, in der Millionen Menschen Nahrung im Überfluß zur Verfügung haben und dabei gleichzeitig keine harte körperliche Arbeit tun müssen. Aber für die Mehrzahl ist diese Situation eine Katastrophe, weil überreichliches Essen und mangelnde Körperbewegung zu einer todbringenden Fettleibigkeit und zu degenerativen Erkrankungen des Herzens und der Blutgefäße führen.

Der Schlüssel zu einer leichten, bequemen Gewichtsminderung besteht darin, täglich dreihundert Kalorien mit Aktivitäten mehr zu verbrauchen, als es sonst normal ist. Wenn Sie dies tun, dann besteht Ihre «Diät» eigentlich nur darin, daß Sie den Extratoast am Morgen oder den Extraschuß Whisky am Abend wegfallen lassen. Sie brauchen nicht auf Toast oder Whisky oder sonst irgend etwas zu verzichten. Sie schränken einfach beliebig zwei der vielen Dinge ein, die Sie pro Tag zu sich nehmen. Denken Sie mal über die folgende Tabelle nach.

*Portionen von 100 cal**

1 Tasse Kaffee mit Sahne
1 Pfannkuchen
ca. 180 g Grießbrei oder Cornflakes
2 Eßl. Zucker
1 Spiegelei
150 ccm Milch
60 g Dosenthunfisch
30 g Käse
1/8 l Tomaten- oder Gemüsesuppe
1/4 l Cola-Mixgetränk
20 g Schokolade
30 ccm Whisky
60 g Hackfleisch
1 g Bratkartoffel
6 Kartoffelchips
5 Pommes frites
1 1/2 Äpfel
100 g Eiscreme
2 gewöhnliche Kekse

Verschiedene Aktivitäten in Min., um 100 cal aufzuzehren

7 1500-m-Lauf (12 km/h)
9 Fahrrad 3200 m (ca. 20 km/h)
9 Schwimmen 365 m (40 m/min.)
10 Skiabfahrtslauf
14 Tennis
20 Golf
20 Gartenarbeiten
20 Gehen ca. 1 km (4 km/h)
22 Kegeln
31 Sich waschen, Duschen, Rasieren usw.
80 Sich im Bett rekeln

* Anm. d. Übers.: Die angegebenen Werte sind Annäherungswerte. Die amerikanischen Maße stimmen nicht genau mit unseren überein.

Es sollte auf einen Blick deutlich sein, wenn man die beiden Spalten der Tabelle vergleicht, daß eine ganz nette Menge an Einzelaktivität nötig ist, um hundert Kalorien abzuarbeiten. Isolierte Übungen in sporadischen Schüben werden sich nicht auszahlen. Langstreckenläufer glauben oft, es genüge, wenn sie soundso viele Kilometer dahinzuckeln, dann werden sie schlank sein. Nach einer Dreiviertelstunde Langlauf haben sie zwei oder drei Pfund verloren, aber das meiste davon war Flüssigkeitsverlust, und der wird durch ein paar Gläser Wasser oder ein paar Tassen Kaffee wieder ersetzt. Sie geben sich der Überzeugung hin, daß sie sich ein Stück Torte leisten könnten, weil sie ja heute ihr Laufpensum erfüllt haben. Dieses Stück Torte enthält die doppelte Kalorienmenge dessen, was sie beim Laufen aufgebraucht haben.

Der Läufer hat vielleicht bei seiner Übung nur zweihundert Kalorien verbrannt. Wenn er dann für den Rest des Tages zu seiner seßhaften Lebensführung zurückkehrt und sonst nichts in seiner Diät ändert, wird er wahrscheinlich zu- und nicht abnehmen. Er hat es auf die schwere Weise versucht und kann jetzt nicht einmal einen Erfolg vorweisen.

Die meisten unter uns sind keine Läufertypen. Es macht uns keinen Spaß. Unser Körper ist nicht danach, besonders wenn wir Übergewicht haben. Fügt man dem dann noch die Schmach der schweren Kleidung oder Gummianzüge hinzu, um Pfunde runterzuschwitzen, dann haben wir uns einer harten Bestrafung unterworfen. Auch die Aussicht auf Belohnung wie etwa einen fortschreitenden Gewichtsverlust, angenommen er träte wirklich ein, wäre nicht genügend, um unser Interesse wachzuhalten. Das Festhalten an derartigen Programmen ist niederdrückend. Die meisten fallen bereits nach der ersten Woche ab.

Es gibt aber eine bessere Methode.

Partnertausch zwischen Fett und gesundem Gewebe

Der Rest dieses Buchs befaßt sich mit Methoden, wie Sie körperliche Betätigung in Ihren Lebensrhythmus so einbauen können, daß Sie wenig, ja vielleicht sogar gar keine speziellen körperlichen Übungen ausführen müssen, um «Aktivitätskalorien» zu verbrauchen.

Das Programm ist in vier Stufen unterteilt.

Auf Stufe eins werden wir nutzloses Fett gegen kräftige Muskeln vertauschen, gegen Knochensubstanz und Blut, und die Ausdauer des Kreislauf-Atmungssystems allmählich entwikkeln.

Auf Stufe zwei werden Sie weiter Fett verlieren und die Ausdauer ihrer Muskeln, Ihres Kreislaufs und Ihrer Atmung erhöhen.

Auf Stufe drei werden Sie noch mehr Fett verlieren, falls das nötig ist, und Muskeln, Kreislauf, Atmung weiterhin in der Ausdauer steigern.

Auf Stufe vier werden Sie Ihre neue Körperkondition stabilisieren: Ihr neues Fettniveau, Ihr mageres Gewebe, Ihre Muskelkraft und Muskelausdauer und die Belastbarkeit Ihres Kreislauf-Atmungssystems.

Wenn Sie beim Beginn Ihres Programms übergewichtig und untertrainiert sind, verlieren Sie möglicherweise einige Zeit lang zunächst nicht an Gewicht, weil die Tatsache, daß Sie Muskelgewebe, Knochen und Blut aufbauen, durch das neue Gewicht dieser lebenswichtigen Gewebe die andere Tatsache verschleiert, daß Sie Fett verlieren. Anstatt auf Ihrer Waage einen merklichen Wechsel festzustellen, werden Sie merken, daß Sie Fett verlieren. Sie verlieren beständig Fett um die Taille, die Schenkel und Hüften und auf der Unterseite der Arme. Ihre Kleider sitzen weniger stramm, Ihre Figur bessert sich. Was die Waage Ihnen nicht verrät, sagt Ihnen die Taille. Sie vertauschen schlappes gegen mageres festes Fleisch.

Nach ein paar Trainingsmonaten läßt das Muskelwachstum allmählich nach. Nun enthüllt sich die Ausgewogenheit zwischen Nahrungseinnahme und Energieausgabe durch körperliche Aktivität präziser durch Veränderungen im Gewicht. Jetzt kann man die Gewichtsabnahme auf der Waage als Fettverlust interpretieren.

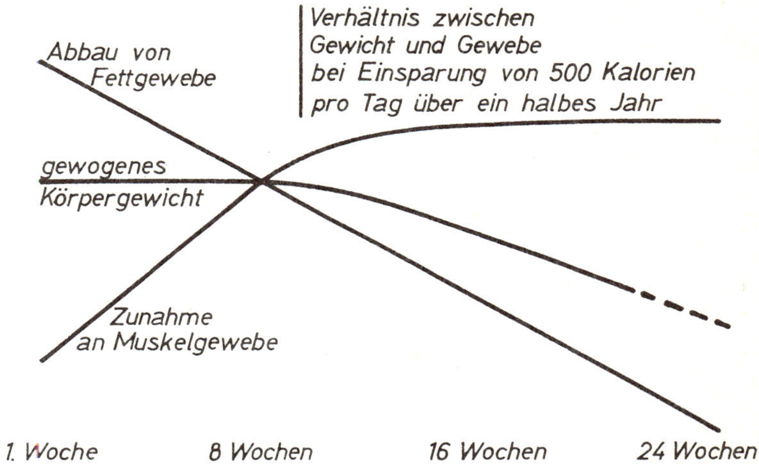

Die Waage zeigt, daß Sie ein Pfund pro Woche verlieren. In Wirklichkeit verlieren Sie sehr viel mehr als nur ein Pfund Fettgewebe. Sie gewinnen ein Gewicht, das wertvoll ist – nicht nur an Muskeln, auch die Zahl Ihrer Blutgefäße wächst –, und Sie verlieren ein Gewicht, das gefährlich ist. Jedes Pfund, das Sie auf diese Weise nach Angabe Ihrer Waage verlieren, ist für Ihre Gesundheit und Fitness unendlich viel wertvoller als die Flüssigkeitspfunde, die Sie in einer Blitzabmagerungskur vielleicht verlieren könnten.

6. Theorie der Körperübung auf der Basis der Herzfrequenz

Mitte der sechziger Jahre unternahm das Gesundheitsministerium der USA (US Public Health Service) unter Leitung von Dr. Samuel Fox konzentrierte Anstrengungen, die Rolle zu untersuchen, die körperliche Übungen bei der Verhinderung der Todesursache Nr. 1 in den USA, den Herzkranzgefäßerkrankungen, spielte. Dr. Fox versammelte um sich eine Gruppe von Ärzten und Sportphysiologen; ich gehörte auch dazu. Ich erklärte meinen Kollegen, daß Körperübungen, meiner Ansicht nach, von einer vollkommen neuen Richtung her angegangen werden müßten, bevor sie das Herz wirksam konditionieren könnten. Alle vorherigen Übungsprogramme seien auf dem Leistungsprinzip aufgebaut gewesen. Ich schlug vor, wir sollten uns nun darauf konzentrieren, wie sich die Körperübung physiologisch auf die Menschen auswirke. Der Unterschied war grundlegend. Nach den alten Regeln lief man eine bestimmte Strecke in einer vorgegebenen Zeit. Nach meiner Version sollte man die Entfernung und den benötigten Zeitraum entsprechend der Wirkung selbst bestimmen, die diese auf das Herz haben würden. Die Anzahl der Herzschläge pro Minute würde man dabei durch Messung des Pulses bestimmen.

Dr. Fox und die anderen Teilnehmer baten mich, ihnen in einem Experiment zu demonstrieren, daß meine Vorstellung, man könne die Pulsfrequenz zur Überwachung der Übung benutzen, durchführbar sei, damit sie den Vorschlag richtig bewerten könnten. Hier liegt der Anfang meines Programms auf der

Basis der Pulsmessung.

Ich hatte bei meinem eigenen Fitness-Programm bereits seit einiger Zeit die Pulsfrequenzmessung angewendet. Als Physiologe, der in einem Labor arbeitet, in dem andauernd Messungen vorgenommen werden, war ich daran gewöhnt, mich auf solche Messungen zu verlassen, wenn es um die Entscheidung ging, wieviel körperliches Training jemand durchmacht. Es fiel mir daher ein, daß der einfachste Maßstab und Meßwert der Pulsschlag sei. Man schaut einfach auf den Sekundenzeiger seiner Armbanduhr, zählt die Pulsschläge und ist in der Lage zu bestimmen, wie hart man arbeitet. Die Methode erwies sich bei mir selbst als erfolgreich, aber es erhob sich die Frage, ob sie gleichermaßen gut in Gruppen funktionieren würde. Eine meiner Studentinnen, Ludmilla Raisters, erklärte sich bereit, dies herauszufinden; sie wählte sich das Problem als Thema für ihre Diplomarbeit für den Magistergrad. Ludmilla war damals Sportlehrerin an den Highschools in Torrance, Kalifornien. Ich dachte: Die meisten Schülerinnen in der Teenager-Phase sind ziemlich unbeständige, ja flatterhafte Menschenkinder. Wenn man sogar denen beibringen könnte, die Konditionseffekte ihrer Trainingsübungen zu überwachen, dann müßte man nahezu jeden Menschen dies gleichfalls lehren können.

Bei Beginn der Untersuchung wußten wir nicht, ob die Mädchen überhaupt ihren Puls genau würden messen können; wir wußten nicht, welche Auswirkungen das Pulszählen auf ihre Fitness-Bereitschaft haben würde oder ob sie überhaupt an der kardiovaskulären Wirkung ihres Trainings interessiert waren. Machte es ihnen wirklich etwas aus, daß Federball die Fitness förderte? Oder wollten sie nur einfach Federball spielen?

Die Ergebnisse waren erfreulich. Die Mädchen waren nicht nur daran interessiert, ihren Puls zu messen. Die dabei erzielten Ergebnisse waren nicht nur genau. Die Probandinnen begannen sich äußerst intensiv für ihr kardiovaskuläres System zu interessieren, für die Wichtigkeit der Fitness und für die Art und Weise, in der Federball als eine Fitness-Übung eingesetzt werden konnte.

Es wäre sinnlos gewesen, an die Anwendung der Pulsfrequenz-Methode auch nur zu denken, wenn wir nicht zunächst herausfinden konnten, ob die Leute dazu bereit seien und sie durchführen konnten. Aber sobald wir dies bewiesen hatten, eröffnete sich ein vollkommen neuer Zugang zur Fitness. Jetzt konnten wir ein kontrolliertes Programm ausarbeiten und die konditionierenden Auswirkungen von Körperübungen verifizieren.

Der Ärger mit früheren Programmen

In den Jahren, die vor dem Einsatz meiner Pulsfrequenz-Methode lagen, war immer stärker der Verdacht in mir entstanden, daß auch ich selbst falsch trainierte. Mein Trainingsprogramm umfaßte Gewichtheben, Langlauf und Radfahren. Aber ich hatte das Gefühl, es sei unwichtig, wie viele Kilos ich hob oder wie weit ich rannte. An manchen Tagen erschienen mir die Gewichte schwer, an anderen leicht. An manchen Tagen kam mir mein Langstreckenlauf als zuwenig vor, an anderen als zuviel.

Ich machte mich daran und untersuchte kritisch alle früheren Programme, die das Fitness-Training bestimmten. In der Wissenschaft der Physiologie ist Wandel ein hervorstechendes Merkmal. Um nur ein kleines Indiz zu nennen, wie rasch unsere Vorstellungen von Fitness sich verändern, sei angemerkt, daß mein Lehrbuch, das das Standardwerk für Trainingsphysiologie an Oberschulen und Universitäten ist, alle drei Jahre neu bearbeitet werden muß. Und wenn ich mit der Revision fertig bin, liegen mir bereits neue Daten vor, die vermuten lassen, daß ich das gerade Geschriebene erneut würde überarbeiten müssen. Darum war es also durchaus richtig für mich, die früheren Fitness-Methoden kritisch zu untersuchen.

Die Arbeiten Dr. Dudley Sargents von Harvard, jenes Mannes, der an die Körpervermessung glaubte, wurden schon bald von anderen als zu beengend betrachtet. Fitness, behaupteten sie, sei mehr als Körperbau und Gestalt. Sie entwickelten Leistungsparameter. Sargent selbst schloß sich dieser Bewegung an. Von diesem Zeitpunkt an wurde Fitness danach bemessen, wie viele Klimmzüge, Liegestützen usw. man schaffte, wie weit man im Weitsprung kam oder wie schnell man laufen konnte.

Aber Sekunden auf einer Stoppuhr oder die Zahl der Wiederholungen sind nicht gleich Anstrengung. Sie sagen nichts aus über die Reaktionen des Körpers auf die Übung. Sie sagen einem nicht, ob man hart genug oder nicht hart genug trainiert. Es gibt nur eine einzige Methode festzustellen, ob man mit der richtigen Intensität arbeitet, und das ist die Messung des Anstrengungsgrads direkt. Keins der früheren Programme bot diese Möglichkeit.

Über Jahre hin bemühten sich die Leute in den USA, sich durch Walter Camps «Tägliches Dutzend» fit zu halten, eine Reihe von Übungen, die dieser Spitzen-Footballheld von 1911 ausführte, um sich für das Spiel fit zu halten. Der große Nachteil dieses Programms lag darin, daß man die ganze Zeit das gleiche machte; es wurde zunehmend leichter, und man hatte schließlich überhaupt keine körperliche Anstrengung mehr dabei. Ähnlich wie der Langstreckenläufer, der täglich in der gleichen Zeit seine fünfzehnhundert Meter läuft, war man mit Walter Camps Programm am Ende eines Jahres in schlechterer Verfassung als am Ende des zweiten Monats.

Dann kam die isometrische «dynamische Spannungs»-Methode von Charles Atlas auf, der 1921 den Titel des (körperlich) perfektest entwickelten Mannes der Welt erhielt. Diese von Dr. Hettinger und Dr. Müller entwickelte Methode legte nahe, daß man sein Trainingsbedürfnis mit sechs Sekunden täglich befriedigen könne. Für die Skelettmuskulatur trifft dies zu. Aber der Körper besteht auch noch aus anderen Gewebearten. Die Fitness der quergestreiften Skelettmuskelfasern allein bestimmt noch nicht die Fitness des Gesamtorganismus. Eine Trainingsübung, die in sechs Sekunden erledigt ist, wirkt sich überhaupt nicht auf das kardiovaskuläre System aus.

Danach kamen die Royal-Canadian-Air-Force-Übungen. Sie genossen ungeheure Popularität, und genießen sie noch heute. Sie sind besser als gar nichts, aber sie lassen trotzdem noch viel zu wünschen übrig. Auch in diesem Training beruhten die Übungen auf dem Leistungsprinzip; sie sind physiologisch nicht angepaßt. Sie verlangen eine Steigerung der Arbeitsleistung, doch man weiß nie genau, ob die physiologische Belastung ausreichend oder zu hoch ist.

Danach kamen die «aerobischen» Trainingsübungen. Kenneth Cooper, der das System erfand, erkannte, daß die Amerikaner keine Muskelkraft brauchten. Sie benötigten Ausdauer. Aber er vernachlässigte die Muskeln insgesamt völlig. Er legte statt dessen das Hauptgewicht auf Herz, Kreislauf und Sauerstoffverbrauch. Diese sind alle drei wichtige Funktionen, aber Cooper lieferte keine Methode, mit denen man sie hätte messen können. Er stellte einfach die Behauptung auf, daß man desto mehr Sauerstoff verbrauche, je schneller und länger man trainiere. Seine Überlegung ging dahin, daß man – wenn man nur sein Äußerstes gäbe – mit Sicherheit durchtrainiert werde.

Coopers Programm näherte sich dem Punkt, an dem äußere in innere Kontrolle der Trainingsübungen übergeht, doch er ging nicht weit genug. Die Gleichsetzung von Körperaktivität mit Sauerstoffverbrauch steckt voller Irrtümer und Fehlerquellen. Warum sollte man nicht den nächsten Schritt auch noch tun und die physiologische Reaktion direkt messen?

Im Laboratorium kann dies auf vielfachem Weg geschehen. Wir können messen, wieviel Sauerstoff Sie verbrauchen, während Sie arbeiten, wie hoch Ihr Gasstoffwechsel ist, wie stark Ihr Blutdruck ansteigt und wie rasch Ihr Puls schlägt. Von all diesen Meßtechniken ist die Pulsfrequenzmessung am leichtesten zu bewerkstelligen; überdies bietet sie den zusätzlichen Vorteil, daß sie die relative Anstrengung, die von verschiedenen Körpersystemen geleistet wird, zusammenrechnet und eine Endsumme ergibt, die ein zuverlässiger Anzeiger der physiologischen Anstrengung ist.

Jetzt konnten wir erstmalig körperliche Aktivität als ein Fitness-Ereignis und körperliche Aktivität als ein Sportereignis voneinander trennen. Die Vermischung beider Kategorien hatte die Leute, die auf Fitness aus waren, oft zu Schwierigkeiten und sogar Verletzungen geführt. Wenn Sie mit einem Partner laufen und zum Ziel haben, weiter oder schneller zu laufen, als er dies kann, dann laufen Sie nicht Ihrer Fitness zuliebe. Und wenn Sie für einen derart anstrengenden Wettbewerb nicht fit sind, könnte das tödlich werden.

Vom Standpunkt medizinischer Sicherheit aus gesehen besaß die Pulsmeßmethode zwingende Vorzüge gegenüber früheren Trainingsprogrammen. Doch enthielt diese Methode ein Charakteristikum, das die Ärzte dazu bewegte, die Krallen zu zeigen. Unweigerlich reagiert die Medizin mit Entsetzen auf die Vorstellung, daß jeder x-beliebige Mensch tun könnte, was die Ärzte tun. Im Zweiten Weltkrieg unternahmen es einige Ausbilder – auf Anregung von Fachleuten für militärische Leibesertüchtigung –, die Reaktionen von Rekruten auf das Training zu messen. Einer der Feldtests bestand darin, die Erholungsquote des Herzens zu messen. Eines Tages kam ein Militärarzt mit hohem Dienstgrad am Exerzierplatz vorbei und sah, daß die Ausbilder bei ihren Fitness-Tests Stethoskope benutzten. «Mein Gott», brüllte er, «was machen denn die Unteroffiziere da? Praktizieren als Ärzte, was? Verdammt noch mal, laßt sofort diese Stethoskope verschwinden.» Solche und ähnliche Episoden raubten mir den Mut, Pulsfrequenz-Tests auf breitester Basis in Erwägung zu ziehen.

Die ersten Experimente mit der Pulsfrequenz

Auf experimenteller Basis hingegen schritt meine Arbeit fort. In den Jahren 1945 und 1946 leitete ich eine Expedition für die National Academy of Sciences, bei der der Energieverbrauch bei militärischen Manövern im Schnee festgestellt werden sollte. Die USA bereiteten sich auf einen möglichen Krieg mit der Sowjetunion vor; dieser Krieg, so nahm man an, würde mindestens teilweise in Alaska ausgefochten werden. Die Regierung wollte herausfinden, was sie von ihren Soldaten im Schnee erwarten durfte. Wieviel Energie würden sie verbrauchen? Wieviel Nahrung würden sie benötigen? Wir führten unsere Experimente bei Manövern in New Hampshire durch. Es wurde sofort klar ersichtlich, daß die Herzfrequenzmessung über den Puls die genaue Vorhersage erlaubte, ob bestimmte Leistungen erbracht werden konnten oder nicht. Wenn wir einen Schlitten zu schwer beluden oder eine zu hohe Geschwindigkeit ansetzten, überstieg dies einfach die Leistungsfähigkeit des Soldaten. Seine Herzfrequenz war einfach zu hoch. Nicht daß der Herzschlag als solcher unangenehm gefährlich geworden wäre. Er besagte nur, daß der Proband zu rasch seine Energie verbrauchte und bald ermüden würde. Da wir bewußt nichtsportliche Testpersonen für unsere Experimente ausgesucht hatten, ließen sich die Ergebnisse auf den Alltag anwenden. Eine hohe Pulsfrequenz über einen längeren Zeitraum hin signalisierte eine nicht angemessene Arbeitskapazität.

Erst fünfzehn Jahre später allerdings gelang es uns, die Pulsfrequenz in bezug auf Trainingsanstrengung quantitativ zu bemessen. Ich war zu der Zeit Mitglied des akademischen Komitees des National Research Council, das sich mit den Liegezeiten von Schiffen befaßte. Ort unserer Forschungstätigkeit war der Hafen von San Francisco. Einer der zu untersuchenden Aspekte betraf die Arbeit der Hafenarbeiter und Schauerleute. Wir wollten den Energieaufwand ihrer Arbeit messen. Derartige Messungen werden normalerweise im Laboratorium vorgenommen, und man verwendet dazu Mundstücke, Gesichtsmasken und Rückentanks, um die ausgeatmete Luft aufzufangen. Ich schlug vor, wir sollten die Pulsfrequenz verwenden, um das ergometrische Niveau der verschiedenen Aufgaben zu bemessen. Die Ergebnisse der Pulsmessungen enthüllten mehrere Engpässe. Die Männer arbeiteten in heißen, ungelüfteten Laderäumen; wenn ihre Körpertemperatur anstieg und sie zu schwitzen begannen, speicherte ihr Körper Hitze. Die Energie, die sie für Arbeitsleistung hätten aufwenden sollen, wurde für Schweißabsonderung verbraucht. Wir fanden heraus: es war nicht damit zu rechnen, daß die Männer länger als eine halbe Stunde ohne Pause zu arbeiten imstande waren, wenn ihre Pulsfrequenz 150 Schläge pro Minute überstieg. Wenn sie auf einem Niveau von 120 Schlägen pro Minute arbeiteten, konnten sie es eine Stunde und länger aushalten. Aus diesen Daten und weiteren Untersuchungen wurden Standardnormen gewonnen, und die Liegezeiten der Schiffe verkürzten sich.

Auf diesen Erfahrungen fußend, konnten wir ebenso einen physiologischen Arbeitsfahrplan für junge Erwachsene in guter Kondition entwickeln.

Pulsfrequenz	*Arbeitszeit*
unter 90	über 8 Std.
90–110	4–8 Std.
110–130	1–4 Std.
130–150	30–60 Min.
150–170	1–30 Min.
170–190	30–60 Sek.
über 190	unter 30 Sek.

Der Durchbruch

Bis dahin war die Pulsfrequenz-Methode auf rein wissenschaftliche Studien beschränkt geblieben.

Dann aber ereigneten sich zwei Dinge, die die Gelegenheit zu einer viel breiteren Anwendung eröffneten. Das eine war die Schaffung eines hochspezialisierten Programms für Astronauten während ausgedehnter Raumflüge. Das andere war die Spekulation so bedeutender Mediziner wie Dr. Fox, daß körperliche Übung die Todesursache Nr. 1 in den USA, die Herzkranzgefäßerkrankungen, bekämpfen könne. Beide Trends gingen eine gute Verbindung ein, weil sich die Methode der Gesunderhaltung und Fiterhaltung der Astronauten unmittelbar auf die vorbeugende Herzmedizin übertragen läßt. In beiden Fällen ist es äußerst wichtig, daß das Training in angemessenem Maß konditionierend anregt, aber dennoch nicht so intensiv ist, daß es zu Schäden führen könnte. Um dies zu erreichen, erwies es sich – in beiden Fällen – als unumgänglich, die Überbetonung der äußeren Leistung aufzugeben und sie durch physiologische Anstrengung zu ersetzen.

Die Raumfahrtabteilung der Douglas Aircraft bat mich 1964, ein biotechnisches Labor einzurichten, in dem Techniken zur Erhaltung der Gesundheit und Fitness der Astronauten bei ausgedehnten Raumflug-Missionen entwickelt werden sollten. Meine Aufgabe bestand im besonderen darin, das Bedürfnis an körperlichem Training zu bestimmen und Instrumente zu entwickeln, die bei Schwerelosigkeit eingesetzt werden konnten, um die Reaktionen der Astronauten auf Körpertraining zu messen. Diese Instrumente sollten daneben auch noch den doppelten Zweck von Übungsgeräten erfüllen.

Aber was für Übungsgeräte hätten das sein müssen! Es ging uns ja nicht nur um ein gewöhnliches Fitness-Programm. Wir dachten an Männer, die *zwei* Jahre lang im Weltraum bleiben würden. Während ich mir die Voraussetzungen notierte, wurde mir klar, daß das Programm zwangsläufig ein Fehlschlag sein würde, wenn ich den Astronauten Standardübungen als Trainingsaufgabe stellte und ihre Kondition an den Reaktionen auf diese Übungen zu messen versuchte. Wenn man eine Übung regelmäßig vornimmt, fällt sie einem mit der Zeit immer leichter, und man führt sie entspannter und geschickter durch. Daraus aber ergibt sich ein völlig falsches Reaktionsmuster. Weil die Leistung besser ist, gewinnt man den Eindruck, daß sich die physiologische Kondition verbessert habe. In Wirklichkeit aber würde sich die Körperkondition verschlechtern, weil man nicht genügend Training bekommt. Was für eine Katastrophe würde es für das Raumfahrtprogramm sein, wenn der Astronaut dermaßen dekonditioniert würde, daß er nicht mehr in der Lage sein würde, das auszuführen, wozu er in den Raum geschickt worden war! (Was nicht bloß auf Inaktivität, sondern auch auf die verminderten Anforderungen an sein Körpersystem, bedingt durch die fehlende Schwerkraft, zurückzuführen sein würde.)

Die Antwort lag auf der Hand: Ich mußte dem Problem vom Innern des Körpers her zu Leibe rücken, nicht von außen. Indem ich die Aufgabe kontrollierte, würde ich herausfinden, wieviel Energie der Astronaut verbrauchen würde, um sie zu erfüllen. Der unfehlbare Index dafür war seine Herzfrequenz. Wenn er seine Aufgabe mit Leichtigkeit erfüllen konnte, würde seine Herzfrequenz niedrig bleiben. Wenn er sich anstrengen mußte, würde sie steigen. Wenn seine Herzfrequenz niedrig blieb, bekam er kein ausreichend stimulierendes Training. Also konnten wir in diesem Fall den Stress erhöhen, um seine Herzfrequenz zu steigern.

Nicht an äußerlich imposanten Leistungsbeweisen war uns gelegen. Uns kam es viel mehr auf den Zustand und die Prozesse im Körperinneren der Astronauten an. Wir hatten bei den Mercury- und Gemini-Flügen herausgefunden, daß physiologische Verschlechterungen eintraten, selbst bei Flügen von zwei oder weniger Wochen. Wir wußten, wie wichtig es sein würde, diese Verminderungen zu entdecken und sofort zu korrigieren, wenn der Mensch jemals andere Planeten aufsuchen sollte. Sonst würde er nämlich unfähig sein, die nötigen Aufgaben durchzuführen, um überhaupt dorthin zu gelangen. Eine schleichende Verschlechterung seines inneren Zustandes würde ihn aushöhlen; plötzlich stünde er an dem Punkt, an dem er seine Arbeit nicht mehr ausführen könnte – und dann würde es gefährlich spät sein, dagegen noch etwas zu unternehmen.

Ich begann diese Möglichkeit zu untersuchen. Die Studien führten dazu, daß ich 1966 einen physiologisch angepaßten «continuous environment regulator» (einen kontinuierlichen Umweltregulator) erfand; es handelte sich dabei um ein raffiniertes feststehendes Fahrrad. Der menschliche Körper wurde dabei effektiv zu einem automatischen Thermostaten; seine Impulse wurden eingesetzt, um die Umwelt, in der der Körper existierte, zu kontrollieren. Beim Training justierte die Herzfrequenz automatisch den Widerstand des Trainingsgeräts. Ein kleiner Computer in der Maschine spürte den Unterschied zwischen erwünschter und tatsächlicher Herzfrequenz auf. Alle sieben Sekunden nahm er eine Berechnung vor. Wenn eine Differenz auftrat, veranlaßte er die Maschine, mehr Widerstand in die Pedale zu bringen, so daß die Herzfrequenz auf das erwünschte Niveau ansteigen konnte.

Damit war zweierlei erreicht. Der medizinische Überwacher in Houston konnte beliebig oft akkurate Abschätzungen von eventuell auftretenden Veränderungen der Funktion im kardiovaskulären System des Astronauten vornehmen, die Messungen des Testdatums mit den Messungen an früheren Tagen vergleichen und eine genaue Aufstellung darüber liefern, in welchem Zustand der Astronaut sich derzeit befand. Solchermaßen konnte der ärztliche Überwacher dem Astronauten dann verordnen, was erforderlich war, um ihn in den gewünschten Zustand zu versetzen. Der zweite Vorzug lag darin, daß der Astronaut jeden Tag mit der vorgeschriebenen Herzfrequenz trainieren konnte. Wie wichtig dies ist, kann man nur begreifen, wenn wir unsere Situation hier unten mit der der Astronauten vergleichen. Wir leben mit der Schwerkraft, und wir werden durch sie automatisch trainiert; unsere Muskeln müssen jedesmal gegen sie ankämpfen, wenn wir uns bewegen. Ein tägliches konzentriertes Training von ein paar Minuten hält uns in Form. Die Astronauten aber leben in völliger Schwerelosigkeit; sie bekommen keinerlei Training durch Veränderung der Körperhaltung. Demzufolge müssen sie bei ausgedehnten Raumflügen neunzig Minuten täglich trainieren, um sich die entsprechende Form für die Aufgaben ihrer Mission zu erhalten.

Das Programm der Astronauten und wir

Aber wenn auch unsere Umstände anders sind als die der Astronauten, das Bedürfnis zu trainieren ist das gleiche. In beiden Fällen muß eine bestimmte zusätzliche körperliche Aktivität geleistet werden, um fit zu bleiben. Und die von den Astronauten verwendete Methode, sicherzustellen, daß sie genau das ausreichende Training durchführten – nicht weniger und nicht mehr –, erwies sich auf der Erde als ebenso wirkungsvoll. Durch das Trainieren auf einem spezifischen Herzfrequenzniveau konnten die Astronauten – bzw. kann jedermann – die Körperkondition auf einem erwünschten Niveau halten. Jede Veränderung von einem Tag zum andern würde automatisch in die Erwägungen einbezogen werden, wenn die erforderliche physische Arbeitsmenge festgelegt ist. Wenn Sie müde sind oder sich nicht recht wohl fühlen, reagiert Ihr Herzschlag rascher auf Stress; je schwächer Sie sind, desto weniger Anstrengung ist nötig, Ihre Herzfrequenz zu steigern.

Die alten Trainingsmethoden verlangten von Ihnen, eine bestimmte Aufgabe soundso oft durchzuführen. Auf den Zustand Ihres Körpersystems im Augenblick der Ausführung der Übung nahm man dabei keine Rücksicht. Die neue Methode gleicht sich automatisch Ihrem Zustand an, indem sie Ihren ureigensten eingebauten Computer benützt. An Tagen, an denen Sie sich nicht wohl fühlen, ist weniger Anstrengung vonnöten, um die erwünschte Herzfrequenz oder das erwünschte körperliche Aktivitätsniveau zu erreichen. Wenn also Ihr Programm vorsieht, daß Sie fünf Minuten lang bei einer Herzfrequenz von 130 Schlägen trainieren, investieren Sie stets die gleiche Anstrengung in diese Übung. Wenn Sie müde sind, setzen Sie weniger Anstrengung ein, um das gleiche Anspannungsniveau zu erreichen. Wenn das Training einsetzt, dann werden Sie mehr arbeiten müssen, um auf das gleiche Anspannungsniveau zu kommen.

Laien gebrauchen die Begriffe «Anstrengung» und «Arbeit» als gleichbedeutend. Nicht so der Physiologe. Anstrengung ist die verbrauchte Energie. Arbeit ist die körperliche Aktion, die durch Anstrengung hervorgerufen wird. Körperliche Arbeit wird durch Messung von Kraft und Ortsveränderung berechnet. Physiologische Anstrengung ist die Reaktion eines Menschen bei körperlicher Aktivität, bezogen auf seine inneren Funktionen: Stoffwechsel, Atmung und Kreislauf. Wenn Sie radfahren, kann ich zwar sehen, wieviel Arbeit Sie leisten, aber ich weiß nicht, wieviel Anstrengung nötig ist, um diese Leistung zu erbringen. Wenn ich auf ein Kardiometer schaue oder ihre Pulsfrequenz messe, sehe ich, welche Anstrengung Sie investieren, aber ich weiß nicht, wieviel Arbeit diese Anstrengung hervorbringt. Bei einem Fitness-Programm aber ist es mir ganz *gleichgültig*, wieviel Arbeit Sie leisten; das einzige, was mich interessiert, ist Ihre Herzfrequenz. Wenn Sie an einem heißen Tag trainieren, staut Ihr Körper Hitze auf, Sie fügen die Anstrengung, diese Hitze loszuwerden, noch der Anspannung des fortgesetzten Trainings hinzu. Deshalb wäre es körperlich von geringer Bedeutung, wenn Sie an einem heißen Tag Ihre gewünschte Herzfrequenz aufrechterhalten wollten, aber Sie hätten damit ein ausreichendes Fitness-Training durchgeführt. (Allerdings ist das nicht ganz so wünschenswert, wie wenn Ihr Körper kühl geblieben wäre. Erinnern Sie sich daran, daß Ihr Herz auf sich allein gestellt ist und das Blut durch den Körper pumpen muß, wenn es nicht von den «Hilfsherzen», Ihren Skelettmuskeln, unterstützt wird.)

Die Lektionen, die ich bei der Entwicklung der Techniken gelernt hatte, mit Hilfe derer die Gesundheit und Fitness der Astronauten gewährleistet werden sollten, fanden schon bald ein breiteres Anwendungsgebiet. Die Aufforderung von Dr. Fox vom amerikanischen Gesundheitsministerium traf mitten in die Entwicklung meiner Arbeit. Ich war überzeugt, daß das, was die Astronauten taten, um fit zu bleiben, auch von Menschen auf der Erde benutzt werden könnte, um Herzerkrankungen vorzubeugen. Seitdem hat das Programm, das ich auf Anregung des amerikanischen Gesundheitsministeriums entwickelte, zahlreiche Anhänger gefunden.

Sie alle wissen, daß nicht die körperliche Leistung wichtig ist, sondern die Anspannung, die für die Leistung nötig ist. Ihr Ziel ist nicht, einen andern zu «schlagen» oder schwerere Gewichte zu heben oder schneller zu laufen, als sie dies jemals konnten. Sie wollen ihren Körper fit machen. Sie konzentrieren sich richtigerweise nicht auf das äußere Ergebnis, sondern auf den inneren Mechanismus.

Wenn Sie darauf abzielen, daß Ihr innerer Mechanismus besser funktioniere – also auf eine Kräftigung des Herzens, der Lunge und Blutgefäße, auf stärkere Knochen, festere Muskulatur –, dann richten Sie Ihre Aufmerksamkeit hierauf, und nicht darauf, wieviel Gewicht diese Knochen und Muskeln heben können oder wieweit das Herz und die Muskeln laufen können. Und wenn Sie kein Sportler sind, wen kümmert es dann schon, ob Sie schnell laufen können? Wichtig ist, daß der innere Mechanismus besser funktioniert, daß man einen höherqualifizierten Körper erhält, der einem hilft, ein Leben zu leben, in dem man sich an möglichst vielen Tagen springlebendig fühlt.

Bisher beruhte jedes Konditionstraining auf der äußerlichen Leistung. Es ist an der Zeit, mit solchen oberflächlichen Praktiken Schluß zu machen und etwas zu finden, das jedem von uns unter die Haut geht.

7. Alles über Ihren Puls

Der Puls ist eine Art Welle, die vom Herzen ausgeht. Sie fließt durch Ihr ganzes arterielles System, und zwar mit jedem Herzschlag.

Der Puls ist die Veränderung des Zustands der Arterie am Ende eines jeden Herzschlags, dann, wenn man die Veränderung spüren kann.

Bei den meisten Menschen läßt sich der Puls überall dort fühlen, wo eine große Arterie nahe an der Körperoberfläche liegt: an den Schläfen, am Hals, am Handgelenk, an der Innenseite der Schenkel, an der Oberseite des Fußes.

Wenn Sie eine Hand aufs Herz legen und dann mit der anderen an diesem Handgelenk den Puls messen, werden Sie eine geringe zeitliche Verschiebung zwischen den Schlägen feststellen. Das Herz ist mit seinem Schlag bereits fertig, ehe Sie den Puls am Handgelenk spüren können. Das erklärt sich etwa so: die Arterie ist dann einem Gartenschlauch vergleichbar, über den jemand mit dem Auto fährt. Wenn das Herz schlägt und die Herzklappen sich schließen, läuft eine Welle von Veränderung von der Arterie bis in Ihr Handgelenk hinab. Man kann diesen Effekt experimentell nachvollziehen, indem man einen Gartenschlauch bei laufendem Wasser dicht hinter der Spritzöffnung mit einer Hand festhält und dann dicht beim Wasserhahn mit dem Fuß auf den Schlauch stampft. Es dauert einen Moment, bevor man den Schlauch «pulsieren» spürt. Wenn Sie rasch auf den Schlauch treten und ihn wieder freigeben und dies im Sekundenrhythmus tun, wird die Hand hinter der Öffnung jeden dieser Tritte spüren, doch wird sich dabei je nach der Länge des Schlauches eine Zeitverschiebung ergeben. Wenn Sie fünfmal drauftreten, werden Sie schließlich fünf Veränderungen im Schlauch wahrnehmen. Aber Ihr Vorgehen wird sich praktisch gar nicht auf den Wasserausfluß auswirken. Der Wasserdruck sinkt nur ein wenig ab, doch der Gesamtausfluß bleibt nahezu konstant.

Die Frequenz, mit der die «Pulse» auftreten, sagt Ihnen nichts darüber, wieviel Wasser durch den Schlauch fließt, auch liefert sie Ihnen keine Angaben über den Wasserdruck. Ähnlich ist es, wenn Sie den Puls messen: Sie messen nicht die Blutmenge, die vom Herzen in den Körper gepumpt wird, und Sie messen nicht den Blutdruck. Der Puls ist nicht mehr und nicht weniger als ein genauer Index dafür, wie oft Ihr Herz gegen die Blutsäule in Ihren Kreislaufgefäßen anpumpt.

Aber was für ein wunderbarer Index ist das! Er informiert Sie über jede Veränderung, die in Ihnen stattfindet. Er sagt Ihnen, ob Ihre Körpertemperatur ansteigt oder ob Sie abkühlen. Er gibt an, wie rasch Sie Energie verbrennen und den Sauerstoff aus der Luft verbrauchen. Er zeigt an, wie gut oder schlecht Ihr Körper die chemischen Abfallprodukte im Blut abbaut. Er sagt Ihnen, wie Ihre Muskeln beteiligt sind, wie sie arbeiten. Er sagt Ihnen sogar etwas über Ihre Gefühle und Einstellungen. Der Puls faßt alle diese verschiedenen Bereiche zusammen, wägt sie ab und äußert sich in einem einzigen Signal, das Ihre Gesamtsituation darlegt.

Der Puls ist so leicht zu messen, und doch ist er der wichtigste einzelne Anzeiger dafür, ob ein Körper sich wohlbefindet, unter Stress steht oder krank ist.

Aber der Puls ist nicht nur ein einfacher und zuverlässiger Anzeiger, er ist auch leicht zu lokalisieren und zu messen. Schon nach kurzem leichtem Training kann man ihn unmöglich verfehlen. Nach mittelschwerem Training braucht man noch nicht einmal mehr nach ihm zu suchen. Und selbst wenn Sie ganz ruhig dasitzen, können Sie ihn schlagen fühlen.

Ihren Puls finden Sie, indem Sie die Hand aufs Herz legen oder indem Sie die Fingerspitzen auf das Handgelenk setzen oder einfach indem Sie ganz ruhig dasitzen und lauschen. Sie können ihn auch an der Halsschlagader aufspüren. Wenn Sie dies tun, vermeiden Sie es, die beiden Arterien zu beiden Seiten des Halses gleichzeitig abzutasten. Dabei handelt es sich nämlich um die einzigen Zufahrtswege des Blutes zum Gehirn. Wenn Sie auf beiden Seiten zugleich drücken, setzen Sie die Blutzufuhr herab oder blockieren sie unter Umständen ganz.

Manche Menschen können ihren Puls in den Schläfenarterien spüren, dicht am Ohr. Manche können ihn sogar im Daumen wahrnehmen – weshalb man nicht den Daumen zur Pulsmessung verwendet. Wenn Sie den Puls einer anderen Person mit dem Daumen messen, spüren Sie möglicherweise Ihren eigenen Puls und ertasten den des anderen überhaupt nicht.

Ihre Pulsfrequenz verändert sich während des Tagesablaufs. Nach sechs Stunden Schlaf etwa ist sie am niedrigsten. Nach dem Aufwachen erhöht sie sich um fünf bis zehn Schläge pro Minute. Während des Tages steigt Ihre Pulsfrequenz im Ruhezustand schrittweise an, und beim Zubettgehen ist sie wahrscheinlich noch einmal um fünf bis zehn Schläge pro Minute höher als beim Aufstehen am Morgen. Jede Aktivität (wie etwa essen) erhöht die Pulsfrequenz. Ein Stück Schwerarbeit – wie etwa Umgraben im Garten – kann dazu führen, daß die Pulsfrequenz für den Rest des Tages und den Großteil der Nacht erhöht ist.

Was der Puls über Fitness aussagt

Der Zusammenhang zwischen Puls und Fitness ist wohl kaum etwas Neues. Huang Ti, der «Gelbe Kaiser von China», der von 2697 bis 2597 vor unserer Zeitrechnung lebte, erklärte: «Das Herz schlägt im Einklang mit dem Puls.» Plutarch schrieb in

Moralia: Ratschläge zur Erhaltung des Wohlbefindens: «Jedermann sollte außerdem auch nicht unvertraut mit den Eigenheiten des eignen Pulses sein, denn es gibt zahlreiche individuelle Unterschiede.»

Vielerlei können Sie fühlen, wenn Sie sich den Puls messen. Da ist zuerst die Stärke des Pulses unter Ihren Fingerspitzen. Wenn Sie fit werden, erhöht sich diese Stärke. Zweitens das Volumen oder die Erweiterung der Arterie. Wenn Sie fit werden, wächst das Volumen, die Arterie fühlt sich dicker, jedoch weicher und elastisch an. Der dritte Punkt ist die Regelmäßigkeit in Stärke und Rhythmus. Wenn Sie fit werden, wird Ihr Puls kräftiger und regelmäßiger. Und das vierte ist die Frequenz. Wenn Sie fit werden, verringert sich die Pulsfrequenz.

Eine niedrigere Pulsfrequenz ist von Vorteil, weil sich daraus schließen läßt, daß das Herz längere Ruhepausen zwischen den einzelnen Schlägen macht; das bedeutet, daß es sich langsamer und vollständiger mit Blut füllt. Bei sechzig Herzschlägen pro Minute haben wir die doppelte Füllungszeit wie bei neunzig Schlägen pro Minute. Dieser Zuwachs an Pumpeffizienz führt zu einer erhöhten Sauerstoffzufuhr zum Herzen und zu einer verbesserten Durchblutung der Herzkranzgefäße. Wenn Sie bedenken, daß die durchschnittliche Blutmenge in den Herzkranzgefäßen pro Herzschlag – also die Blutmenge, die in die Adern strömt, die das Herz ernähren – nur einen Teelöffel voll Blut beträgt, dann wird Ihnen klar sein, wie wichtig der Blutzustrom ist.

Ihre Pulsfrequenz im Ruhezustand, sitzend, liefert Ihnen wichtige Informationen über Ihre Gesundheit und Fitness. Bei Männern beträgt die Frequenz durchschnittlich zwischen 72 und 76 Schlägen pro Minute, bei Knaben 80 bis 84. Frauen haben Durchschnittswerte von 75 bis 80 Schlägen pro Minute, Mädchen von 82 bis 89. Die Ursache dafür, daß Frauen und Mädchen eine leicht höre Durchschnittsfrequenz als Männer und Knaben aufweisen, ist nicht bekannt.

Frequenzen bis hinunter zu 50 oder bis hinauf zu 100 pro

Minute können immer noch im Normalbereich liegen, so gibt jedenfalls die American Heart Association an. In der US Air Force fanden sich normale Kadetten mit einer Herzfrequenz von nur 30 Schlägen pro Minute und andere mit Durchschnittswerten von 110. Aber im allgemeinen gilt: je niedriger die Herzfrequenz im Ruhezustand, desto gesünder ist man. Herzfrequenzen von mehr als 80 Schlägen pro Minute im Ruhezustand deuten auf mangelhafte Gesundheit und Fitness hin, lassen auf ein erhöhtes Risiko von Herzkranzgefäßerkrankungen schließen und einen Tod in mittleren Jahren befürchten. Die Sterblichkeitsrate bei Männern und Frauen mit Pulsfrequenzen über 92 ist viermal so hoch wie die von Menschen mit Pulsfrequenzen unter 67.

Eine erhöhte Pulsfrequenz als solche ist nicht gefährlich. Auch besagt sie nicht, daß zwangsläufig irgend etwas nicht in Ordnung sei. Sie gibt ausschließlich an, daß der Körper unter schwerer Belastung arbeitet. Eine Pulsfrequenz über 120 grenzt an intensive Erschöpfung. Die Effizienz des Körpers wird danach bemessen, wieviel äußere Leistung bei einer gemäßigten Herzfrequenz von ca. 120 geliefert wird. Wenn sehr wenig körperliche Arbeit nötig ist, diese Herzfrequenz zu erreichen, bedeutet dies, daß man «ineffizient» ist. Wahrscheinlich ist der Körper durch mangelnde Betätigung «dekonditioniert».

Die Tabelle auf S. 143 gibt die ungefähren Pulsfrequenzen an, die auf unterschiedlichen Intensitätsstufen bei anhaltender Trainingsübung erreicht werden.

Die Pulsfrequenz wird von Emotionen ebenso wie von Anstrengung beeinflußt. Dieser Einfluß trägt zur Sicherheit beim Training bei. Ein Sportler kann bei einem wichtigen Sportereignis eine dermaßen hohe Pulsfrequenz aufweisen, daß der Eindruck entsteht, er strenge sich mehr an, als er tatsächlich tut. Aber beim Fitness-Training gibt es keine hochemotionale Komponente, darum ist die Pulsmessung während der Übungen ein verläßlicher Maßstab für die Intensität der Anstrengung.

Ihre Pulsfrequenz bei Anstrengung ist ganz unabhängig von

Skala der Anstrengung	*Pulsfrequenz*
1 – sehr, sehr leicht	unter 90
2 – sehr leicht	90
3 – leicht	100
4 – noch leicht	110
5 – weder leicht noch schwer («gemäßigt»)	120
6 – mittelschwer	130
7 – schwer	140
8 – sehr schwer	150
9 – sehr, sehr schwer	160

der im Ruhezustand. Sobald Sie mit der Trainingsübung beginnen, wird sich die Frequenz in Übereinstimmung zu der Intensität der Übung erhöhen. Ob Ihre Ruhefrequenz nun 60 oder 80 betrug, gemäßigtes Trainieren wird Ihren Puls auf etwa 120 bringen.

Wenn Ihr Puls, während Sie sitzen, mit 100 oder 110 Schlägen rast, dann arbeitet Ihr Herz so, als würden Sie wandern. Aber Sie sind dabei im Nachteil, weil Ihre Beinmuskulatur nicht arbeitet, also den Kreislauf nicht unterstützt. Das Herz tut die ganze Arbeit allein – und das ist eine Belastung.

Wenn Ihre Pulsfrequenz über 100 Schläge pro Minute beträgt, kann das bedeuten, daß Sie zuvor körperlich aktiv waren oder daß Ihr Körper sich nicht im Ruhezustand befindet, selbst wenn Sie sitzen, oder daß Sie durch Kaffee oder Zigaretten angeregt sind – sowohl Koffein wie Nikotin erhöhen die Herz- und Pulsfrequenz um immerhin zehn Schläge pro Minute – oder daß Sie leichtes Fieber haben. Wenn das alles nicht zutrifft, dann haben Sie eine außergewöhnlich hohe Herzfrequenz im Ruhezustand oder einen Herzfehler, der als Tachykardie bezeichnet wird. Wenn Ihre Herzfrequenz an der Obergrenze der Normalskala liegt – also bei 100 Schlägen pro Minute –, dann ist es ratsam, daß Sie sich vom Arzt untersuchen lassen, um sicherzugehen, daß keine Störung vorliegt. Eine hohe Ruhefrequenz ist ineffizient.

Aber auch wenn Ihre Herzfrequenz an der unteren Normalgrenze liegt, schadet es Ihnen nichts (im Gegenteil), wenn Sie sie weiter senken. Ein langsames Herz schlägt leistungsfähiger. Es ist gefahrlos, die Herzfrequenz zu senken, gleichgültig wie niedrig sie ist, wenn Sie damit anfangen.

Warum Training die Herzfrequenz senkt

Die beste Methode, die man bisher gefunden hat, die Herzfrequenz im Ruhezustand zu senken, besteht paradoxerweise darin, das Herz während längerer Trainingsperioden rascher schlagen zu machen. Diese Anstrengung kräftigt das Herz, so daß es danach mit geringerer Frequenz leistungsfähiger arbeitet. Diese verminderte Herzfrequenz nennt man «Trainings-Bradykardie».

Marathonläufer und andere Athleten mit Ausdauerdisziplinen haben charakteristischerweise niedere Herz- und Pulsfrequenzen.

Bei überragenden Sportlern hat man Herzfrequenzen von unter vierzig festgestellt. Bei Herzfrequenzen unter vierzig nimmt man aber gewöhnlich einen pathologischen Zustand an, der durch eine Leitungsstörung hervorgerufen wird, bei der die Nervenimpulse nur schwer durch das Herzgewebe dringen können. Ich erinnere mich an einen Sportler, der den ihn untersuchenden Arzt und einen zur Konsultation hinzugezogenen Herzspezialisten in echte Bestürzung versetzte, als sie feststellten, daß seine Pulsfrequenz nur 34 Schläge pro Minute betrug. Zunächst wollten sie ihn gar nicht trainieren lassen. Doch nach sorgfältigen Untersuchungen des Sportlers unter Laborbedingungen entschieden sie dann, daß diese extrem niedere Herzfrequenz für ihn vollkommen gesund sei.

Das Herz wird beim Training auf zweifache Weise gekräftigt: zunächst indem sich der Herzmuskel qualitativ verbessert (das

Myokard), zweitens durch erhöhte Koordination der Gewebefasern, wenn sie mit jedem Herzschlag Blut aus dem Herzen drücken. Das Herz läßt sich in etwa einem nassen Handtuch vergleichen, aus dem man das Wasser wringt. Um dies wieder zu veranschaulichen, legen Sie noch einmal die Finger der rechten Hand in die linke Handfläche und drücken Sie sie; so drückt die Herzmuskulatur gegen das Blut an. Wenn alle Finger mit gleicher Kraft zudrücken, werden die Finger der anderen Hand fest zusammengepreßt. Wenn die Finger nur schwach und unkoordiniert drücken, ist der Druck bei weitem nicht so kräftig. Jeder zudrückende Finger steht für ein Bündel von Herzmuskelfasern. Wenn sie alle fortgesetzt und rhythmisch arbeiten, dann hat jeder einzelne Muskelstrang weniger zu leisten. Die Fasern sind wie Sportler: auch sie brauchen Training. Wenn sie unbenutzt sind, sind sie unkoordiniert. Manche werden träge, und dann müssen andere mehr arbeiten und in häufigerem Turnus, um das Blut in der benötigten Menge in den Kreislauf zu pumpen.

Beim Training ergibt sich für Sie ein gesteigerter Blutrückfluß aus den Venen, und dadurch wird dem Herzen ein Widerstand geboten, gegen den es anpumpen kann. Und dieser Widerstand – oder diese Belastung – ist es, wodurch das Herz sich zu entwikkeln beginnt.

Auch das Herz braucht seine «Überlastung», wenn es konditioniert werden soll. Um diese «Überlastung» zu erzielen, müssen Sie einer Aktivität nachgehen, die Ihre Herzfrequenz ein wenig über das Niveau hinaustreibt, das Sie bei den normalen täglichen Routineaktivitäten erreichen. Ihr Ziel ist es, Ihren Puls schließlich auf 120 zu bringen und ihn dort ein paar Minuten lang zu halten – und das möglichst jeden Tag. Sanftere Übungen sind zwar besser als nichts, doch sie genügen nicht, um die Lebenskraft Ihres Herzens zu erhöhen.

Aufgabe des Herzens ist es, das Blut aus dem venösen in das arterielle System zu pumpen. Die Gesamtmenge dieses Ausstoßes bezeichnet man als Herzleistung. Man bemißt sie in Blutvolumen pro Minute. Ihre Herzfrequenz hilft Ihnen am meisten, Ihre Blutzirkulation zu erhöhen. Das Herz ist in der Lage, von niedrigen Frequenzen zu mittleren Frequenzen die Zirkulation zu steigern, indem es das Schlagvolumen vergrößert – also die Blutmenge, die mit jedem Herzschlag aus dem Herzen in das arterielle System gedrückt wird. Bis zu 110 Schlägen pro Minute bietet Ihnen die Zunahme des Herzschlagvolumens eine kräftige Hilfe. Über 110 nimmt sein Einfluß mehr und mehr ab. Über 130 Schlägen, wenn Sie nicht gut in Form sind, steigert sich die Blutzirkulation einzig durch die Herzfrequenz. Bei einer Herzfrequenz von 130 und darüber schlägt das Herz so rasch, daß es nicht mehr die Zeit hat, ein wie immer geartetes höheres Volumen anzufüllen, so daß also die Blutmenge, die das Herz hinauspulsiert, in direktem Verhältnis zu der Anzahl der Schläge pro Minute variiert. Das Herz wird sehr viel leistungsfähiger, wenn es mit beiden Systemen arbeitet, mit dem Schlagvolumenzuwachs und der Zunahme der Pulsfrequenz, um seinen Ausstoß zu steigern.

Hier werden die Auswirkungen der Konditionierung sichtbar. Wenn Sie in guter Kondition sind, können Sie die Beitragsleistung des Schlagvolumens bis auf 140 Schläge pro Minute steigern, weil die Muskelfasern Ihres Herzens besser koordiniert und deshalb leistungsfähiger sind. Wenn das Herz in schlechtem Zustand ist, hört der Leistungsbeitrag des Schlagvolumens möglicherweise bereits bei 120 Schlägen pro Minute auf.

Über 170 bis 180 Schläge pro Minute steigert sich die Herzleistung nicht weiter, selbst wenn das Herz rascher schlägt. Dann ist die Grenze des Rückflusses von Venenblut zum Herzen erreicht.

Das Herz kann auf über 200 Schläge pro Minute kommen. Man hat Frequenzen bis 230 unter Trainingsbedingungen registriert. Aber jeder Mensch hat seine ganz persönliche Höchstgrenze. Es ist bedeutungslos, daß Sie Ihre Herzfrequenz vielleicht auf 220 steigern, ich möglicherweise nur bis 210 und ein Dritter gar nur bis 190 kommt. Viele Spitzensportler können ihre Herzfrequenzen nicht über 190 steigern. Das Herzfrequenzmaximum ist kein Index für Fitness. Auch langfristiges Trainieren hat möglicherweise keinerlei Auswirkungen auf die Steigerung Ihres Herzfrequenzmaximums. Mit zunehmendem Alter senkt sich dieses Maximum; Untersuchungen bei einer großen Bevölkerungsgruppe in Schweden zeigten, daß die durchschnittliche maximale Herzfrequenz um etwa einen Schlag pro Minute je Lebensjahr abnimmt. Der Grund für dieses Absinken im Alter ist nicht bekannt, aber jedenfalls hat es nichts mit Ihrer Funktionsfähigkeit zu tun.

Für große Erwachsenenpopulationen beträgt die maximale Herzfrequenz ungefähr 220 Schläge pro Minute, abzüglich des Alters der jeweiligen Person. Das ist keine Idealziffer, ist kein Ziel, das man erstreben oder demzuliebe man sich auf einen Wettstreit einlassen sollte. Es ist nur eine theoretische Schätzung der maximalen Pulsfrequenz bei Training für die verschiedenen Altersstufen.

Wie man den Pulsmeß-Leitfaden anwendet, um die Herzfrequenz im Ruhezustand zu senken

Man muß kein Marathonläufer sein, um seine Herzfrequenz im Ruhezustand um etwa zehn Schläge pro Minute zu senken. Jede Trainingsübung, die von Ihrem Herzen eine geringe Überbeanspruchung verlangt, tut es auch. Wenn Sie untrainiert sind, wird der Anstrengungsgrad, der für Sie zum Ausarbeiten nötig wäre, relativ gering sein. Sie erreichen ihn vielleicht bereits, indem Sie spazierengehen.

Wenn Ihre Herzfrequenz von Anfang an niedrig ist, bedeutet das noch nicht, daß Sie über die Ausdauer verfügen, rauszugehen und dreitausend Meter zu rennen. Auch Sie müssen Ihr Herz genauso sorgfältig vorbereiten wie einer, dessen Herzfrequenz bei Trainingsbeginn hoch liegt.

Wenn wir uns mit dem Trainingsprogramm befassen, werden wir Ihnen eine Formel liefern, nach der Sie Ihren Puls während aller Phasen des Programms messen können. Vorläufig aber lassen Sie uns ein paar Hilfsgrößen aufstellen.

Bei Beginn Ihres Programms werden Sie bei 150 Schlägen minus der Zahl Ihrer Lebensjahre trainieren. Dies ist das Minimum. Wenn Sie also fünfzig Jahre alt sind und jetzt mit einem Training für ein Fitness-Programm beginnen, dann werden Sie bei 100 Schlägen pro Minute trainieren. Wenn Sie fünfzig sind und bereits einige Monate lang tüchtig gearbeitet haben, oder wenn Sie von vornherein in ziemlich guter Form sind, dann können Sie mit einer Frequenz von 170 minus der Anzahl Ihrer Lebensjahre trainieren, also mit 120. Wenn Sie mit fünfzig Jahren in hervorragender Kondition sind und den Wunsch haben, mit Nachdruck zu üben, dann können Sie bei 190 minus Lebensalter, also bei 140, arbeiten.

Je härter Sie trainieren, desto besser ist es – bis zu einem gewissen Punkt. Eine Frequenz von 110 ist sehr viel besser als 100. Aber eine von 150 ist nur ein kleines bißchen besser als eine von 140. Durch eine Steigerung der Frequenz über 200 minus Lebensjahre läßt sich weiter kein zusätzlicher Gewinn für das Herz herausschlagen.

Wenn Ihre Kondition sich bessert, ist es wichtig, daß Sie um die 120 trainieren. Der gutkonditionierte Mensch erreicht nämlich nichts, wenn er unter einer Frequenz von 120 arbeitet.

Sie können bereits innerhalb eines Monats zu guten Ergebnissen kommen. Wenn Ihre Herzfrequenz im Ruhezustand bei Trainingsbeginn 95 betrug, dann sollte sie nach einmonatigem Training auf 90 sein. Wenn Ihre Herzfrequenz sich nicht gesenkt hat, sollten Sie die Übungen zur Steigerung der Herz-, Atmungsausdauer quantitativ ausdehnen.

Ihre maximale Herzfrequenz ist möglicherweise anfangs höher als die eines Sportlers. Ihre Minimalfrequenz kann ebenfalls niedriger sein als die eines Sportlers. Diese Hoch- und Tiefpunkte sagen nichts über Ihre körperliche Leistung aus. Auf welchem

Niveau Sie beginnen ist unwichtig. Wichtig hingegen ist, wie Sie Ihre Frequenz durch Training senken. Eins der Hauptziele Ihres Trainings wird es sein, Ihre Herzfrequenz im Ruhezustand um fünf bis zehn Schläge pro Minute zu vermindern, *ganz gleich* wie hoch oder niedrig sie anfänglich war.

Diese gesenkte Herzfrequenz ist das Barometer für die entspannte Kraft, wie man sie an hochtrainierten Athleten und geschmeidigen wilden Tieren bewundert. Sie ist das Merkmal einer gutdurchtrainierten Person – eines Menschen, dem so viel Stärke zur Verfügung steht, daß er ohne Anstrengung Leistungen erbringen kann, eines Menschen, der sich stärker lebendig fühlt, der weniger leicht erschöpft ist, weil er über eine nahezu uneingeschränkte Aktivitätskapazität verfügt.

8. Ihr Pulstest

Es ist höchste Zeit, daß Sie fit werden.

Zunächst aber müssen wir sichergehen, daß Ihr derzeitiger Zustand es erlaubt, daß Sie sich in ein Fitness-Programm stürzen, ohne Ihre Gesundheit zu gefährden.

Die beste Sicherheit bietet hier natürlich eine Konsultation bei Ihrem Arzt. Wenn Sie im Verlauf des letzten Jahres eine medizinische Generaluntersuchung durchgemacht haben, stehen die Chancen gut, daß Sie mit dem Programm beginnen dürfen. Hätte nämlich Ihr Arzt irgend etwas entdeckt, was begründetermaßen leichte körperliche Übungen verbieten würde, dann hätte er Ihnen das sicherlich gesagt. Trotzdem, es wäre keine schlechte Idee, ihn anzurufen und zu fragen, ob Sie «dürfen».

Falls Sie allerdings eins der folgenden Symptome entwickeln, wenn Sie eine Treppe hinaufeilen oder einen Koffer durch die Wandelhalle eines Bahnhofs tragen oder leichte körperliche Arbeit tun, wie etwa im Garten buddeln, dann sollten Sie sofort Ihren Arzt aufsuchen – und Sie sollten vorher auf keinen Fall mit einem Programm anfangen!

Schmerzen im Brustkorb
Schwäche oder Schwindelgefühle
Magen-Darm-Beschwerden
Atembeschwerden
Grippeähnliche Symptome

Ein ganz einfacher Maßstab dafür, ob Sie für die Durchführung mäßiger Körperübungen fit genug sind, ist Ihre Fähigkeit, drei Kilometer zu marschieren. Wenn Sie das nicht durchhalten, dann ist dies eine ebenso deutliche Warnung, als käme sie von Ihrem Hausarzt – und Sie sollten ihn deswegen aufsuchen.

Ich beabsichtige nicht, Sie zu verschrecken. Ich möchte nur, daß Sie klug und vernünftig an die Sache herangehen. Wenn Sie schwer dekonditioniert sind, gibt es gewisse Übungskombinationen, die Sie vermeiden müssen, denn sie könnten zu einem physiologischen Desaster führen. Wenn Sie ein Vielfraß sind, der so lange Nahrung in sich hineinstopft, bis er sich unwohl fühlt, dann ist das für Sie schon schlimm genug. Wenn Sie aber unmäßig trinken und dazu ein Vielfraß sind (was ja meist Hand in Hand geht), dann könnte eine einzige zusätzliche Belastung Sie umbringen. Das könnte ein heißes Bad sein. Es könnte eine übermäßig beanspruchte Peristaltik sein. Oder es könnte eine Trainingsrunde sein.

Es versteht sich von selbst, daß Sie nicht trainieren sollten, wenn Ihnen ein Herzschlag droht. Die oben beschriebene Person ist ein Musterkandidat für einen solchen. Daneben gibt es andere Kontraindikationen gegen Trainieren: entzündliche Prozesse, Fieber, Atmungsprobleme wie Lungenödem. Sportler sind zum Wettkampf noch fähig, auch wenn sie erkältet sind oder Fieber haben. Aber wir andern sollten es dann besser bleiben lassen. Wir stehen mit niemandem im Wettstreit.

Wenn eine der folgenden Kategorien auf Sie zutrifft, konsultieren Sie auf jeden Fall Ihren Arzt, bevor Sie mit dem Programm beginnen:

Hoher Blutdruck
Starker Nikotinkonsum
Hoher Cholesterinspiegel
Vollkommener Mangel an körperlicher Betätigung
Herzerkrankungen in der nächsten Verwandtschaft
Spannungsgefühle
Fettleibigkeit

Ferner verbietet sich ein Trainingsprogramm für Sie vorläufig, wenn mehr als dreißig Prozent Ihres Körpers aus Fett bestehen. Dies ist die medizinische Definition für Fettleibigkeit. Sie brauchen sich keinem Laboratoriumstest zu unterziehen, um festzustellen, daß Sie fett sind: Sie können das Fett in schwabbeligen Falten von Ihrem Leib *hängen sehen.* Wenn Sie in einem solchen Zustand sind, sollten Sie unter ärztlicher Überwachung abnehmen, ehe Sie mit irgendwelchen intensiven Trainingsübungen beginnen. Zusätzlich können Sie ein gemäßigtes Geh- oder Wanderprogramm starten, sozusagen als Einstimmung auf das Fitness-Programm, das Sie durchführen wollen, wenn Sie abgenommen haben.

Aber auch wenn Sie vor kurzem bei Ihrem Arzt waren und er Sie für körperliches Training für fit erklärte, müssen Sie noch einen zusätzlichen Test machen, ehe Sie mit Ihrem Programm beginnen. Ihr Arzt begegnet Ihnen fast immer, wenn Sie sich im Ruhezustand befinden. Die meisten Untersuchungen in den Praxen enthalten kein EKG im Arbeitszustand auf dem Laufband oder dem Fahrrad-Ergometer. Folglich müssen Sie bei Aufnahme Ihres Programms auf Anzeichen achten, die auf mangelhafte Toleranz hindeuten, die sich nur beim Trainieren zeigt.

Diesen Test führen Sie selber durch, indem Sie Ihren Puls unter unterschiedlichen Bedingungen messen: im Ruhezustand und bei leichter Anstrengung. Körperübungen müßten sich eigentlich als angenehme Erfahrung spürbar machen; jedes unbequeme Gefühl müßte völlig fehlen; dieser Test zielt darauf ab, daß dies auch der Fall ist.

Übrigens ist dieser Test nicht schwieriger als Treppensteigen. Sie messen einfach Ihren Puls, während Sie sitzen, dann stehen Sie auf, und schließlich steigen Sie eine Stufe auf und ab; das alles in drei Einminutenperioden. Ich werde Ihnen noch sagen, worauf Sie achten müssen, um festzustellen und sicherzugehen, daß sie auf diese Anforderungen gut reagieren. Das Ergebnis bietet die Gewähr dafür, daß es für Sie gefahrlos ist, Ihre physische Kapazität unter meiner Anleitung auf eigene Faust zu steigern.

Für den Test benötigen Sie eine Armbanduhr oder einen Wecker mit Sekundenzeiger. Außerdem ein Lineal mit Maßangabe, um die Höhe der Stufe auszumessen, die Sie beim Test benützen.

Wie mißt man seine Pulsfrequenz?

Zunächst müssen Sie die beste Stelle an Ihrem Körper finden, um sich den Puls zu fühlen. Bewegen Sie sich eine Minute lang körperlich, wie immer Sie wollen – gehen Sie rasch oder steigen Sie ein paar Treppen hinauf –, um den Pulsschlag zu verstärken. Dann untersuchen Sie folgendes:

Die radiale Arterie am Handgelenk dicht neben dem Handgelenkknochen unterhalb der Basis des Daumengelenks.

Eine Halsschlagader an einer Seite des Halses, entweder dicht über dem Schlüsselbein oder unter dem Kieferknochen. Denken Sie daran, die andere Halsschlagader auf der anderen Halsseite nicht auch zu drücken, während Sie nach dem Puls suchen; Sie könnten die Blutzufuhr zum Gehirn blockieren.

Eine Schläfenarterie an der Außenseite der Stirn (an der Schläfe), dicht vor dem Ohr. Auch hier: *nur* eine Seite drücken.

Die meisten Menschen bevorzugen die radiale Arterie am Handgelenk. Wenn auch Sie das tun, verfahren Sie folgendermaßen:

Drehen Sie Ihre Armbanduhr am Handgelenk so, daß Sie das Zifferblatt sehen können, wenn Ihre Handfläche nach oben weist. Dann legen Sie das Handgelenk mit der Uhr in die Handfläche der anderen Hand, und zwar so, daß das Handgelenk in die Gabelung zwischen Daumen und Zeigefinger paßt. Dann krümmen Sie die Fingerspitzen der unteren Hand auf den Daumen zu. Nun liegen zweiter und Ringfinger über dem Puls. Die kleinen Polster am Ende der Finger passen genau in die Handgelenkgrube. Das Polster am Mittelfinger ist der «Pulsfühler».

Wenn Sie mit diesem «Fühler» an der Fingerspitze leicht auf das Handgelenk drücken, sollten Sie den Puls eigentlich ganz leicht finden können. Werden Sie nicht nervös, wenn Sie ihn zunächst nicht spüren können; es dauert schon ein paar Minuten, bis man einigermaßen in Übung kommt.

Was Sie bei jedem Pulsstoß verspüren, ist nicht der Blutstrom, sondern eine Pulswelle, die sich in den Arterien mit etwa einer Geschwindigkeit von vier bis sechs Metern pro Sekunde fortpflanzt.

Ärzte und Krankenschwestern wenden beim Pulsnehmen unterschiedliche Methoden an: entweder zählen sie ihn eine Minute lang mit oder nur dreißig Sekunden und verdoppeln die Schlagzahl oder nur fünfzehn Sekunden und multiplizieren dann mit vier. Wir hier wenden wieder eine andere Methode an: wir messen sechs Sekunden lang und fügen eine Null an die Schlagzahl. Dafür haben wir gute Gründe. Eine längere Messung ist im allgemeinen viel genauer und zur Feststellung der Pulsfrequenz eines Menschen im Ruhezustand ideal. Aber eine lange Messung liefert uns keine so genauen Angaben über Ihre Reaktionen auf Körpertraining wie eine Messung von sechs Sekunden unmittelbar nach der Übung. Dann nämlich schlägt der Puls (und das Herz) mit einer Frequenz, die fast vollkommen die Anstrengung widerspiegelt, die Sie bei Ihrer Übung erreicht haben. Fünfzehn Sekunden später ist der Puls von dieser Spitze abgesunken, dreißig Sekunden später noch mehr, und in einer Minute sogar noch weiter. Die Variationsbreite zwischen der Pulsfrequenz unmittelbar nach körperlicher Anstrengung und eine Minute später kann bis zu dreißig Schlägen betragen.

Jetzt bestimmen Sie also Ihre Pulsfrequenz, indem Sie die Anzahl der Schläge in sechs Sekunden zählen und eine Null anhängen, um auf eine Minutenfrequenz zu kommen. Wenn Ihr Puls mit einem passenden Zeitintervall übereinstimmt (bei einer der Fünf-Sekunden-Markierungen auf der Uhr), beginnen Sie zu zählen. Fangen Sie mit «Null» an, wenn der Sekundenzeiger über den Fünf-Sekunden-Punkt zuckt. Wenn Sie nicht mit «Null» beginnen, verrechnen Sie sich bestimmt. Dann zählen Sie die Pulsschläge in sechs Sekunden.

Und nun der Test

Der Test setzt sich aus sechs Stufen zusammen.

Die erste Stufe besteht darin, daß Sie Ihre Pulsfrequenz im Ruhezustand aufzeichnen und interpretieren. Stufe zwei verlangt das gleiche im Stehen von Ihnen. Die Stufen drei, vier und fünf bestimmen Ihre Reaktion auf leichte Anstrengung. Die Stufe sechs testet, wie rasch Sie sich erholen.

Am besten macht man den Test einige Stunden nach der letzten Mahlzeit, nach der letzten Zigarette oder Alkoholkonsum. Denn sie alle treiben Ihre Pulsfrequenz nach oben. Besonders sollte man Kaffee vermeiden.

Wenn Sie sich körperlich betätigt haben, ruhen Sie sich ein paar Minuten aus, ehe Sie beginnen, damit Ihr Puls sich auf einem niederen Niveau stabilisieren kann.

Sie sollten während des Tests mit niemandem sprechen, weil Konversation die Pulsfrequenz steigert. Wenn Sie das experimentell nachprüfen wollen, messen Sie Ihren Puls, zählen Sie laut bis zehn oder sprechen Sie mit jemandem und messen danach erneut Ihren Puls. Ihre Pulsfrequenz wird dann wahrscheinlich um zehn Schläge pro Minute (im Ruhezustand) höher sein als zuvor.

Wenn Sie frösteln oder überhitzt sind, werden Sie auch zu unrichtigen Frequenzen im Ruhezustand gelangen. In beiden Fällen wird die Pulsfrequenz gesteigert.

Sobald Sie sitzen und ruhig geworden sind, ergeben sich bei wiederholten Messungen die gleichen Werte. Diese Werte sind Ihre normale Herzfrequenz im Ruhezustand für einen Tag. Aber der einzige Zeitpunkt, an dem Sie Ihren *Basal*-Puls genau feststellen könnten, wäre morgens nach dem Aufwachen und bevor Sie aus dem Bett steigen. Die Ruhezustandsfrequenz im Sitzen nähert sich der Normalfrequenz im Wachzustand genauer an.

Wenn Sie sich während des Tests räuspern oder wenn Sie husten müssen, oder wenn Sie zufällig gähnen müssen, warten Sie ein paar Minuten, und beginnen Sie dann von vorn. Ein Hustenanfall kann Ihre Herzfrequenz um etwa zwanzig bis dreißig Schläge pro Minute erhöhen. Wenn Sie tief oder angestrengt atmen, beschleunigt oder verlangsamt sich Ihr Puls im Rhythmus Ihrer Atmung. Wenn Sie ruhig sitzen und leicht atmen, müßte der Puls in einem regelmäßigen Rhythmus schlagen. (Wenn er unregelmäßig schlägt – wenn Sie ab und zu spüren, daß ein Schlag ausfällt oder einer zuviel kommt –, sprechen Sie darüber mit Ihrem Arzt, bevor Sie Ihre körperliche Aktivität erhöhen.)

Wenn Sie glauben, eine gleichmäßige Pulsfrequenz im Ruhezustand erreicht zu haben, treiben Sie etwas autogenes Training oder Biofeedback, womit Sie bewußt Ihre Pulsfrequenz senken können, weil dadurch ein nicht geringer Teil übermäßiger Spannung in Ihrem Körper gelöst wird. Statt nur *auf* dem Stuhl zu sitzen, versuchen Sie zu spüren, daß Sie *in den Stuhl hineinsitzen.* Stellen Sie sich vor, daß Ihr ganzes Gewicht in den Stuhl übergeht. Statt die Füße nur leicht aufzusetzen, stellen Sie sich vor, daß das Gewicht Ihrer Beine in die Füße fließt und daß sich die Füße auf dem Fußboden schwer anfühlen. Nun lassen Sie die Schultern bequem nach außen und unten fallen, anstatt sie hochzuziehen. Entspannen Sie Ihre Gesichtsmuskeln; spüren Sie, daß Sie nicht mehr die Stirn runzeln, die Augen zusammenkneifen oder die Zähne zusammenbeißen. Schließlich entspannen Sie Ihren Bauch. Legen Sie die Hände auf den Bauch. Heben und senken Sie sich im Atemrhythmus? In zwei von je fünf Fällen, die ich untersuchte, wird der Bauch beim Atemholen eingezogen. Das ist eine verkehrte Atemtechnik. Der Unterleib bewegt sich entgegengesetzt zur Atmung. Damit bewirken Sie ein unnötiges Mehr an Spannung. Versuchen Sie, die Sache umzukehren. Wenn Sie Luft holen, sollten Ihre Hände sich heben.

Messen Sie nun erneut den Puls. Wenn Sie alles oben Angeführte richtig ausgeführt haben, müßte Ihr Puls nun meßbar niedriger sein.

In diesem Zustand der Entspannung und Ruhe registrieren Sie jetzt Ihre niederste Pulsfrequenz im Ruhezustand. Sie sollte unter 100 Schlägen pro Minute liegen. Wenn Ihre Pulsfrequenz in sechs Sekunden nahe an zehn Schlägen liegt, bleiben Sie besser noch sitzen und nehmen eine Messung von einer ganzen Minute vor. Wenn das Ergebnis 100 oder mehr ist, versuchen Sie es mit noch ein paar Übungen zur Entspannung wie autogenes Training oder Biofeedback, um festzustellen, ob Sie die Frequenz nicht doch senken können. Wenn aber der Puls bei 100 oder darüber bleibt, haben Sie vielleicht Fieber oder eine Infektion. Wenn dem so ist, sollten Sie den Puls-Fitness-Test aufschieben, bis Ihre Erkrankung vorbei ist.

Aber wenn Sie kein Fieber haben und sich nicht erklären können, warum Ihr Puls höher als 100 schlägt, dann empfiehlt es sich klugerweise, mit dem Arzt darüber zu sprechen, um herauszufinden, daß und ob dieser erhöhte Puls für Sie normal ist und daß kein Grund besteht, warum Sie nicht in Ihrem Körpertraining weitermachen sollten.

Wenn Ihre Pulsfrequenz unter 100 liegt – zehn Schläge in sechs Sekunden –, können Sie mit Stufe zwei weitermachen.

Stufe zwei: Orthostatische Toleranz

Nun werden Sie einen weiteren Aspekt in Ihren Reaktionen auf Körpertraining testen: Ihre orthostatische Toleranz. Es handelt sich dabei um die Fähigkeit Ihres Kreislaufsystems, sich an eine vertikale Körperposition anzupassen, nachdem Sie eine Zeitlang auf einem Stuhl gesessen haben.

Stehen Sie eine Minute lang aufrecht und still. Ihre Haltung sollte bequem und entspannt sein, nicht eine starre Habacht-Stellung. Verlagern Sie Ihr Gewicht oder bewegen Sie die Zehen, wie es Ihnen gefällt, doch bewegen Sie sich nicht vom Fleck. Nach einer Minute messen Sie Ihren Puls. Der Unterschied zwischen der Pulsfrequenz im Ruhezustand und der Frequenz, wenn Sie aufrecht stehen, ist ein weiteres wichtiges Anzeichen für Ihr derzeitiges Fitness-Niveau. Wenn Ihre Pulsfrequenz im Stehen zwanzig oder mehr Schläge höher ist als die Frequenz im Sitzen, dann ist sie wohl höher, als sie sein dürfte, und darum fragen Sie besser Ihren Arzt, ob diese Differenz irgendwie darauf hindeutet, daß eine Kontraindikation gegen erhöhte körperliche Anstrengung gegeben sei. Wenn Ihre Pulsfrequenz sich in sechs Sekunden auf 11 oder mehr Schläge (also 110 pro Minute) erhöht hat oder wenn Sie sich schwach oder schwindelig fühlen, sollten Sie das unbedingt Ihrem Arzt berichten, weil es möglicherweise bedeutsame Gründe für diese mangelhafte orthostatische Toleranz gibt. Sportliche Fähigkeiten verstärken keineswegs die Fähigkeit stillzustehen. Spitzensportler werden genauso leicht ohnmächtig wie Leute mit sitzenden Berufen. Ein Trainingsprogramm erhöht nicht die Toleranz beim Stillstehen.

Ihre Pulsfrequenz *sollte sich ein wenig erhöhen*; bis zu zehn Schlägen pro Minute ist in Ordnung. Wenn (nach unserem System) die Sitzfrequenz 7 und die Stehfrequenz 8 ist, dann sind Sie fit genug, um zu Stufe drei überzugehen. Jede Frequenzänderung um einen Schlag ist in Ordnung – außer Sie kommen auf 11 in sechs Sekunden.

Stufen drei bis sechs

Stufe drei ist die erste von drei einminütigen Übungen auf einer Treppenstufe. Dazu müssen Sie die Höhe der Stufe mit einem Lineal messen und in der folgenden Tabelle nachsehen. Stellen

Sie Ihr Körpergewicht fest und gehen Sie von da nach rechts, bis Sie die senkrechte Zahlenreihe der Stufenhöhe erreichen. Beispiel: Eine Frau, die etwa 65 Kilo wiegt und mit einer etwa 20 cm hohen Stufe arbeitet, wird in einem Rhythmus von dreißigmal «Treppensteigen» pro Minute vorgehen.

Anzahl der «Treppensteigerübungen»
(Stufen pro Minute)

Höhe der Treppenstufen		18 cm	20 cm	22 cm	24 cm	26 cm	28 cm
Pfund	(kg)						
90	(45)	30	30	30	30	30	30
110	(55)	30	30	30	30	30	20
130	(65)	30	30	30	30	20	20
150	(75)	30	30	30	20	20	20
170	(85)	30	30	20	20	20	20
190	(95)	30	20	20	20	20	20
210	(105)	20	20	20	20	20	20

Der Test ist ganz einfach: Sie treten mit dem linken Fuß eine Treppe höher, dann mit dem rechten Fuß. Dann steigen Sie mit dem linken Fuß eins tiefer und holen den rechten Fuß nach. Dies wiederholen Sie so oft, wie es entsprechend Ihrem Körpergewicht aus der Tabelle ersichtlich ist. Versuchen Sie, in einer Minute mit der Übung fertig zu sein, machen Sie nicht schneller oder langsamer. Schon nach fünfzehn Sekunden können Sie feststellen, ob Ihr Rhythmus für die erforderliche Trittzahl richtig ist. Wenn Sie zu schnell oder zu langsam steigen, passen Sie den Rhythmus entsprechend an.

Brechen Sie die Übung ab, sobald Sie merken, daß Ihre «Toleranz» nachläßt.

Es können mehrere und verschiedenartige Symptome auftreten, die auf eine verminderte Toleranz schließen lassen. Zunächst einmal Ihre Einstellung: Sie möchten gern aufgeben, Sie möchten gern langsamer machen, Sie haben keinen «Treibstoff» mehr, Sie fangen an, sich erschöpft zu fühlen. Körperliche Anzeichen wären etwa: starke Schweißabsonderung, Krämpfe, Schmerzen in den Beinen, Atembeschwerden, ein heftig pochendes Herz, das weh tut. *Jedes einzelne* dieser Symptome während einer Minute leichter Körperbetätigung signalisiert, daß Sie den Test abbrechen müssen und sich von einem Arzt beraten lassen sollten. Wenn Sie abbrechen, setzen Sie sich hin. Bleiben Sie niemals nach einer Übung ruhig stehen.

Wenn Sie den Test beendet haben, setzen Sie sich wieder und zählen Sie Ihren Pulsschlag. Wenn Sie die geringsten Beschwerden verspürten oder Ihre Pulsfrequenz in sechs Sekunden über 12 liegt, dann ist der Test für Sie zu Ende. Sie haben sich bewiesen, daß Ihre Toleranz für Körpertraining ziemlich niedrig ist. Das heißt möglicherweise nur, daß Sie dekonditioniert sind und ein Trainingsprogramm benötigen. Aber bevor Sie damit anfangen, sprechen Sie mit Ihrem Arzt.

Wenn Sie keinerlei Beschwerden (wie oben angeführt) verspürten und Ihre Meßzahl in sechs Sekunden unter 12 liegt, können Sie zu Stufe vier übergehen. Wiederholen Sie dann den Ein-Minuten-Test sofort. Setzen Sie sich danach und messen Sie Ihren Puls. Wenn er 12 oder mehr Schläge in sechs Sekunden anzeigt, hören Sie auf. Wenn die Messung weniger als 12 ergibt, gehen Sie zu Stufe fünf weiter. Auch hier müssen Sie unmittelbar weitermachen. Dann messen Sie den Puls im Sitzen. Es gelten Bewertungen wie bei Stufe drei und vier. Das gleiche gilt auch für die gegebenen Warnungen.

Stufe sechs ist der Test für Ihren Erholungsquotienten.

Sobald Sie Stufe fünf beendet haben, setzen Sie sich hin, messen den Puls, erholen sich eine Minute und messen dann erneut den Puls. Ihre Pulsfrequenz sollte sich eine Minute nach der Übung verringern: um wenigstens zehn Pulsschläge pro Minute. Außerdem sollte die Frequenz nicht über 110 Schlägen pro Minute liegen.

Der Puls-Test

Test-Stufe	Test-Aufgabe	Test-Fahrplan
Stufe 1	Puls messen im Ruhezustand	Wenn Schlagzahl unter 100, weiter auf Stufe 2
Stufe 2	Puls messen im Stehen	Wenn Pulsbeschleunigung unter 10 Schlägen pro Minute bleibt und Befinden gut ist, weiter auf Stufe 3
Stufe 3	Treppensteigerübung 1 Minute lang	Wenn Schlagzahl unter 120 und Befinden gut, weiter auf Stufe 4
Stufe 4	Übung wiederholen	Wenn Schlagzahl unter 120 pro Minute und Befinden gut, weiter auf Stufe 5
Stufe 5	Übung wiederholen	
Stufe 6	Sofort niedersitzen und Puls zählen. Nach 1 Minute im Ruhezustand Puls erneut zählen	

Die Test-Ergebnisse

Gruppe A: Wenn Sie alle 6 Test-Stufen absolviert haben, wenn Ihr Puls dabei nie über 120 in der Minute lag und wenn Ihr Puls sich nach 1 Minute Ruhepause um mehr als 10 Schläge pro Minute verlangsamte, dann dürfen Sie Ihr Fitness-Programm bei TPF 4 beginnen. (Die TPF-Tabelle finden Sie auf Seite 198).

Gruppe B: Wenn Ihr Puls auf Stufe 5 über 120 lag, beginnen Sie Ihr Programm bei TPF 3.

Gruppe C: Wenn Ihr Puls in Stufe 4 schneller als 120 ging, beginnen Sie Ihr Programm bei TPF 2.

Gruppe D: Wenn Ihr Puls sich in Stufe 3 auf über 120 Schläge pro Minute beschleunigt hat, dann beginnen Sie Ihr Programm bei TPF 1.

Gruppe E: Wenn Sie noch vor Abschluß von Stufe 3 den Test abbrechen mußten, dann lassen Sie sich von Ihrem Arzt beraten, ehe Sie weitermachen mit den Übungen.

Dieser Puls-Test reicht für unsere Zwecke aus. Natürlich handelt es sich dabei nur um ein praktisches Hilfsmittel und nicht etwa um einen medizinischen Test. Dieser einfache Puls-Test ersetzt keinesfalls eine ärztliche Diagnose Ihres Gesundheitszustandes! Aber dieser Test leistet eines mit Sicherheit: er deckt die versteckten Anzeichen auf, die auf Ihre gute oder schlechte Form schließen lassen. Die meisten Menschen ahnen ja gar nicht, in welcher Verfassung sie wirklich sind. Die Test-Ergebnisse sagen klipp und klar: So steht es mit Ihnen jetzt, und so müssen Sie Ihr Fitness-Ziel angehen.

9. Die minimale Instandhaltung

Als ich gegen Ende der vierziger Jahre Chef der Abteilung Leistungsphysiologie bei der amerikanischen Luftwaffe war, wurden wir gebeten herauszufinden, warum Lufttransportpiloten als Berufsgruppe weniger lang lebten als andere militärische Personalgruppen und wieso sie unter allen Berufen in den USA die kürzeste Berufsaktivität hatten. Die Vermutungen gingen dahin, daß ihre Qualifikationsminderung mit Erschütterungen, schädlichen Gasen im Cockpit, ausgedehnter Unterversorgung mit Sauerstoff oder simpler Angst vorm Fliegen zu tun haben müsse. Unsere Untersuchungen wiesen jedoch nach, daß das alles falsch war. Die Ursache des Leistungsabfalls hing vielmehr damit zusammen, was die Piloten unternahmen, wenn ihr Flug beendet war. Ihre Routen ließen sie auf öden Flugbasen in der Nähe von isolierten Orten stranden. Und unweigerlich pflegten die Piloten sich dann in eine Bar zu begeben, sich zu betrinken, ein großes Steak zu essen und den Rest der Nacht mit einer zufällig aufgegriffenen Dame zu verbringen.

Das Beispiel schildert extrem, was uns allen bis zu einem bestimmten Grad passiert. Spannung, Langeweile und Übermüdung drängen uns zu einer Lösung dieses Zustands. Wir belohnen uns mit Stunden des Nichtstuns und mit so viel luxuriöser Entspannung, wie wir uns leisten können. Die Werbung übernimmt die Steuerung unserer Instinkte, lockt uns weiter und beschwichtigt unser Gewissen. Die Folgen sind verheerend.

Ein Großteil des Abbaus im Menschen, den wir auf das Konto

Altern schreiben, ist schlichtweg das äußerliche Anzeichen von Dekonditionierung, von mangelhafter Kondition, die durch Inaktivität auftritt. Der kaputte Typ, der abgeschlafft und lahm an uns vorbeilatscht, ist vielleicht gerade erst Mitte Dreißig.

Nehmen wir als Beispiel Bob P., der in den fünfziger Jahren als Footballer der Ivy-League-Wettbewerbe, also im Team einer Universität der Neu-England-Staaten der USA, spielte und dann Börsenmakler wurde. An dem Tag, an dem er zum letztenmal auf dem Feld spielte, schwor er, daß er in seinem Leben nie wieder rennen würde, es sei denn, um sein Leben zu retten. Das war nur halbwegs ein Scherz. Heute ist der Mann nämlich ein Wrack, was seine Fitness angeht. Eine Treppenflucht für ihn ist fast wie ein Berg. Es fällt ihm schwer, eine Jalousie hochzuziehen. Ein Marmeladenglas hat ihn schließlich geschafft: er konnte es nicht öffnen.

Bob erkannte, daß er nicht mehr Herr über seine Umwelt war, und beschloß, dagegen etwas zu tun. Das Ergebnis war tragikomisch. Zuerst ging er in einen jener professionellen Körperertüchtigungsclubs, stellte aber bald fest, daß er mit den Gewichthebern nicht mithalten konnte. Außerdem fühlte er sich in ihrer Gegenwart nicht wohl und schämte sich, sich vor ihnen auszuziehen. Dann ging er auf den Sportplatz der Schule in der Nähe und fing mit Dauerlauf an. Nach ein paar hundert Metern mußte er schon aufstecken. Der körperliche Schmerz tat ihm bei weitem weniger weh als die Erkenntnis, daß er zwanzig Jahre früher mit Leichtigkeit die ganze Runde im Sprint geschafft hatte. Schließlich begann Bob mit kämpferischen Sportarten. Das war sein schlimmster Fehler. Nach zwei Sätzen entwickelte er einen Tennis-Ellbogen. Wenn er eine Stunde lang auf dem Fußballplatz bolzte, war er eine Woche lang bewegungsunfähig. Und dabei hatte er noch Glück. In beiden Fällen hätte ihn die Leistungs- und Konkurrenzsituation umbringen können.

Man betreibt nicht einen Sport, um fit zu werden. Ein Mensch, der sich plötzlich entschließt, sich wieder in Form zu bringen, sollte nicht nach einem Tennispartner suchen. Wettbewerb erzeugt Stress – und eben diese Stressmenge könnte für einen überlasteten Menschen, der nicht gut in Form ist, tödlich sein.

Vor ein paar Jahren machte ich ein Quiz mit Leitern verschiedener Gesundheitsclubs mit unterschiedlichem Programm. Mehrere meiner Fragen bezogen sich auf die Zusammenhänge zwischen Training und Stress. Die anwesenden Fitness-«Experten» – die zum großen Teil mit Männern in höheren Lebensjahren arbeiten – waren in der überwiegenden Mehrzahl der Meinung, daß Training stets eine hervorragende Therapie gegen Stress sei. Sie irrten sich.

Wenn Sie unter schwerem emotionalem Stress stehen, sollten Sie nicht trainieren. Dann haben Sie nämlich bereits die nötige Anstrengung für diesen Tag geleistet. Mit «schwerem Stress» meine ich, daß Sie emotional völlig am Ende sind, wenn zum Beispiel ein Mensch, den Sie gern hatten, gestorben ist, oder wenn man Sie soeben in der Firma gefeuert hat. Das wäre wirklich nicht der rechte Zeitpunkt, dem einen Stress noch einen weiteren hinzuzufügen.

Allerdings kann Training eine therapeutische Wirkung haben, und zwar für den, der nur unter normalem Stress steht. Körperliche Übungen organisieren die Körperfunktionen neu. Wenn Sie sich gehetzt oder frustriert fühlen, dann haben Sie effektiv das Gefühl, als lägen Sie in kleinen Trümmern über die ganze Gegend verstreut. Das rührt daher, daß Ihr vegetatives und Ihr animales Nervensystem, also die Kontrollsysteme in Ihrem Körper, nicht fähig sind, Ihre Körperfunktionen auf harmonische Weise zu kontrollieren. Ein Körpertraining sammelt die Trümmer auf und setzt sie wieder zusammen, indem es geordnete Anforderungen an den Körper stellt, die diese Kontrollsysteme wieder zur Funktion anregen.

Wenn Sie ein Fitness-Programm aufbauen wollen, müssen Sie zunächst einmal entscheiden, *wie fit* Sie sein wollen.

Wenn Sie sich das Ziel gesetzt haben, Ihr jetziges Fitness-Niveau zu halten und nur eine Verschlechterung zu vermeiden, dann brauchen Sie überhaupt keine besonderen Übungen. Sie können dann Ihr Fitness-Programm in Ihre tägliche Routine einbauen. Sie können zum Beispiel Ihren derzeitigen Muskeltonus erhalten, indem Sie einmal täglich ein kleines Kind in die Luft heben. Vorausgesetzt, daß ein kleines Kind immer zur Hand ist, was könnte einfacher sein? Ein paar schwere Einkaufstüten erfüllen den gleichen Zweck. Diese Belastung sorgt für die «minimale Instandhaltung» Ihrer Muskulatur. Jetzt wollen wir das für unsere Zwecke erläutern.

Es gibt drei Stufen der zufriedenstellenden Fitness. Die erste ist jenes nicht mehr zu unterschreitende Minimum, unterhalb dessen Sie eine Verminderung der Funktionsfähigkeit und der Struktur Ihres Körpers feststellen müssen. Die zweite Stufe ist eine allgemeine Fitness mit einem Sicherheitsspielraum für Veränderungen, einschließlich Notfällen, die Sie in die Lage versetzt, den Tag ohne ungebührliche Ermüdung hinter sich zu bringen. Die dritte Stufe besteht in der Vorbereitung auf mäßig anstrengende Freizeit- oder Berufsaktivitäten.

Diese dritte Stufe erfordert ein spezifisches Konditionstraining. Wenn Sie Ski laufen wollen, müssen Sie zuvor auf dem «Trockenen» üben, oder Sie laufen eben nicht so gut Ski, wie Sie beabsichtigen. Die zweite Stufe, die allgemeine Fitness, erfordert ein Programm von dreißig Minuten pro Woche, aber darauf gehen wir noch genauer in den Kapiteln 10 und 11 ein. Die erste Stufe, die der minimalen Instandhaltung, erfordert nicht mehr, als daß man ein paar simple Gewohnheiten im alltäglichen Leben annimmt.

Ob Sie ein Superathlet oder nur einfach ein gutkonditionierter Mensch sein wollen, diese wenigen grundlegenden Gewohnheiten im Alltag müssen Sie wohl oder übel annehmen. Um also auf Stufe zwei oder drei zu steigen, müssen Sie – um es klar auszudrücken – über die Stufe eins hinausgelangen.

Die fünf Erfordernisse der Instandhaltung

Man kann ein Minimum an körperlicher Fitness aufrechterhalten, indem man jeden Tag fünf ganz einfache Aufgaben erfüllt:

1. Dehnen Sie sich, indem Sie die Arme ausstrecken, den Rumpf drehen, sich in der Taille beugen und den Kopf wenden.
2. Stehen Sie insgesamt zwei Stunden täglich aufrecht.
3. Heben Sie ein für Sie außergewöhnliches Gewicht fünf Sekunden lang hoch.
4. Gehen Sie in raschem Tempo für wenigstens drei Minuten, um Ihr Herz-Kreislauf-System in Schwung zu bringen.
5. Verbrennen Sie dreihundert Kalorien pro Tag durch irgendeine körperliche Tätigkeit. (Vgl. die Tabelle über Kalorienverbrauch auf Seite 169.)

Sämtliche fünf Forderungen können sehr leicht und bequem erfüllt werden.

Das Einkaufen für den Haushalt erledigt bereits drei, ja vielleicht sogar vier oder fünf dieser Forderungen. Sie selbst brauchen nur ein bißchen Druck dahinterzusetzen. Denken Sie an die erste Forderung: die Gelenke zu trainieren. Wenn Sie also etwas genau sehen wollen, dann *drehen* Sie Ihren Körper in die Richtung, anstatt Ihre Position zu ändern. Bücken Sie sich, um Nahrungsmittel von den unteren Borden zu nehmen. Und strecken Sie den Körper, um die Sachen auf den oberen Borden zu erreichen, die Sie haben wollen. Das wäre dann Ihre Bewegungsübung für diesen Tag.

Einkaufen dauert so etwa eine Stunde. Das ist die Hälfte dessen, was für Sie pro Tag an aufrechter Haltung im Stehen nötig ist. Die andere Hälfte erledigen Sie unter der Dusche, beim Rasieren, beim Bettenmachen, Geschirrspülen oder wenn Sie vor irgendeinem Schreibtisch stehen (usw.).

Es gibt zwei gute Gründe, warum man stehen sollte. Der erste ist, daß Sie dadurch Ihre orthostatische Toleranz steigern – daß Sie also nicht so leicht in Ohnmacht fallen, wenn Sie stehen müssen. Wenn Sie liegen oder sitzen, zerrt die Schwerkraft nur über eine kleine Strecke an Ihnen; das Blut kann leicht zirkulieren. Wenn Sie sich in eine vertikale Lage begeben, ruht die gesamte Blutsäule auf einem Punkt, und dann fällt es dem venösen Blut schwer, ins Herz zurückzufließen. Wenn Sie tagsüber häufiger stehen, dann konditionieren Sie die Blutgefäße, und sie verengen sich in den unteren Teilen Ihres Körpers, so daß das Blut sich nicht in den Fußknöcheln stauen kann. Nun kann das Blut zum Herzen zurückkehren und von dort ins Gehirn gepumpt werden. Der zweite Grund, warum Sie häufiger aufrecht stehen sollten, ist, daß damit ein senkrechter Druck auf die Knochen ausgeübt wird. Wir wissen nicht genau warum, aber diese spezielle Anspannung wirkt auf einen normalen Aufbau von Mineralstoffen in den Knochen ein, besonders von Kalzium, und die Knochen erhalten dadurch bessere Festigkeit. Menschen, die lange Zeit im Bett liegen müssen, oder selbst die, die einen sitzenden Beruf haben und nur selten stehen, entwikkeln häufig Knochenschwäche. Ein extremer Mineralmangel bewirkt eine Aushöhlung der Knochen, ein Krankheitsbild, das man als Osteoporose bezeichnet.

Die dritte Forderung, schwere Gewichte zu heben, kann man erfüllen, indem man eine oder zwei schwere Tüten mit Nahrungsmitteln schleppt.

Wenn Sie – mit diesen Einkaufstüten im Arm – rasch ausschreiten, dann bringen Sie Ihr Herz-Kreislauf-System schon auf Touren. Damit wären wir bei Forderung vier angelangt.

Wenn Sie sich im Ruhezustand befinden oder sich friedlichruhig bewegen, läuft Ihr Körpermotor eigentlich im Leerlauf. Die Differenz zwischen einer Ruhefrequenz von 90 Schlägen pro Minute und einer Höchstanspannungsfrequenz von 180 beträgt eben 90 Schläge pro Minute. Wenn Sie nun ein Drittel davon nähmen (also 30 Schläge pro Minute) und das zu Ihrer Frequenz im Ruhezustand addierten, würden Sie sich etwa bei 120 Pulsschlägen pro Minute bewegen, sofern Sie in guter Kondition sind. Damit haben Sie Ihr «Reisetempo» erreicht, den

Punkt, an dem der Körper so richtig anfängt zu «schnurren». Bevor Sie jedoch eine gute Kondition besitzen, sollten Sie Ihr «Reisetempo» bei 100 Pulsschlägen pro Minute halten.

Aktivitätskalorien

Nun zur fünften Forderung.

Was heißt das eigentlich, wenn wir sagen, daß Sie täglich 300 Kalorien durch Körperarbeit verbrauchen sollen, um dem körperlichen Verfall zu entgehen? 300 Kalorien wovon?

Wir beginnen mit dem Grundumsatz. Das ist der Energiewechsel, der nötig ist, um das Leben zu erhalten: ungefähr 1500 Kalorien pro Tag. Die verbrauchen Sie, ob Sie etwas körperlich tun oder nicht, einfach um den Körper in Funktion zu halten: das Herzpumpen, Atmen, Verdauen, Aufrechterhaltung der Körpertemperatur.

Angenommen, Sie führen ein seßhaftes Leben auf dem untersten Aktivitätsniveau. Sie stehen spät auf, essen ein bereitgestelltes Frühstück, lesen Zeitung und schauen dann in den Fernsehkasten bis zum Mittagessen. Dann bereiten Sie sich ein Sandwich und trinken ein Glas Milch, essen eine Frucht und legen sich zu einem Nickerchen hin. Am frühen Nachmittag lesen Sie Ihre Post. Dann sehen Sie wieder fern bis zum Abendessen. Sie verspeisen Ihr Abendbrot vor dem Fernseher, dann schauen Sie sich Ihre Lieblingssendung an, bis es Zeit zum Schlafengehen ist. Sie schlafen zehn Stunden lang.

Es gibt Menschen in den Vierzigern, die wirklich so leben. Sie bekommen aus Bewegungsmangel die «Schlaraffenkrankheit». Sie nehmen am Tag etwa 500 Kalorien mehr zu sich als in ihrem Grundumsatz verbraucht wird. Aber sie betreiben keinerlei Fitness-fördernde Aktivitäten.

Büroarbeiter, die an ihren Arbeitsplatz fahren, den Aufzug benutzen, um in ihr Stockwerk zu gelangen, und den ganzen Tag sitzen, verbrauchen für diese Lebensgewohnheiten etwa 800 Kalorien täglich über ihren Grundumsatz hinaus. Ihr Körperzustand muß sich zweifellos verschlechtern, weil ihre Herzfrequenz sich nicht steigert, weil sie keine zusätzlichen Gewichte heben, weil sie nicht zwei Stunden täglich auf den Beinen stehen, ihre Gelenke nicht über den gesamten Bewegungsbereich hin trainieren und nicht dreihundert Kalorien zusätzlich durch körperliche Aktivität verbrennen. Aber bedenken Sie, wie nahe solche Leute einem guten Kaloriengleichgewicht kommen: sie verbrauchen 2300 Kalorien und tun dabei fast nichts.

Wenn sie von 2300 auf 2600 verbrauchte Kalorien täglich kämen, würden sie dem schleichenden Fettwerden den Boden entziehen – und sie würden trotzdem noch trainieren müssen.

Wie verbrauchen Sie dreihundert Aktivitätskalorien täglich, ohne zu trainieren? Indem Sie Ihren Lebensstil ganz geringfügig abändern. Sie werden einfach ein klein wenig aktiver.

Aktivitätskalorien werden durch Bewegungen verbrannt, bei denen Ihre Pulsfrequenz auf über 100 Schläge pro Minute angehoben wird. Wenn Sie bislang ein seßhaftes Leben geführt haben, dann erhöht jede körperliche Bewegung, die Ihren Puls um zwanzig Schläge über das Ruheniveau anhebt, Ihre Stoffwechselquote. Gehen, Heben, Tragen, Treppensteigen, sexuelle Aktivität – all das reicht schon aus. Selbst wenn Sie ganz gewöhnliche Bewegungen kräftiger ausführen, als Sie das normalerweise tun, verbrennen Sie Aktivitätskalorien.

Eine Hausfrau, die sich täglich um eine Dreizimmerwohnung kümmern muß, verbraucht ihre dreihundert Aktivitätskalorien leicht; sie legt bei der Hausarbeit eine Strecke von etwa fünf bis sechseinhalb Kilometern zurück.

Die folgende Tabelle bietet Ihnen eine Aufstellung der Kalorienmenge pro Minute, die Sie bei den angeführten Betätigungen verbrauchen.

Aktivität	*Verbrauchte Kalorien pro Minute*
Gehen, 3 km/h	2,8
Gehen, 5,5 km/h	4,8
Radfahren, 9 km/h	3,2
Radfahren, schnell	6,9
Laufen, 9,5 km/h	12,0
Laufen, 11 km/h	14,5
Laufen, 18 km/h	21,7
Schwimmen (Kraul) 3,5 km/h	26,7
Schwimmen (Brust) 3,5 km/h	30,8
Schwimmen (Rücken) 3,5 km/h	33,3
Golf	5,0
Tennis	7,1
Tischtennis	5,8
Tanzen (Foxtrott)	5,2

Dreihundert verbrauchte Trainingskalorien bedeuten, daß man täglich knapp fünf Kilometer weit marschiert. Das heißt nicht, daß man die fünf Kilometer auf einmal gehen muß; man kann sie zu verschiedenen Tageszeiten hinter sich bringen. Ob Sie fünfzehnhundert Meter in acht Minuten laufen oder in zwanzig Minuten gehen, die verbrauchte Kalorienmenge bleibt die gleiche. Einkaufengehen *ist* Gehen; die Person in Ihrem Haushalt, die das Einkaufen erledigt, könnte im Supermarkt auf die täglich nötige Kalorienverbrennung kommen.

Wenn Sie Ihre dreihundert Kalorien in einer Stunde oder darunter verbrauchen wollen, dann spielen Sie Tennis, buddeln Sie im Garten herum, hacken Sie Holz usw. Es versteht sich von selbst, daß es mühsamer ist, dreihundert Kalorien auf einen Streich zu verbrennen, als die Geduld und das Durchhaltevermögen der meisten Menschen erlauben. Die Alternative wäre, die Verbrennung dieser dreihundert Kalorien in den Tagesablauf einzubauen. Wenn Sie sich strecken, aufstehen, Dinge heben und sich den ganzen Tag über rasch bewegen, verbrauchen Sie fast sicher Ihre dreihundert Kalorien.

Training ohne trainieren

Im folgenden bieten wir Ihnen das «Drehbuch» für einen typischen Tag, an dem alle erforderlichen Dinge zur Aufrechterhaltung Ihrer Minimal-Instandhaltung erledigt werden, ohne daß Sie eine einzige Trainingsübung ausführen müßten.

Wenn Sie am Morgen erwachen, gönnen Sie sich das ausgiebigste Gähnen, das Sie jemals wagten. Jetzt ist der Augenblick, in dem Sie den natürlichen Impuls verspüren, sich zu strecken und zu rekeln. Tun Sie's! Denken Sie daran, wie sich Katzen strecken und dehnen, und richten Sie sich danach. Man hat den Katzen nie gesagt, daß es unhöflich sei zu gähnen und sich zu rekeln; und wenn man uns nicht unser ganzes Leben lang beständig durch Erziehung unterdrückt hätte, dann wären wir alle gleichfalls gute Gähner und Rekler. Wenn Sie Ihre Gliedmaßen und Gelenke so lange bis zum äußersten strecken und dehnen, wie Sie sich dazu gedrängt fühlen, dann haben Sie Ihre Streckübungen für diesen Tag bereits hinter sich gebracht.

Wenn Sie duschen oder baden, schäumen Sie sich kräftig mit Seife ein; anstatt sich sanft abzutrocknen, rubbeln Sie Ihre Haut kräftig mit dem Handtuch.

Alle Bürst- und Massageaktivitäten sind eine gute Herz-Kreislauf-Übung. Und über das sinnliche Vergnügen hinaus kann hartes Rubbeln mit dem Handtuch Ihre Herzfrequenz auf 120 hochtreiben. Außerdem werden durch das Rubbeln die Hautschuppen entfernt. Das ist nämlich bloß totes Gewebe.

Hier haben wir das perfekte Beispiel für einen ganz natürlichen Augenblick in Ihrem Tagesablauf, bei dem Sie sich selber helfen, fit zu werden; Sie haben gar nichts Unnatürliches getan, und doch haben Sie Ihre Herzfrequenz genauso lange gesteigert, wie es für Sie nötig ist. Wenn Sie zur Arbeit oder zum Einkaufen gehen, benutzen Sie die Treppe, nicht den Aufzug. Wenn Sie die Rolltreppe nehmen, steigen Sie die Stufen hinauf. Das gleiche gilt für abwärts. Abwärtssteigen ist ein Drittel so wirksam wie Aufwärtssteigen, aber es ist immer noch eine gute Übung. Dabei werden nämlich andere Muskelstränge in den Beinen trainiert.

Der Pilot einer Fluggesellschaft, den ich kenne, kam eines Tages zu mir und klagte, daß er außer Form gerate. Das Gespräch brachte mich schließlich dazu, eine Untersuchung über Muskelschwäche bei Piloten zu beginnen. Das Programm, das ich dabei für die Piloten entwickelte, legte besonderes Gewicht darauf, daß sie jede sich bietende Gelegenheit benutzen sollten, ihren Körper zu trainieren. Wenn sie auf Flugplätzen zu ihren Maschinen gehen, haben sie gewöhnlich etwa zwanzig bis dreißig Pfund Fluggepäck mit. Und wenn sie nun nur dieses Gepäck die Treppe hinauftragen würden, statt die Rolltreppe zu benutzen, oder wenn sie wenigstens auf der Rolltreppe hinaufsteigen würden, dann könnte schon diese Kleinigkeit einen großen Unterschied ausmachen zwischen Erhaltung der Kondition und Konditionsverfall.

Das bestkonditionierte Mitglied einer Crew im Flugzeug ist nicht der Pilot. Es ist die Stewardess. Sie *darf* auf der Rolltreppe fahren, wenn sie Lust dazu hat. Denn auf sie kommt eine ziemlich harte Arbeit zu.

Ob Sie im Büro oder zu Hause sind, folgen Sie den Tag über diesen Grundsätzen:

- ☐ Liegen Sie nicht, wenn Sie sitzen können.
- ☐ Sitzen Sie nicht, wenn Sie stehen können.
- ☐ Stehen Sie nicht still, wenn Sie sich bewegen können.

Stehen Sie auf, wenn Sie Ihre unzähligen Telefonate erledigen. Wenn Sie in einem Büro arbeiten und mit jemandem in der gleichen Firma sprechen möchten, gehen Sie zu ihm in sein Büro, anstatt mit ihm zu telefonieren. Bleiben Sie an seinem Schreibtisch stehen, während Sie mit ihm sprechen.

Wenn eine Schreibmaschine irgendwohin gebracht werden muß oder wenn ein Sessel gerückt werden soll, benützen Sie freudig die Gelegenheit. Frauen, die etwas über Fitness wissen, warten nicht, bis ein Mann ihnen hilft. Sie benutzen die gute Gelegenheit selbst. Solch eine kleine Einzelbemühung könnte bereits das gesamte «Belastungsquantum» für diesen einen Tag für Sie sein, auch wenn es nur fünf Sekunden in Anspruch nahm. Eine Belastung – also einfach eine Anstrengung, die über das für Sie gewohnte Normalmaß hinausgeht – sollte anderthalbmal das Gewicht betragen, das Sie heben können. Es ist nicht nötig, hier genaue Angaben zu machen; wir beabsichtigen auch nicht, Sie Ihr Maximalgewicht heben zu lassen, es ist nicht notwendig. Wir wissen aus Untersuchungen über Leistungseinschätzung, daß Menschen mit geradezu ungeheurer Genauigkeit die eigene Maximalkapazität auch in Teilbereichen abschätzen können.

Zum Mittagessen wählen Sie ein Restaurant in einiger Entfernung von Ihrem Arbeitsplatz und gehen Sie zu Fuß dorthin. Wenn Sie Geschäfte erledigen, parken Sie Ihren Wagen in einiger Entfernung von der Adresse, die Sie suchen, oder wenn Sie ein öffentliches Verkehrsmittel benutzen, steigen Sie eine Station früher aus. Wenn Sie vier Straßenblöcke zu Fuß gehen, haben Sie insgesamt etwa anderthalb Kilometer geschafft. Es sei nochmals gesagt, es ist die Entfernung, die wichtig ist, nicht wie lange Sie dazu brauchen. Ob Sie rasch oder langsam gehen, Sie verbrauchen die gleiche Kalorienmenge. Wenn Sie allerdings schnell gehen, bringen Sie Ihre Herzfrequenz auf 120 und haben dann auch darin das Nötige geleistet. Je lebhafter Sie sich bewegen, desto größer ist Ihr Gewinn in bezug auf Kreislauf und Atmung.

Wenn Sie zur Arbeit oder nach Hause zurückkehren, gönnen Sie sich ein paar extravagante Bewegungen. Reißen Sie die Aktenschubladen oder die Küchenschränke auf. Bei Konferenzen oder beim Kaffeeklatsch springen Sie auf und laufen Sie herum, um Ihren Standpunkt zu erläutern. Halten Sie sich niemals zurück, sondern bewegen Sie sich kraftvoll.

Wenn Sie arbeiten, gehen Sie am Ende des Arbeitstages mit lebhaften Schritten zu Ihrem Wagen, zum Zug oder zum Bus. Wenn Sie zu Hause sind, spielen Sie ein paar Minuten mit den Kindern oder dem Hund. Helfen Sie, das Abendessen vorzubereiten. Decken Sie den Tisch. Säubern Sie die Bratpfanne. Bringen Sie etwas in Ordnung, das Sie schon lange tun wollten.

Ordnen Sie die Bücher in einem Regal Ihres Bücherschrankes. Gehen Sie mit dem Hund Gassi.

Aber Sie sollten nicht nur Gelegenheiten zur Anstrengung für sich selbst in Ihrem Tagesablauf schaffen und benutzen, sondern auch von den Augenblicken der Inaktivität profitieren, in denen Sie sich entspannen können. Zum Beispiel im Straßenverkehr. Ob Sie in Ihrem Wagen oder in einem öffentlichen Verkehrsmittel sitzen, Sie können auch da ein bißchen «autogen trainieren», indem Sie Ihre Pulsfrequenz im Ruhezustand senken. Lassen Sie Ihr Körpergewicht in den Sitz fallen. Lassen Sie die Füße schwer werden. Lassen Sie die Schultern abwärts sacken, das Gesicht schlaff werden. Ein paar solcher Augenblicke täglich werden Wunder für Ihre Psyche wirken.

Oft kommen Manager und leitende Angestellte zu mir und klagen, daß sie dunkle Flecken vor den Augen sehen, wenn sie an hitzigen emotionsgeladenen Sitzungen teilnehmen müssen, auf denen ihre Budgets oder ihre Entscheidungen unter Beschuß geraten. Ich bringe ihnen dann bei, wie sie die Hände auf den Bauch legen müssen und daß sie bei jedem Atemzug darauf achten müssen, daß die Hände sich heben und senken. Die Bauchatmung ist nämlich eine weitere praktikable Methode, das Nervensystem zu beruhigen.

Achten Sie auf Gelegenheiten für Fitness-Training

Der wichtigste Grundsatz ist, daß Sie Ihrem Körper nicht das vorenthalten, was er gern tut. Kaufen Sie nur etwas, was Ihnen noch ein bißchen körperliche Betätigung übrigläßt. Überlegen Sie einmal, was Sie sich vorenthalten, wenn Sie sich einen elektrischen Garagentüröffner oder einen elektrischen Rasenmäher leisten. Es ist menschenfeindlich, jede körperliche Anstrengung zu beseitigen. Das bringt den Verbraucher um. Wenn Sie sich einen neuen Wagen kaufen, erwägen Sie vielleicht besser, ob Sie nicht einen mit Knüppelschaltung kaufen sollten. Servolenkung und Getriebeautomatik sind zwar angenehm, aber sie sind teuer, verbrauchen eine Menge Sprit und nehmen Ihnen ein natürliches Körpertraining fort, das noch nicht einmal eine Sekunde mehr Zeit erfordert.

Als wir Programme planten, um die Astronauten während ausgedehnter Raumflüge fit zu halten, bestand einer der ernstgenommenen Vorschläge darin, die Aktivitäten der Astronauten insgesamt hochzutrimmen. So konnte man zum Beispiel das Öffnen von Nahrungskonserven äußerst schwierig machen; wenn die Astronauten sich also nicht anstrengten, konnten sie nicht essen. Aber schließlich entschieden wir uns gegen diesen Vorschlag, weil die Situation der Astronauten an sich schon heikel genug war. Wenn nämlich einer von ihnen verletzt wäre oder krank würde, dann würde er für die anderen eine zusätzliche Belastung darstellen.

Aber Sie brauchen sich nicht künstliche Schwierigkeiten aufzubauen. Körpertraining läßt sich in das Alltagsleben auf eine Art und Weise einbauen, wie Sie dies niemals vermutet hätten, einfach indem Sie ganz selbstverständliche Dinge tun. Wenn Sie zum Beispiel nach der Dusche oder dem Bad Ihren Waschlappen oder Schwamm auswringen, machen Sie aus dem Vorgang eine «Überlastung», indem Sie einfach ein bißchen kräftiger zudrükken als beim letztenmal. Eine «Be- oder Überlastung», um es nochmals zu sagen, ist eine Anstrengung, die nur einen Bruchteil höher ist, als Sie es gewohnt sind. Eine solche einfache Bewegung bringt neue Kraft in Ihre Handgelenke und Arme. Wenn Sie daraus eine Trainingsübung machen wollen, dann wringen und pressen Sie den Waschlappen oder Schwamm einfach so lange, bis Sie das Gefühl mäßiger Anstrengung verspüren; dann halten Sie das weiter durch, bis die Anstrengung Ihnen als hoch erscheint. Und das ist auch schon alles. Sie haben etwa fünfzig Prozent Ihrer maximalen Leistungskapazität aufgebracht; sie haben es lange genug durchgehalten, um eine Trainingswirkung zu erreichen, falls Ihre Muskeln schwach sind, und um Muskelspannung aufrechtzuerhalten, wenn sie kräftig sind. Wenn Sie den Waschlappen nun in die entgegengesetzte Richtung wringen, trainieren Sie wieder andere Muskelstränge. Einmal reicht schon aus. In einer dritten Übung packen Sie den Waschlappen mit beiden Händen, halten Sie ihn vor die Brust und ziehen Sie, als wollten Sie ihn zerreißen, bis die Anstrengung sich als gemäßigt erweist. Halten Sie das weiter durch, bis sie das Gefühl starker Anstrengung haben. Eine vierte Übung: Pressen Sie das Wasser aus dem Waschlappen, indem Sie die Hände zusammendrücken, bis sich die Anstrengung als mäßig verspüren läßt. Machen Sie weiter, bis sie Ihnen als schwer erscheint.

Die ganze Prozedur dauert etwa eine Minute. Man braucht keine besonderen Geräte und keine Stoppuhr dazu. Ihr Körper erklärt Ihnen ganz deutlich, wieviel und wie lange, und Sie haben Hände, Handgelenke, Arme, Schultern und Brust in haargenau dem Maß trainiert, wie es für Sie nötig ist, um fit zu werden und es zu bleiben.

Die Vorstellung, daß Sie ein Spezialtraining brauchen, um fit zu bleiben, ist einschüchternde – und falsche! – Propaganda, die «Faule» faul bleiben läßt. Worauf's ankommt, ist einfach die wiederholte regelmäßige Körperaktivität, die die fünf Grundelemente umfaßt: Drehen, Stehen, Heben, ein kurzer Bewegungsstoß, um die Herzfrequenz zu steigern, und genug körperliche Betätigung, um dreihundert Kalorien täglich zu verbrennen.

Wenn Geschlechtsverkehr dazu führt, daß Sie alle fünf dieser Grundelemente in ausreichendem Maß durchexerzieren, dann reicht der Geschlechtsverkehr für Sie gut aus, um fit zu bleiben. Unseligerweise liefert er selten alle fünf Bestandteile; zwar erhöht sich dabei die Herzfrequenz, aber diese Steigerung hat emotionale Ursachen, und die Herzbelastung, die Sie brauchen, müßte ausschließlich von körperlicher Aktivität bewirkt werden.

Wenn Sie der Veranlagung nach sowieso für körperliche Aktivität prädisponiert sind, brauchen Sie sich niemals Sorgen zu machen, daß Sie vielleicht zuwenig harte Übungen durchführen.

Wenn Sie jeden Tag sämtliche fünf Erfordernisse erfüllen, dann verhüten Sie ohne großen Aufwand das Abschlaffen.

Wenn Sie das nur jeden zweiten Tag tun, dann stehen Sie auf der Kippe.

Wenn Sie die Erfordernisse überhaupt nicht erfüllen, sacken Sie unter den Tiefstpunkt ab.

Sie müssen selbst abschätzen, wo Sie stehen. Wenn es Ihnen schwerfiel, den Puls-Test durchzuhalten, dann liegen Sie unter dem Minimalniveau. Ihr Körperzustand verschlechtert sich. Also muß Ihr erstes Ziel sein, diese Verschlechterung zu stoppen und sich wieder bis auf das Minimalniveau hinaufzuarbeiten.

Um dahin zu kommen, brauchen Sie kein Trainingsprogramm. Sie brauchen nur einfach Ihre Angewohnheiten leicht zu ändern. Sie werden einfach ein bißchen aktiver.

Ist das genug? Es *kann* für Sie genug sein. Wenn ja, dann ist das prima. Sie haben diese Entscheidung getroffen. Sie sind handlungsfähig. Sie können sich ein Normalquantum an Organstruktur und Organfunktionsfähigkeit erhalten. Sie haben den körperlichen Verfall, die Abnutzung, gestoppt.

Aber wenn Sie darüber hinausgehen wollen, wenn Sie sich eine Fitness-*Reserve* wünschen, die es Ihnen erlaubt, nicht an jedem Abend dermaßen müde zu sein oder ohne Schwierigkeiten im Regen einen Reifenwechsel vorzunehmen oder eine ganze Nacht lang bei einem kranken Baby zu wachen, eine Reserve, die es möglich macht, daß Sie die Freizeit-Angebote ausnutzen und genießen können . . . dann werden Sie wohl mit Ihrem Dreißig-Minuten-Programm pro Woche beginnen wollen.

10. Wie man in 30 Minuten wöchentlich eine Fitness-Reserve aufbaut

Um merklich über das Minimum hinauszugelangen und Fitness-Reserven anzulegen, müssen Sie schon ein bißchen planen und dafür sorgen, daß Ihr Training in Ordnung ist. Sie brauchen natürlich mehrere Trainingsübungen. Und jede einzelne davon muß so intensiv und oft ausgeführt werden, daß Ihr Körper zu weiterer Konditionierung angeregt wird.

Die Hausfrau, die sich dreht und wendet, die Dinge hebt, auf den Füßen steht und Tag für Tag dreihundert Aktivitätskalorien verbraucht, einfach indem sie ihre Hausarbeit erledigt, läuft sicherlich nicht Gefahr, körperlich zu verfallen. Aber sie erreicht damit eine weniger als erwünschte Muskelspannung, und es mangelt ihr an animalischer Vitalität. Reserven, Muskelspannung und Körpervitalität kann man nicht gewinnen, wenn man nur das Minimum an Körpererhaltung tut. Sie sind wirklich der Lohn für eine dreimalige wöchentliche Bemühung von zehn Minuten voll echter körperlicher Aktivität, zu der man sich zwingt.

Mit diesen «Aktivitätsrunden» verfolgen wir zwei Ziele: man schafft sich gute Skelettmuskeln und steigert die Ausdauer des Kreislaufs und der Atmung. Dafür gibt es jeweils besondere Übungen. Wichtig sind sie alle, aber die zweite ist das Kernstück der Konditionsübungen auf der Basis der Herzfrequenzmessung. Führen Sie diese Übung aus, wenn Sie schon sonst nichts tun. Sie wird Ihnen helfen, ein ausgefüllteres Leben zu leben und frisch und elastisch zu bleiben. Führen Sie aber doch beide

Übungen aus, wenn Sie überhaupt können, denn nur wenn Ihr Muskelentwicklungsprogramm auch die vernünftige Weiterentwicklung des Kreislaufs und der Atmung umfaßt, gehen Sie sicher, daß allen Ihren körperlichen Bedürfnissen Rechnung getragen wird.

Und das geschieht bestimmt, ganz gleich, wie sehr Sie unter Zeitdruck stehen. Man denke mal, wie es bei dem Filmmanager James Aubrey war, der früher Präsident von Metro-Goldwyn-Mayer gewesen ist. An einem Nachmittag, als wir zusammen Golf spielten, sagte er mir, daß ihm die Aufgaben seiner Firma dermaßen über den Kopf wüchsen, daß seine sportlichen Betätigungen in der Freizeit nicht mehr ausreichten, ihn fit zu halten. Er habe einfach nicht mehr genug Zeit; außerdem lebe er beständig auf dem Sprung. Er bedauerte es zutiefst, daß er so widerlich außer Form geraten war. Als wir in die Umkleidekabinen im Klubhaus zurückkehrten, führte ich ihm die «Kajütenübungen» vor, die ich für die Matrosen entwickelt hatte. Aubrey nahm mir das Versprechen ab, diese Übungen schriftlich zu fixieren. Nach ein paar verschönernden redaktionellen Strichen tat ich das. Sein Erfolg damit war so gut, daß ich diese Grundregeln an andere Manager weitergab. Und schließlich wurden sie zum Kernprinzip unseres Fitness-Programms. Die Übungen, die Sie im folgenden finden, sind also die gleichen, wie sie auch von den Leitern sehr bedeutender Firmen angewendet werden.

Ihr Muskelentwicklungs-Programm

Sie arbeiten in drei Stufen, jeweils acht Wochen.
Auf Stufe eins entwickeln Sie Ihr Muskelgewebe.
Auf Stufe zwei entwickeln Sie Ihre Ausdauer.
Auf Stufe drei entwickeln Sie Kraft.

Die höchste Priorität ist es, Muskelmasse aufzubauen. Wir brauchen nämlich dieses Gewebe, um mit ihm zu arbeiten. Um die Vergrößerung der arbeitenden Muskelkapazität zu erreichen, ist eine sogenannte Muskel-«Hypertrophierung» nötig. Im Jargon von Gewichthebern heißt das: Eiweiß rein. Protein ist nämlich der Grundbaustein, es macht die Muskelkontraktion und Bewegung überhaupt erst möglich. Bevor Sie sich bewegen können, brauchen Sie die dazu nötige Maschinerie. Manche Gewichtheber versuchen diesen Prozeß zu beschleunigen und essen zusätzliche Proteine oder Proteinpillen, doch der menschliche Körper speichert nicht mehr, als er braucht. Also wird die Mehrzufuhr ausgesondert und abgeschieden oder genau wie sonstige Nahrungszufuhr in Fett verwandelt. Einzig durch Training werden Muskeln gebildet.

Sobald Sie Muskelmasse aufgebaut haben, durchzieht Ihr Körper sie mit Blutgefäßen und regt chemische Veränderungen darin an, die die Ausdauer der Muskulatur garantieren. Dann können sich Ihre Muskeln viele Male zusammenziehen und strecken, wenn Sie laufen, Ski fahren, Tennis spielen oder sonstwie arbeiten.

Jetzt haben Sie sich also das nötige Material aufgebaut. Ihre innere Chemie und Ihr Blutkreislauf funktionieren. Nun kommt die dritte Stufe: Sie trainieren Ihr Nervensystem und modifizieren den chemischen Umsatz in Ihrer Muskulatur weiter, um Kraft zu entwickeln.

Es ist sehr wichtig, daß Sie den Unterschied zwischen Muskelkraft und Muskelausdauer begreifen.

Muskelkraft ist die Fähigkeit, schwere Lasten über kurze Zeiträume hin zu heben. Muskelausdauer ist die Fähigkeit, über ausgedehnte Zeiträume hin Arbeit zu leisten. Man kann die zwei eigentlich kaum verwechseln. Sie können stark wie Samson sein und sehr wenig Ausdauer besitzen. Nehmen wir beispielsweise einen Boxer, der sich in seinem Training einzig auf Kraft vorbereitet hat, und stecken wir ihn in den Ring mit einem Gegner, der ausschließlich auf Ausdauer trainierte, dann würde letzterer während der ersten paar Runden dem Kraftmeier aus dem Weg gehen müssen, aber hinterher würde der Kampf wahrscheinlich ihm gehören. Der Kämpfer, der rein auf Kraft hin trainierte, würde seinen Knockout in der ersten oder zweiten Runde landen müssen. Danach wäre er nämlich erledigt. Heutzutage trimmen sich Boxer nicht mehr auf gewaltige Arme, weil sie damit nur eine Menge Gewicht herumschleppen müssen, wenn sie auslegen. Sie trainieren vielmehr auf mächtige Schultern hin, die Kraft hinter ihre Schläge legen, wenn sie auf den Gegner einhämmern. Wenn Sie im Ring einen Boxer mit mächtigen Armmuskeln sehen, können Sie sicher sein, daß er in der vierten oder fünften Runde seine Deckung sausen läßt. Beim Training denkt heute jeder Boxer daran: Kraft ist Masse mal Geschwindigkeit. Wenn man eine große Masse hat und sie nicht sehr rasch in Bewegung setzen kann, hat man nicht viel Kraft. Andererseits kann ein zerbrechlicher Strohhalm sich in einen Telefonmast hineinbohren, wenn ihn nur der Wind mit einer genügend großen Geschwindigkeit treibt.

Die Trainingsübungen, mit Hilfe derer Muskelmasse gebaut wird, sind vollkommen verschieden von denen, durch die Kraft oder Ausdauer aufgebaut werden. Sie sollten niemals alle drei Ziele zugleich anstreben. Sie können natürlich die gleiche Übung machen, aber Sie führen sie völlig anders aus. Auf der Stufe eins, der Muskelentwicklung, sind Sie einfach gar nicht in der Lage, die Übung für Stufe drei, für Muskelkraft, auszuführen – weil Sie nämlich gar nicht genügend Muskeln haben. Und Sie könnten Ihr Programm auch nicht mit dem Ausdauertraining der Stufe zwei beginnen und hoffen, damit Muskelmasse zu entwickeln. Sie würden nicht bloß recht magere Ergebnisse an neuer Muskelmasse erzielen, sondern auch nicht sehr viel Ausdauer entwickeln. Es wäre etwa so, als wollten Sie ein Haus ohne Fundament bauen. Auf der Stufe drei werden Sie in so guter Form sein und so viel neues Muskelgewebe aufgebaut haben, das Ihnen Ausdauer garantiert, daß Sie leicht mit einem Kräftigungsprogramm anfangen können.

Masse bringt Ihnen nämlich noch keine Stärke. Man kann eine Menge Muskelmasse aufbauen, ohne stark zu sein. Und man kann stark sein, ohne ein Muskelprotz zu sein. Wenn Sie Muskelmasse wünschen, können Sie das mit fünfzehn- bis zwanzigmal Pumpen (Liegestütz) erreichen und dabei doch immer nur 70 Prozent Ihrer Kapazität nutzen. Aber Sie werden dabei nicht sehr viel Kraft entwickeln. Wenn Sie hingegen auf Kraft aus sind, gehen Sie einmal bis fünfmal an Ihre Höchstgrenze. Allerdings entwickeln Sie dabei nicht sehr viele Muskelpakete.

Der Trainingsteil, mit dem in Ihrem wöchentlichen Dreißig-Minuten-Programm Muskulatur aufgebaut wird, beansprucht täglich nur vier Minuten, dreimal wöchentlich, während der ersten sechzehn Wochen und dreimal wöchentlich zwei Minuten in den letzten acht Wochen. Nach vierundzwanzig Wochen verfügen Sie über eine gesunde Skelettmuskulatur mit gut durchblutetem Gewebe. Sie sind kräftig. Sie haben Ausdauer. Und der gesamte Zeitaufwand betrug genau vier Stunden.

Wann?

Eigentlich immer. Es kommt auf die Tageszeit nicht an. Wann immer es Ihnen paßt, ist es richtig. Sie können nach dem Aufwachen trainieren, vor oder nach einer Mahlzeit. Wenn Sie gerade abnehmen wollen, ist es vielleicht keine schlechte Idee, wenn Sie vor dem Mittagessen trainieren, um den Appetit zu töten. Wenn Sie nach dem Training keine Lust zum Essen verspüren, lassen Sie's ausfallen.

Manche Leute trainieren vielleicht gern vor dem Zubettgehen, um die tagsüber angesammelten Spannungen loszuwerden. Ich jedenfalls mache meine Übungen am liebsten dann. Ich habe festgestellt, daß ein hübsches Entspannungsbad nach dem Training mich so richtig schön bettreif macht. Ich kann meinen Muskeltonus spüren, und ich fühle mich wohlig und lebendig.

Die einzige Terminempfehlung, die ich Ihnen zu geben habe, geht dahin, daß Sie jeweils einen Tag überspringen sollen: daß Sie also Montag, Mittwoch, Freitag oder Dienstag, Donnerstag oder Samstag trainieren sollten. Die Sonntage sind für Notfälle da, falls Sie einen Tag geschwänzt haben.

Einer der Vorteile, als erstes am Morgen zu trainieren oder bevor Sie abends zu Bett gehen, liegt darin, daß Sie die Geschichte zu Hause und in Unterwäsche hinter sich bringen können. Lassen Sie mich hier noch einmal nachdrücklich die Warnung vor den sogenannten Schwitzanzügen wiederholen. Schließlich wollen Sie ja Ihr Muskelsystem trainieren, nicht den in Ihrem Körper eingebauten Thermostaten. Sie wollen bemessen können, wie hoch Ihre Bemühung ist; aber sobald Sie überhitzt sind, haben Sie auch schon die Kontrolle verloren. Seien Sie also beim Trainieren nur leicht bekleidet. Für Männer reichen Unterhosen (kurz) durchaus aus. Frauen können Höschen und BH tragen. Ein Büstenhalter ist besonders für Frauen mit schwerem Busen von Wichtigkeit.

Einige Gedächtnisstützen

Ehe wir in See stechen, lassen Sie uns nochmals unsere Grundsätze wiederholen.

Am Anfang werden Sie von allem profitieren, was Sie anstellen. Die erste Woche Ihres Trainings – bloße dreißig Minuten – könnte Sie bereits zwanzig Prozent weiter auf den Weg zu Ihrem Endziel bringen, wenn Sie mit einem niedrigen Fitness-Niveau beginnen. Auf diesem niederen Niveau fällt es leicht, die Sache zu übertreiben. Denken Sie daran, es eilt nicht. Achten Sie darauf, Ihren Puls zu überwachen, und halten Sie sich in den Grenzen, die Sie sich selbst gesteckt haben. In diesen Anfangsstadien bedeutet jede Steigerung der Pulsfrequenz über Ihre Basalfrequenz hinaus bereits einen Fortschritt.

Früher glaubte man, daß es die letzte Wiederholung einer Übung sei, von der man am meisten profitiere. Heute wissen wir, daß die erste Anstrengung am stärksten zu Ihrer Fitness beiträgt. Die zweite Bemühung liefert Ihnen noch ein bißchen was, die dritte etwas weniger usw. Je länger Sie arbeiten, desto weniger nützlich wird jede Übung. Im Fall eines Leistungssportlers machen natürlich alle diese fast unmeßbaren Steigerungen den ganzen Unterschied aus zwischen Sieg und Niederlage in einem Rennen. Aber für unsere Zwecke sind derartige Anstrengungen unnötig. Der Sportler muß weitermachen, auch wenn er erschöpft ist oder Schmerzen hat, um diese winzigen Steigerungen zu erreichen. Für unser Fitness-Niveau sind Müdigkeit und Schmerzen nebensächlich.

Wenn Sie ein paar Minuten lang trainieren – wie etwa beim Kreislauf-Atemtraining –, haben Sie von der ersten Trainingsminute unendlich viel mehr als von der letzten. Ein kleines bißchen ist wunderschön – ein wenig mehr ist sehr viel besser. Es wäre großartig, falls Sie die empfohlenen Minuten schaffen, aber es ist kein Verbrechen, wenn Sie's nicht tun. Sie dürfen jederzeit aufhören, wenn Ihnen danach ist. Dabei hoffen wir selbstverständlich, daß Sie das nächste Mal ein Schrittchen weitergehen werden. Festgesetzte Zielzeiten gehören nicht zu unserem Programm. Sie stehen mit niemandem in Wettbewerb – schon gar nicht mit sich selber.

Sie sind Ihr eigener Chef und kontrollieren Ihr eigenes Programm. Durch die Pulsmessung können Sie ganz genau feststellen, welche Wirkung Sie erzielen.

Im weiteren Verlauf des Trainings kommen Sie besser in Form, die Bemühung strengt Sie weniger an. Sie spüren dann genau, wenn Sie zuwenig Training bekommen. Sobald Sie das merken, verstärken Sie ihre Bemühungen.

Sie werden sofort feststellen, daß Sie eine bessere Fitness-Form erreicht haben. Sie werden das Gefühl haben, als sei Ihnen eine Last von den Schultern genommen. Ihr Muskeltonus wird besser sein, Sie werden entspannter sein.

Nachdem Sie ein paar Wochen trainiert haben, wird sich Ihre Herzfrequenz im Ruhezustand um zirka zehn Schläge pro Minute gesenkt haben.

Erinnern Sie sich: Sie werden vielleicht ein wenig zunehmen – so ein bis zwei Pfund –, wenn Sie mit unserem Programm beginnen. Das ist ein Ereignis, das Sie feiern sollten, nicht ein Grund zur Traurigkeit. Es ist einfach nur das Anzeichen dafür, daß Ihr Körper sich auf eine Art zu verändern beginnt, die von Dauer ist. Muskelgewebe wiegt eben mehr als Fettgewebe. Und wenn die Muskeln das Fett in Ihrem Körper zu ersetzen anfangen, macht sich das auf Ihrer Waage bemerkbar. Wichtiger als das Gewicht auf Ihrer Badezimmerwaage ist aber, was Sie in Ihrem Spiegel sehen können.

Training sollte Spaß machen. Sie sollten mit der festen Überzeugung an die Sache rangehen, daß Sie dabei ein bißchen Spaß kriegen werden. Und wenn Sie Ihr Rückgrat nicht geradehalten oder die Hände und Ellenbogen nicht ganz in der vorschriftsmäßigen Position sind, wer kümmert sich schon darum? Kein Feldwebel belästigt Sie mit Exerzierplatzdrill. Wichtig ist, daß Ihre Muskulatur und die sie ernährenden Systeme auf anregende Weise stimuliert werden.

In Ihrem Programm ist vorgesehen, daß Sie bestimmte Übungen ein paarmal wiederholen oder Ihre Pulsfrequenz ein paar Minuten lang auf einem bestimmten Niveau halten. Wir verlangen nicht von Ihnen, daß Sie Superleistungsstandards erreichen. Unser Übungsprogramm hat nichts mit Zeit- oder Entfernungsvorschriften und nichts mit einem bestimmten Punktsystem, das Sie erreichen müßten, zu tun. Unser System beruht einfach darauf, daß wir wissen, was nötig ist, um Sie wieder in Form zu bringen.

Vor allem hören Sie auf Ihren Körper. Er sagt Ihnen nämlich, wie Sie trainieren müssen. Er sagt Ihnen bestimmt, wenn Sie nicht genug gearbeitet haben und wenn Sie's übertrieben haben.

Sie sollten sich nach unserem Training niemals steif oder müde fühlen. Sie sollten sich wohl fühlen.

Ein paar Warnungen

Wir werden uns auf ein Minimum beschränken, aber ein paar Vorsichtsmaßregeln müssen beim Training schon beachtet werden, wenn man nicht gesundheitliche Schäden davontragen will. Wir haben oben schon davon gesprochen, aber lassen Sie sie uns hier noch einmal aufzählen, dann haben wir sie alle zusammen.

Halten Sie nie die Luft an, wenn Sie sich körperlich anstrengen! In vielen Gewichtheberschulen bringt man den Leuten bei, die Luft anzuhalten, wenn sie Gewichte heben. Dabei geht man von der Annahme aus, daß die gestaute Luft irgendwie die Brust unterstützt. Hier haben wir schon wieder eins dieser unausrottbaren Lügenmärchen. Bei jedem körperlichen Training gibt es diesbezüglich nur eine Grundregel, daß nämlich die *Glottis* beim Atmen stets offen ist. Die *Glottis* ist die Stimmritze in ihrem Kehlkopf, eine Art Ventil, das Sie willkürlich schließen und so die Ausatmung verhindern können. Wenn Sie dieses Ventil schließen und gleichzeitig weiter auszuatmen versuchen, ziehen sich Ihr Zwerchfell und der Brustkorb zusammen, um den Innendruck im Thorax, also der Brust, zu erhöhen. Der Druckanstieg in der Brust wird stärker als der Druck in den Venen, durch die das Blut zum Herzen zurückfließt. Dadurch wird der Blutstrom abgeklemmt, und das Herz wird mangelhaft durchblutet. Bald pumpt sich das Herz leer. Das Ergebnis ist ein Druckabfall. Als erstes Körperorgan registriert das Gehirn diesen Druckabfall. Ergebnis: Schwindelgefühle oder Ohnmacht. Kein guter Gewichtheber verschließt bei Anstrengung seine *Glottis.* Entweder er zieht scharf Luft in die Lungen oder er gibt sie mit einem Pfeifgeräusch von sich. Sie sollten in Ihrem Training das gleiche tun.

Damit hängt eine Vorschrift zusammen, die wir hier nachdrücklich anführen müssen. Sie ist nämlich sehr wichtig. Unzählige Menschen sterben oder sterben doch beinahe nachts auf ihrem Toilettensitz an Herzinfarkt oder Schlaganfall. Als typisch kann man das folgende Beispiel bezeichnen: Jemand wacht nachts mit Brust- oder Magenschmerzen auf und führt dies auf Blähungen zurück. Er hat das Gefühl, eigentlich auf die Toilette gehen zu sollen. Sobald er sich dort hinsetzt, geht es ihm besser. Aber dann merkt er, daß er weder seinen Stuhl los wird noch seine Blähungen. Also fängt er an zu drücken, um die Exkremente loszuwerden, verschließt seine *Glottis*, um im Bauch den Druck auf die Eingeweide zu steigern und so die Stuhlabsonderung zu erzwingen. Die Kranzgefäße sind in ihrer Durchblutung vom Herzen abhängig. Sobald sie leer sind, macht es Bums! Eine Grundregel im Überlebenskampf lautet: Machen Sie nie Ihre *Glottis* zu!

Halten Sie das Flüssigkeitsniveau in Ihrem Körper hoch! Erinnern Sie sich noch? Wenn Sie morgens trainieren, trinken Sie zuerst ein ganzes Glas Wasser. Während des Trainings warten Sie gar nicht erst, bis Sie durstig sind. Trinken Sie ein paar Schlucke Wasser. An einem besonders trockenen warmen Tag sollten Sie mindestens jede halbe Stunde ein Glas Wasser trinken.

Gönnen Sie sich genügend Zeit zum Warmwerden. Sie wollen ja Ihr Herz nicht in Schwierigkeiten bringen. Wenn Sie anfangen und vorher immer völlig ruhig waren, könnte es für Sie recht unangenehm werden, wenn sie mit Volldampf einen Hang hinaufrasen. Ihr Herz wird dadurch gezwungen, zu schwer zu arbeiten, bevor das Herzkranzsystem sich anpassen und eine ausreichende Blutmenge in den Kreislauf bringen konnte. Das führt zu einem als «myokardische Ischämie» bezeichneten Durchblutungsmangel, das heißt, der Herzmuskel bekommt zuwenig Sauerstoff. Für gesunde Menschen ist der Zustand wahrscheinlich nicht gefährlich, aber für jemanden, der nicht ganz fit ist, könnte das zu einem Herzschlag führen.

Das Warmwerden oder Sich-warm-Machen besteht eigentlich nur darin, daß man schrittweise von sehr leichter Aktivität (Pulsfrequenz 100) zu mäßiger Aktivität übergeht (120 Pulsfrequenz). Wenn man das ungefähr eine Minute lang durchhält, ist das fast genausogut, wie wenn man sechs oder zwölf Minuten lang durchhält. Ein übermäßig ausgedehntes Warmwerden ist bloß eine Methode, mit der Sie es vermeiden, vernünftig zu trainieren. Das kostet Zeit, und Sie gewinnen eigentlich körperlich gar nichts dabei. Nach dem einminütigen Sich-warm-Machen brauchen Sie weder Ruhe und Erholung noch müssen Sie sich eiligst in Ihr Trainingsprogramm stürzen. Setzen Sie doch einfach sich selbst den Takt.

Am besten machen Sie sich warm, indem Sie ganz langsam die Übungen durchführen, die Sie hinterher ein bißchen nachdrücklicher ausführen. Aber auch hier wieder die Warnung: Übertreiben Sie es nicht. Mäßigung lautet das Prinzip. Sicher, es ist gut, wenn Sie Ihre Gelenke durch alle Bewegungsabläufe hindurchtrainieren, um Steifheiten zu vermeiden. Aber heftige und gewaltsame Streck- und Biegeübungen können zu dem ganz entgegengesetzten Resultat führen. Sie bewirken unter Umständen eine entgegengesetzte Muskelkontraktion und sind hinterher viel verkrampfter, als sie es gewesen wären, wenn Sie sich überhaupt nicht warmgemacht hätten. Überdehnte Sehnen können die Gelenkfunktion schwächen, etwa an den Knöcheln oder in den Kniegelenken, und zu Dauerschäden führen.

Ich habe ein Büro an der UCLA (der Universität von Kalifornien in Los Angeles); es liegt im Gebäudekomplex, der auch die Männerturnhalle umfaßt, direkt gegenüber auf der anderen Straßenseite liegt der Sportplatz. Am anderen Ende des Stadiumkomplexes liegt das «Drake-Stadium», auf dem die Mannschaften dieser Universität auf der Aschenbahn und dem Rasen trainieren. Einmal schaute ich aus meinem Fenster und sah, wie sich vier junge Burschen vor dem Training warmmachten. Sie machten genau die Übungen, die typisch sind, Streckungen für Hürdenlauf, bei denen man ein Bein auf die Hürde legt und sich zum gestreckten Fuß vorwärts beugt; oder man hockt in der Grätsche auf dem Boden, ein Bein ist gestreckt, das andere seitlich angewinkelt, und man führt dann mit ausgestreckten Armen Rumpfdrehungen durch. Ich ging zu den Leuten hinüber und fragte:

«Habt ihr eine Viertelstunde Zeit? Ich möchte gern was rausbringen.» Als wir in unser Laboratorium für Arbeitsphysiologie und Leistungsmessung kamen, wurde die Biegsamkeit ihrer Hüftgelenke und des Rumpfes gemessen. «Bitte macht jetzt die gleichen Übungen, die ihr auf dem Sportplatz gemacht habt», bat ich. Sie taten es. Dann nahm ich bei allen erneute Messungen vor. Alle hatten weniger Flexibilität. Bei allen waren die Muskeln durch «reaktive Kontraktion» steif geworden, und das war genau das Gegenteil von dem, was sie durch ihre gesteigerte Bewegungsleistung zu erreichen versuchten.

Das beste Sich-warm-Machen für ein Golfmatch ist ein schöner «Swing» auf dem Feld. Aber natürlich nehmen Sie dazu bloß einen einzigen Schläger, und schon gar nicht einen mit Zusatzgewicht. Wenn ich sehe, wie Baseballspieler Probeschläge vollführen mit mehreren Schlaghölzern gleichzeitig in einer Hand oder mit einem durch einen Metallring beschwerten Schläger, zucke ich unwillkürlich zusammen. Da kriegt man nämlich jedesmal das Gefühl, besonders viel Kraftanstrengung aufzubringen. Nur haben Sie dabei weiter nichts getan, als Ihr Gefühl für Bewegung durcheinanderzubringen. Ihr Leistungsniveau sinkt ab. Sicher, es ist ganz gut, wenn Sie künstlich beschwertes Sportgerät verwenden, um Ihre Armmuskulatur zu kräftigen. Aber nur beim Trainieren, niemals zum Vorwärmen. Wenn Sie's doch tun, verwenden Sie das Sportgerät, das Sie dann später zum ernsten Training verwenden, mindestens ein Halbdutzendmal zum Vorwärmen. Damit vermeiden Sie die Verwirrung Ihres Bewegungsgefühls.

In unserem Fitness-Programm führen Sie vier einfache Streckübungen durch. Die reichen eigentlich gut aus, Sie auf Ihr Training vorzubereiten.

Noch eine Warnung: Wenn Sie laufen, laufen Sie nicht bergabwärts. Vor gar nicht langer Zeit bildeten ein paar Mitglieder in meinem Country Club ein Läuferteam. Es dauerte gar nicht lange, und sie mußten die Sache aufstecken, weil ihre Knie nicht mehr mitmachten. Sie konnten nur schwer gehen und Treppen steigen. Man fragte mich um eine Erklärung dafür. Ich mußte ihnen sagen, daß die Knie sehr hart belastet werden, wenn man bergabwärts läuft oder rennt. Grundregel ist also: Laufen Sie bergaufwärts, bergabwärts gehen Sie.

Nach dem Training gehen Sie herum oder setzen Sie sich. Ihr Körper hat es gar nicht gern, nach anstrengenden Übungen ruhig gestellt zu sein. Er ist ruhelos. Er will Bewegung. Die Schwerkraft arbeitet konstant darauf hin, die Flüssigkeit in Ihrem Körper in die unteren Extremitäten zu zwingen. Dabei wird dem Gehirn Blut entzogen, und Sie können ohnmächtig werden. Wenn Sie körperlich trainieren, sind Sie besonders empfindlich. Dann öffnen sich nämlich die Blutgefäße in Ihrem Körper weit, um den Blutzustrom in Ihre arbeitende Muskulatur zu erhöhen. Solange sie sich körperlich betätigen, wirken Ihre Skelettmuskeln wie Hilfspumpen, die das Blut wieder zum Herzen zurückpumpen helfen. Wenn Sie aber plötzlich mit den Übungen aufhören und stillstehen, dann muß Ihr Herzmuskel ganz allein die Blutmenge pumpen – und damit hat sich's noch nicht einmal. Die Blutgefäße bleiben geöffnet und benötigen weiter Blut. Das gesteigerte Bedürfnis an einer Stelle des Körpers bedeutet eine Mangelversorgung an einer anderen Stelle. Die Schwerkraft setzt dann das Tüpfelchen aufs «i». Man kann tatsächlich messen, wie die Knöchel eines Menschen anschwellen, der nach dem Training ruhig aufrecht steht.

An einem Nachmittag nahm mein Ko-Autor, Leonard Gross, während wir an diesem Buch schrieben, bei einem Tennisprofi, «Lefty» Willner, eine Trainingsstunde. Mitten drin rief Lefty meinen Freund Leonard ans Netz, um ihm ein paar Korrekturvorschläge zu geben.

«Können wir uns dazu hinsetzen?» fragte Leonard.

«Fühlst du dich nicht gut?» fragte Lefty.

«Nein, das nicht», meinte Leonard und erklärte Lefty dann, was ich Ihnen oben zu erklären versucht habe.

«Da laust mich doch der Affe», platzte Lefty heraus. «Mir sind schon mehrere Leute am Netz einfach umgekippt. Ich rede ganz friedlich mit ihnen, und die kippen einfach um. Ich hab nie begriffen warum.»

Man soll es leichtnehmen. Vor kurzem mußte sich mein Nachbar Hal Hoag, ein siebenundfünfzigjähriger Herr, einer Herzklappenoperation unterziehen. Danach lag er fast zwei Monate zu Bett. Beim Im-Bett-Liegen tritt ein Abbau an Muskel- und Herzkreislaufgewebe ein, die wir als Arteriolen und Kapillaren bezeichnen. Sozusagen das gleiche passiert Leuten, die körperlich inaktiv sind, also hat die Gewebeminderung, die mein Freund Hal durchmachte, durchaus Bedeutung für unsere Fitness-Programme.

Hal wollte so rasch wie möglich auf sein früheres Fitness-Niveau zurückgelangen. Er neigt dazu, seinen Körper so weit und so schnell hochzutreiben, wie das geht. Seine erste Rekonvaleszenzübung bestand im Wandern. Nach etwa einem Monat hatten seine Beinmuskeln die vorherige Quantität wiedergewonnen. Aber sie schmerzten außerdem. Der Grund dafür war, daß Muskelgewebe sich etwa sechsmal rascher neu bildet als Kreislaufadern. Bald war Freund Hal kräftig genug, weite Strecken zu gehen und die Treppen hinaufzusteigen, aber sein Kreislauf war nicht in der Lage, die arbeitenden Muskeln mit dem Treibstoff zu versorgen, den sie brauchten. Außerdem konnte sein Kreislaufsystem auch die Milchsäuren nicht fortspülen, die Abfallprodukte, die sich aus Muskelaktivität ergeben. Wenn sich Milchsäuren im Gewebe ansammeln, schwillt das Gewebe an. Dieser Schwellprozeß irritiert die Empfindungsnerven und bewirkt zunächst ein brennendes Gefühl und dann Schmerz. Man nennt das Muskelkater.

Das, was Hal passierte, kann uns allen passieren, wenn wir zu schnell trainieren. Sie müssen wirklich Ihr Übungsprogramm so planen, daß es der Entwicklung, dem Aufbau ganz unterschiedlicher Körpersysteme entspricht. Sie werden sehr rasch mehr Muskelkraft aufbauen, als Sie bequem einsetzen können. Wenn Sie Ihre Ausdauer testen wollen, werden Sie eben steif. Und dieses Steifwerden ist weiter nichts als das Symptom dafür, daß sich in den benutzten Körpergeweben Milchsäuren oder andere Stoffwechselschlacken ansammeln. *Keinesfalls* ist es ein Beweis dafür, daß Sie kräftiger werden, wie man Ihnen vielleicht in den meisten Sportschulen versichert. Es ist überhaupt nicht nötig, daß Sie Muskelkater kriegen. Und den kriegen Sie nicht, wenn Sie Ihr Training gemütlich steigern.

Belastung und «Überlastung»

Wir alle kennen den legendären Milon von Kroton, der sich ein Stierkalb aussuchte und es zu heben begann, vom Geburtstag an. Das Stierkalb wurde von Monat zu Monat schwerer. Von Monat zu Monat wurde Milon stärker. Schließlich war der Stier ausgewachsen, und der Mann konnte ihn noch immer über die Schultern heben.

Die Geschichte ist Legende, aber das Prinzip, das sie verdeutlicht, ist ganz real.

Belastung ist der Grundsatz Ihres Fitness-Programms und das wichtigste in Ihrem Training. Dieser Grundsatz beruht auf dem biologischen Prinzip der Anpassung. Wenn wir jungen Mediziner den Knochenbau studieren, lernen wir als erstes das Wolfsche Gesetz: Struktur richtet sich nach der Funktion. Das bedeutet, daß sich der Aufbau eines Knochens nicht nur entsprechend dem Verwendungsgrad, sondern auch entsprechend der Art des Einsatzes entwickelt. Wenn man sich die innere architektonische Struktur eines Knochens anschaut, kann man die «Lebensgeschichte» dieses Knochens ablesen. Je stärker ein Knochen beansprucht wird, desto kräftiger und schwerer wird er. Je höher die Dreh- und Wendebeanspruchung des Knochens ist, desto besser «organisiert» sich die innere Knochenstruktur, um der Beanspruchung entgegenzuwirken.

Heute finden wir, daß die Muskulatur im wesentlichen den gleichen Gesetzen folgt. Auch der Herzmuskel. Chirurgen haben herausgefunden, daß bei der partiellen Entfernung eines Muskels oder bei seiner Transplantation an eine andere Stelle im Körper der Muskel sich umstrukturiert, um den neuen an ihn gestellten Anforderungen gerecht zu werden. Um es kurz zu sagen: Der Gebrauch schafft das Organ.

Körpergewebe an sich und seine Funktion sind höchst anpassungsfähig. Und Körperfunktionen – Kraft, Muskelkontraktionsfähigkeit, die Fähigkeit, eine Belastung auszuhalten – vermindern sich durch Mangel an Übung. Wenn Sie Ihre Knochen nicht einsetzen, lösen sie sich auf. Die mineralischen Bestandteile sickern sofort. Die Knochen werden poröser, leichter, brechen schneller. Diesen Zustand nennt man Osteoporose.

Die umgekehrte Entwicklung tritt ein, wenn man ein vernünftiges Trainingsprogramm ausführt.

Es ist ganz egal, wie schlecht man körperlich in Schuß ist, weil man sich hat gehenlassen, es ist ganz egal, wie alt man ist, man kann seine körperliche Form verbessern, indem man sich stufenweise höheren körperlichen Belastungen unterwirft.

Unser Programm trainiert sämtliche Muskeln, die Sie benutzen, und außerdem noch Ihr Herz-Kreislaufsystem. Aber wirklich wichtig dabei ist, wie dieses System Ihre Muskeln und Ihren Kreislauf zum Arbeiten zwingt.

Jede unserer Trainingsübungen zielt auf eine Leistung ab, die zuvor nicht möglich war. *Sie haben noch kein Trainingsprogramm, wenn Sie nur bestimmte Übungen in einer bestimmten Anzahl durchführen.* Ein Trainingsprogramm wird es erst dann, wenn Sie das Prinzip der zunehmenden Belastung anwenden.

Am Anfang gehen Sie nur knapp über die für Sie gewohnte Aktivität hinaus. Wenn der schwerste Gegenstand, den Sie normalerweise heben, zehn Pfund wiegt, fängt Ihr Trainingsprogramm eben mit elf Pfund an. Wenn Ihre Herzfrequenz nie über 90 steigt, beginnt das Trainingsprogramm für Sie bei 100. Wenn Sie niemals mehr spazierengehen als bis zur dritten Kreuzung, müssen Sie eben bis zur vierten gehen. Aber jedesmal sollten Sie das Gefühl haben, daß Sie eine tolle Leistung vollbracht haben, wenn Sie heute ein ganz kleines bißchen mehr geschafft haben als gestern.

Ein paar Tricks, wie man sich «belastet»

Wenn Sie eigentlich ziemlich aktiv sind und ein paar Tage lang plötzlich aufhören, aktiv zu sein, verlieren Sie stufenweise Ihre Fitness, aktiv zu sein. An jedem Tag sind Sie weniger fit als am Tag zuvor. Selbst im 24-Stunden-Rhythmus läßt sich feststellen, ob Sie zuvor fit waren. Der Unterschied ist geringfügig, aber doch immerhin meßbar. Wenn Sie also effektiv heute die gleiche Aktivität entwickeln, die Sie gestern aufbrachten, erreichen Sie damit eine minimale «Überlastung», weil Ihr Körper heute geringfügig «untergewöhnt» ist im Vergleich zu der Aktivität von gestern. Die «Belastung» von heute regt eine Wiedergewöhnung Ihres Körpers an – die morgen bereits zu schwinden beginnt.

Ein gleichbleibendes Pulsniveau ist in Ordnung, wenn man nur den Status quo beibehalten will, aber wenn Sie ein höheres Anstrengungsniveau erreichen wollen als bisher, dann müssen Sie sich schon ein bißchen mehr «Überlastung» zumuten.

Das kann man auf vielerlei Art tun. Am riskantesten ist es, wenn man die Anstrengungs*intensität* steigert: also schwerere Lasten hebt, sich schneller bewegt oder gegen stärkere Widerstände anarbeitet. Eine sichere Methode ist es, die *Dauer* der Anstrengung zu vergrößern: also das Gewicht ein bißchen weiter zu tragen, die Übung ein bißchen länger durchzuhalten. Aber am sichersten ist es, die *Frequenz*, die Häufigkeit der Übung zu steigern: Tun Sie's einfach pro Woche einmal mehr. Leute, die sich durch Gewichtheben fitmachen wollen, führen jede Übung in einer bestimmten Zahl durch, was sie als «Set» bezeichnen. Stufenweise erhöhen sie ihre Belastung, indem sie entweder die Zahl der Liftings pro Set erhöhen oder die Zahl der Sets vergrößern. Sie richten sich die Gewichtsbelastung so ein, daß die erwünschte Anzahl von Hebungen oder Sets bei jedem Training erreicht wird.

Wenn Sie Ihre Herzfrequenz auf einen neuen Stand bringen wollen, also auf Ihre Trainingsfrequenz, bewegen Sie sich halt ein wenig rascher. Um die nächste Stufe zu erreichen, bauen Sie ein bißchen Widerstand auf: tragen Sie schwerere Schuhe, wenn Sie auf dem Platz «rennen» oder nehmen Sie für den nächsten Spaziergang einen Hang, der ein wenig steiler ist. Wenn diese Steigerung höher ist, als Sie erwarteten und Ihre Herzfrequenz zu stark ansteigt, machen Sie einfach ein bißchen langsamer oder legen Sie ab und zu eine Pause ein. Tun Sie, was immer Ihnen einfällt, um Ihr Training abwechslungsreich zu machen, aber vergessen Sie nie, daß Sie eine bestimmte Herzfrequenz beim Trainieren durchhalten wollen.

Eine andere Methode, eine stufenweise Überlastung zu erreichen, besteht darin, die Beanspruchung während der Ruheperioden zu steigern. Anders ausgedrückt, warten Sie nicht, bis die Herzfrequenz auf das Ruhezustandsniveau abgesunken ist, ehe Sie mit der nächsten Übung beginnen. Sorgen Sie also für ein ausgeglicheneres Niveau zwischen Trainieren und Pausieren. Statt zu sitzen, gehen Sie herum, bewegen Sie sich, wie immer es Ihnen Spaß macht.

Und noch eine weitere Methode, stufenweise Überlastung zu erreichen, besteht darin, die Pausen immer kürzer werden zu lassen, bis man sie quasi völlig abgebaut hat.

Sie selber bestimmen nämlich beständig die Intensität ihres Trainings. Um Muskeln aufzubauen, fangen Sie mit fünfzehn Kontraktionen an. Geben Sie sich jedes nächste Mal Mühe, auf zwanzig zu kommen. Wenn Ihnen das gelungen ist, gestalten Sie Ihre Übung ein ganz kleines bißchen schwerer und gehen Sie auf Ihre fünfzehnmal zurück.

Statt für Sie ein Programm aufzustellen, das auf stufenweiser Steigerung in der Wiederholung einer Übung besteht, bieten wir Ihnen ein Programm an, das sich genau nach den Reaktionen

Ihres Körpers auf die Übungen richtet. Unsere Richtschnur ist ein sehr genauer Mechanismus, der in Ihrem Körper schon vorhanden ist: wie Sie nämlich selbst die Intensität Ihrer körperlichen Bemühungen einschätzen.

Und den phantastischen Computer, den Sie auch noch haben, nämlich Ihren Puls, können Sie daneben verwenden, um das Tempo Ihrer Bewegungen zu bestimmen. Wenn Sie auch nur die geringsten Beschwerden verspüren – Atemlosigkeit, Schmerzen, Krämpfe und was sonst noch –, vergessen Sie Ihre Übungen für diesen Tag. Aber wenn sonst alles okay ist, werden Sie einen Zahn zulegen müssen, wenn sich Ihre Kondition bessert, um Ihre Herzfrequenz auf dem vorgeschriebenen Niveau zu halten. Das ist ein Rückkoppelungseffekt, den Ihnen Ihr Körper automatisch liefert.

Ihre persönliche Pulsfrequenz beim Training

Auf der folgenden Tabelle können Sie Ihre persönliche Pulsfrequenz für jede Acht-Wochen-Periode ablesen, wenn Sie gerade mit einem Fitness-Programm beginnen. Falls Sie bereits bei einer höheren Pulsfrequenz trainieren, gibt es natürlich gar keinen Grund, auf eine geringere Frequenz zurückzufallen.

Ihre Pulsfrequenz beim Training berechnet sich folgendermaßen: man multipliziert die Differenz zwischen 220 und dem Lebensalter, für die erste Trainingsperiode mit sechzig Prozent, in der zweiten mit siebzig, in der dritten und hinterher berechnet man achtzig Prozent.

Nehmen wir an, Sie sind vierzig Jahre alt, dann ergibt sich aus unserer Rechnung ein Rest von 180 aus 220. Wenn man das mit 0,6 multipliziert, ergibt es 108. Das runden wir auf 110 auf.

Tabelle der Trainings-Puls-Frequenzen (TPF)

Alter	TPF 1	TPF 2	TPF 3	TPF 4
30 und jünger	120	140	150	150–160
30 bis 44	110	130	140	140–150
45 bis 60	100	120	130	130–140
60 und älter	100	110	120	120–130

TPF 1 = Trainings-Puls-Frequenz für die ersten 8 Wochen – entspricht etwa 60 Prozent der maximalen Pulsfrequenz von 220 Schlägen pro Minute. Rechnen Sie: 220 minus Ihr Alter mal 0,6 und runden Sie das Ergebnis zum nächsten Zehnerwert ab.

TPF 2 = Trainings-Puls-Frequenz für die zweiten 8 Wochen – entspricht etwa 70 Prozent der maximalen Pulsfrequenz.

TPF 3 = Trainings-Puls-Frequenz für die dritten 8 Wochen – entspricht etwa 80 Prozent der maximalen Pulsfrequenz.

TPF 4 = Trainings-Puls-Frequenz zur Aufrechterhaltung Ihrer Ganzheits-Fitness.

Ich will natürlich nicht, daß Sie sich zu einem Hypochonder entwickeln, der andauernd nur seinen Puls mißt. Benützen Sie Ihre Pulsfrequenz als Meßwert, um genau zu messen, wie stark Sie sich anstrengen, dann finden Sie nämlich genau heraus, was die richtige Trainingsintensität für Sie ist. Normalerweise entspricht ein Gefühl «leichter» oder «mäßiger» Anspannung, also eine Anstrengung, bei der Sie sich unter- oder überbelastet fühlen, einer Pulsfrequenz von etwa 120 Schlägen pro Minute. Sobald Sie Ihr Höchstniveau an körperlicher Anspannung einmal genau festgestellt haben, genügt es, wenn Sie ab und zu Ihren Puls damit vergleichen. Sobald sich Ihre Kondition bessert, werden Sie merken, daß Ihre Arbeitsleistung steigt: Sie gehen rascher, strampeln schneller auf Ihrem Fahrrad usw.; und Sie erreichen dennoch das gleiche «mittlere» Niveau. Die Pulsfrequenz bleibt auch ebenfalls so ungefähr gleich: 120 pro Minute. Wenn sich Ihre Kondition verschlechtert, weil Sie krank sind oder «geschwänzt» haben, kriegen Sie einfach weniger Leistung von der gleichen Bemühung. Sie wandern dann eben langsamer, strampeln schärfer, um das gleiche «gemäßigte» Niveau zu erreichen.

Ein gutes Beispiel, wie Ihr persönlicher Computer funktioniert, kann ich Ihnen hier geben. Als Jim Youngblood, Abteilungsleiter in der Verwaltung der NASA, erfuhr, welches Trainingsprogramm wir für die Astronauten geplant hatten, beschloß er, ein bißchen was davon selbst auszuprobieren. Sein Büro lag im fünften Stockwerk des Bürogebäudes des Johnson Space Center in Houston, Texas. Jim Youngblood beschloß, die ganzen fünf Stockwerke zu Fuß zu schaffen. Wir erklärten ihm, er könne das durchaus tun, aber er solle darauf achten, daß seine Pulsfrequenz nicht über 120 steige. Während der ersten paar Wochen mußte er öfter Pausen einlegen, bevor er in seinem fünften Stock ankam. Drei Monate später hätte er sozusagen die Stufen hinaufrennen müssen, um auf die nötige Pulsfrequenz von 120 zu kommen.

Ohne die Pulsfrequenzmessung bleibt das raffinierteste Körpertraining nutzlos. Die Normalprogramme versprechen Ihnen – wenn Sie sich an ein bestimmtes Schema halten –, daß Ihre Leistungen sich unfehlbar bessern werden. Stimmt. Sie erreichen eine bestimmte Leistung. Aber was bringt Ihnen selber diese Leistung? Vielleicht gar nichts. Vielleicht bringt Sie die Anstrengung sogar um. Elektronische Programme sind aus ähnlichen Gründen sinnlos. Dabei wird die Belastung jedesmal ein wenig gesteigert, so daß Sie sich bei jeder Übung zwingen, ein bißchen härter zu arbeiten. In beiden Fällen liegt Körperbewegung und fortschreitende Überbelastung zugrunde. Aber wenn Sie Ihre persönlichen Spannweiten nicht kennen und nicht wissen, wo Sie bei körperlichem Training innerhalb dieser Parameter landen werden, schaden Sie sich möglicherweise selber – oder rennen im Leerlauf. Es ist ganz einfach unmöglich, das genau zu bestimmen ... es sei denn, Sie messen Ihren Puls.

11. Drei kleine Schritte, um fit zu werden

Was ich hier sage, gilt für Frauen und Männer gleichermaßen. Die Übungen sind für beide Geschlechter gleich, weil nämlich die Anforderungen gleich sind, Frauen brauchen gute Muskulatur ebenso wie Männer. Aber um gute Muskeln zu entwickeln, muß man zuerst gutes Gewebe aufbauen. Dann muß man zwei unterschiedliche Muskelqualitäten entwickeln: Ausdauer und Kraft. Was Frauen bei der Arbeit oder im Sport leisten, erfordert beides. Und außerdem ist die Kreislauf-Atem-Belastbarkeit einer Frau keineswegs geringer als die eines Mannes und für ihre Gesundheit ebenso wichtig wie bei ihm.

Verallgemeinernd könnte man sagen, daß Männer ihre körperliche Leistung vorzugsweise in Schüben bringen. Frauen haben diesen Drang oder Zwang nicht im gleichen Maß. In unserem Programm nehmen wir Rücksicht auf beides. Bei jeder Übung sind Sie gezwungen, sich kurze Zeit stark zu konzentrieren. Darum kommen Sie nicht herum, weil Sie die Herzfrequenz steigern müssen, um fit zu werden, und das eben nur durch ein echtes Trainingsprogramm möglich ist. Aber Ihr Fitness-Programm dauert vierundzwanzig Wochen – und dann Ihr ganzes Leben lang.

Sie alle werden so zu trainieren beginnen, wie es Ihrer körperlichen Bereitschaft entspricht. Jeder von Ihnen wird den Schwierigkeitsgrad seiner Übungen geringfügig steigern, je nachdem, wie stark seine persönliche Kapazität sich aufbauen läßt. Der Schwierigkeitsgrad spielt keine Rolle, solange Ihr Körper ein bißchen Mehrbelastung durchmacht, die für *Sie* richtig ist. Vor allem: ziehen Sie keinen Vergleich zwischen Ihrem Tun und dem, was sonstwer tut, um fit zu werden.

Der erste Schritt

In den ersten acht Wochen hat Ihre zehnminütige Trainingsrunde drei Teile:

1. Eine Minute Lockerungsübungen.
2. Vier Minuten Muskelaufbau.
3. Fünf Minuten einer x-beliebigen Aktivität, die Ihre Herzfrequenz auf das gewünschte Niveau bringt.

Lockerungsübungen

Die folgenden vier Lockerungsübungen zielen darauf ab, Ihren körperlichen Bewegungsspielraum zu erweitern, so daß Sie sich weniger behindert bewegen können. Drill gibt es dabei nicht. Führen Sie die Übungen in dem Rhythmus durch, der Ihnen am besten paßt. Zählen Sie nicht mit. Das ist nämlich nicht nötig. Halten Sie nur jede Übung etwa fünfzehn Sekunden lang durch.

1. Strecken Sie einen Arm, so hoch Sie können, zur Decke. Die Hand sollte genau über Ihrem Kopf sein. Was wir erreichen wollen, ist ein ausgedehntes «Strecken». Versuchen Sie dieses Strecken bis hinunter zu Ihrem Fußknöchel zu spüren, den ganzen Körper entlang. Wenn Sie das Gefühl haben, sich ganz und vollkommen gereckt zu haben, lassen Sie den Arm fallen und wiederholen Sie die Übung mit dem anderen Arm. Tun Sie, als wären Sie eine Katze: rekeln Sie sich, so weit es möglich ist.

2. Halten Sie die Arme in Schulterhöhe ausgestreckt nach beiden Seiten. Schwingen Sie jetzt mit Drehung des ganzen Oberkörpers nach rechts – und dann nach links. Jedesmal so weit nach hinten, wie Sie können. Das «Eins-und, zwei-und»-

Zählen wie beim Militär können Sie sich sparen. Locker bleiben, und doch herumschwenken bis zur Dehnungsgrenze.

3. Beugen Sie sich nach vorn, fassen Sie mit den Händen hinter die Knie und ziehen Sie die Schultern sacht nach unten, auf die Knie zu. Machen Sie das ohne Gewaltanwendung, ohne Ruck. Es sollte bloß ein ganz bequemes Strecken sein. Manche Leute kommen ihren Knien dabei näher als andere. Das hängt wirklich nur mit der jeweiligen Kondition zusammen. Wenn Sie in jämmerlicher Form sind, dann ist es bereits ein triumphales Ergebnis, wenn Sie auch nur in die Nähe Ihrer Kniescheibe kommen. Und Sie haben eine ganze Menge für Ihren Körper getan. Wenn Sie aber bereits einigermaßen geschmeidig sind, müßten Sie recht bald die Kniescheiben berühren können.

4. Drehen Sie den Kopf nach links (so, daß das Kinn über dem linken Schulterknochen steht). Legen Sie die linke Hand übers Kinn auf die rechte Gesichtshälfte. Die rechte Hand legen Sie auf den Hinterkopf. Dann drehen Sie mit beiden Händen den Kopf ein wenig mehr, als er sich von selbst drehen würde. Bitte tun Sie das sanft! Versuchen Sie nicht, den Kopf zu rucken oder hastig zu drehen. Dann machen Sie das gleiche umgekehrt: Kinn über der rechten Schulter, die rechte Hand auf der linken Gesichtshälfte, die linke Hand faßt den Hinterkopf. Dehnen Sie langsam Ihre Nackenmuskeln.

Bei den ersten paar Versuchen reicht es, wenn Sie jede Übung einmal durchführen. Später werden Sie sie vielleicht zwei- oder gar dreimal ausführen wollen. Aber machen Sie sie immer sanft und entspannt.

Jetzt sind Sie gereckt und gelockert und können anfangen, Muskelgewebe zu bilden.

Der Aufbau von Muskeln

In den nächsten vier Minuten konzentrieren Sie sich darauf, durch Pumpbewegungen gegen Widerstand Muskelfasern in Ihren Muskeln zu bilden. Im weiteren Verlauf Ihres Trainings wird es Ihnen immer leichterfallen, den gleichen Widerstand zu überwinden. Also müssen Sie ihn graduell erhöhen.

Sie machen vier Minuten lang abwechselnd zwei Übungen. Die erste dehnt die Muskulatur in Ihren Schultern, Ihrer Brust und den Armen. Die zweite Übung streckt die Muskulatur im Unterleib und dem Rücken. Kümmern Sie sich nicht um die Beine. Die kriegen nämlich am Ende der Übung alles, was sie an Training benötigen.

1. Pushaways zur Dehnung

Stellen Sie sich in einer Entfernung von ein wenig mehr als Ihrer Armlänge vor eine Wand hin. Legen Sie die Handflächen in Schulterhöhe gegen die Wand. Lehnen Sie sich nach vorn, bis Ihre Brust fast die Wand berührt. Dann schieben Sie sich von der Wand ab, bis Sie wieder in der Ausgangsstellung sind. Wenn Ihnen das zu schwerfällt, treten Sie ein bißchen näher heran. Führen Sie die Übung etwa fünfzehn- bis zwanzigmal aus, oder bis Sie die Anstrengung als belastend empfinden. Das nennen wir einen *«Satz»*.

Wenn die Übung bereits bei fünfzehn oder weniger Pushaways für Sie zur Anstrengung wurde, führen Sie sie bei jeder Übungsrunde weiter im selben Wandabstand durch.

Wenn Sie zwanzig oder mehr mit Leichtigkeit schaffen, stellen Sie sich ein wenig weiter von der Wand auf.

Je öfter Sie diesen Satz ausführen, desto öfter werden Sie ihn durchhalten können. Aber treten Sie einfach immer weiter von der Wand zurück, bis Sie die Stellung gefunden haben, bei der Sie sich mäßig anstrengen müssen. Wenn Sie einen Satz von über zwanzig Pushaways schaffen, bevor Sie die Anstrengung als schwer empfinden, nehmen Sie eine andere Stellung ein, wenn Sie das nächste Mal üben.

Manche Leute werden dieses Sich-Abstoßen von der Wand zu Beginn als zu leicht empfinden. Wenn das für Sie zutrifft, versuchen Sie's mit dem Küchentisch oder dem Waschbecken im Badezimmer – alles, was niedriger ist als Ihre Schulterhöhe, wenn Sie die Hände aufstützen. Wenn Sie dabei nur fünfzehn Pushaways schaffen, bevor Sie die Anstrengung als schwer empfinden, haben Sie den für Sie richtigen Startpunkt gefunden. Wir wollen nämlich eine Übung aufbauen, die Ihnen nach fünfzehnmaliger Wiederholung schwerfällt. Jedesmal machen Sie die Übung dann ein paarmal öfter, entsprechend Ihrer verbesserten Kondition. Wenn Sie es zwanzigmal schaffen und sich dabei kaum anstrengen, bauen Sie eben einen höheren Schwierigkeitsgrad in Ihre Streckschiebeübung ein.

Später gehen Sie vom Küchentisch, dem Waschbecken oder der Kommode zu einem normal hohen Tisch über und wiederholen Sie die Übung.

Dann nehmen Sie einen Stuhl oder einen Hocker.

Später gehen Sie dann vom Stuhl oder Hocker zum Fußboden über. Knien Sie sich hin. Wenn Sie zwanzig Pushaways schaffen, versuchen Sie, ob Sie das auch können, ohne daß Ihre Knie den Boden berühren. Normalerweise nennt man so etwas «Liegestützen».

Für jemanden, der ziemlich gut in Form ist, wenn er mit unserem Training beginnt, können Pushaways in der oben beschriebenen Position bald zu leicht werden. Man kann den Widerstand erhöhen, indem man einfach den Prozeß umkehrt, der die Sache leichter machte. Statt also die Hände höher als die Füße anzusetzen, bringt man die Füße in eine höhere Position als die Hände. Zunächst auf eine niedrige Bank, dann auf einen Stuhl, dann auf den Tisch usw. bis zum Extremfall, in dem die Füße über dem Kopf sind. Das wird wahrscheinlich kaum einer von uns schaffen; und es ist auch gar nicht nötig; aber es gibt Ihnen ein recht gutes Bild, auf welch vielfältige Weise Sie Ihre Streckschiebeübungen verbessern können.

2. Sitbacks zur Dehnung

Durch diese Übung werden die Muskeln in Ihrer Bauchdecke wieder aufgebaut.

Bei den Abdominalmuskeln fällt es am schwersten, mit Erfolg

zu trainieren. Es handelt sich bei ihnen um Stützmuskeln, die nicht darauf eingerichtet sind, sich isotonisch zu bewegen, also bei Bewegung zu spannen und zu entspannen. Sie funktionieren isometrisch, also im Spannungszustand ohne Bewegung, und so sollten sie auch trainiert werden.

Jedesmal wenn Sie die normalen isotonischen Sitzübungen (aus der Rückenlage aufsitzend) durchführen, werden zwei der größeren Lendenmuskeln an der Hüfte beansprucht: der Beuge und der Darmbeinmuskel, die dann die Hauptarbeit leisten müssen. Die Bauchmuskulatur wird dabei nicht zu Hilfe gezogen. Vor einiger Zeit begann ich nach einer Trainingsübung zu suchen, bei der man dieses Problem überwinden und eine tatsächlich wirksame Durcharbeitung der Bauchmuskulatur erreichen könnte. Bei meinen Untersuchungen benutzte ich elektromyographische Aufnahmen von Muskelfasern bei unterschiedlichen Bewegungsabläufen und fand schließlich die Lösung, die sehr einfach ist: ich drehte einfach den Übungsprozeß um. Wenn man die Übung so beginnt, daß die Brust auf den Knien ruht, und sich dann zurücksinken läßt, anstatt sich aus der Waagerechten zu heben, bis man die Knie mit der Brust berühren kann, würden die Bauchmuskeln auf normale Weise arbeiten können, also als Stützmuskeln, während sich der Körper senkt.

Beim traditionellen «Hochkommen» können die Bauchmuskeln es kaum schaffen, die Schultern in die Senkrechte zu bringen, ohne daß die Lenden- und Darmbeinmuskeln heftig beansprucht werden.

Beim «Hochkommen» nach der herkömmlichen Bodengymnastik möchte man meist die Bauchmuskeln möglichst schnell wieder entspannen und läßt sich darum rückwärts fast fallen, um endlich zum Liegen zu kommen. Infolgedessen bekommen ausgerechnet diejenigen Muskeln das meiste Training, die davon am wenigsten profitieren – die Hüftbeugemuskeln. Das traditionelle Hochkommen und Fallenlassen läßt diese Muskeln kürzer werden, und dabei sind die schon so zu kurz.

Beim Rückwärtsbeugen oder «Runterlassen» des Rumpfes

aus dem Sitzen (das ist die Sitback) bringt man es eigentlich gar nicht fertig, sich zurückzulehnen, ohne daß die Abdominalmuskulatur beansprucht würde. Um das zu kontrollieren, braucht man gar kein Elektromyogramm; man kann es selber ganz leicht überwachen, indem man die Fingerspitzen auf die Bauchmuskeln legt. Sie spüren, wie sie sich verhärten, wenn sie arbeiten, und schlaff werden, wenn sie sich entspannen.

Das «Runterlassen» hat gegenüber dem «Hochkommen» sowohl physiologische wie psychologische Vorteile. Jemand, der nicht in Form ist, wird eine Aufsitzübung mit Sicherheit nicht schaffen. Und unter ein bestimmtes Minimum läßt sich die Schwierigkeit dieser Übung eben nicht senken. Irgendwie müssen Sie vom Fußboden hochkommen. Aber beim Sitback können Sie jeden Schwierigkeitsgrad selbst ansetzen.

Uns interessiert hier nicht, wie weit Sie sich zurückbeugen. Uns interessiert bloß, daß Sie sich Ihrem persönlichen Anspannungsniveau gemäß richtig trainieren. Diesen Grad bezeichnen wir als mäßig, das heißt eine Anstrengung, die Sie weder als leicht noch als schwer empfinden. Aber Sie selber bestimmen den Anstrengungsgrad gemäß den Ihnen zur Verfügung stehenden Ressourcen. Wenn Sie sich bis zu einem Ergebnis durchgearbeitet haben, wo Ihnen die Übungen als mittelschwer erscheinen, dann haben Sie ein ausreichendes Körpertraining.

In welcher Haltung immer Sie Ihre Dehnungs-Sitbacks durchführen, denken Sie daran, gegen die Neigung anzugehen, den Atem anzuhalten. Atmen Sie immer schön weiter.

Setzen Sie sich auf den Boden und verankern Sie die Füße unter einem Möbelstück. Die Knie sind geschlossen und ganz durchgebogen: Ober- und Unterschenkel berühren sich möglichst auf den Unterseiten. Beugen Sie nun Ihren Oberkörper so nahe zu den Knien, wie es geht. Legen Sie die Hände auf den Unterleib, damit Sie die Muskeln arbeiten spüren können. Wenn Sie keine Trainingserfahrung haben, gelingt es Ihnen eventuell nicht gleich, die Unterleibsmuskeln willkürlich in Bewegung zu setzen. Tasten Sie Ihre Bauchmuskulatur ab, während Sie versuchen, sie zu kräftigen, spüren Sie die harten Muskelstränge auf, wenn sie sich zusammenziehen. Der Muskel signalisiert Ihren Fingern deutlich, wie gut (oder schlecht) er auf die Übung reagiert. Auch wenn Sie schon trainiert sind, schadet es nichts, wenn Sie mit den Fingern die Muskeln abtasten. Es läßt sie nur noch kräftiger werden.

Sobald Sie die rechte Position eingenommen haben, lehnen Sie den Oberkörper von den Knien zurück, bis Sie das Gefühl haben, daß die Bauchmuskulatur mäßig angestrengt wird. Um diesen Mittelgrad mäßiger Anspannung herauszufinden, muß man ein wenig experimentieren. Lehnen Sie sich also nur ein paar Zentimeter zurück und beugen Sie sich dann wieder vor. Wenn Ihnen das leichtfiel, gehen Sie ein paar Zentimeter weiter nach hinten und beugen Sie sich wieder vor. Halten Sie das durch, bis Sie den Punkt erreichen, an dem Sie den Eindruck mäßigen Trainings haben. Ich wiederhole, Ihr Körper schätzt sehr genau ein, wieviel er zu leisten imstande ist. Es kann passieren, daß Sie sich einmal zu weit zurücklehnen und nicht mehr in die Ausgangsstellung zurückkehren können. Wenn das passiert, lassen Sie sich einfach auf den Boden sinken, benutzen Sie die Arme, um wieder in die Ausgangsstellung zu gelangen, und wiederholen Sie die Übung. Jetzt ist Ihre Körperhaltung für mäßige Anstrengung eigentlich höchst genau bestimmt.

Wenn sich Ihre Kondition bessert, geht Ihre mittlere Anspannungshöhe immer weiter herunter. Schließlich wird es Ihnen sogar leichtfallen, mit den Schulterblättern den Boden zu berühren.

Fangen Sie mit einem Anspannungsniveau an, das Sie *fünfzehn bis zwanzig Sekunden lang halten können.* In den letzten paar Sekunden werden Ihre Bauchmuskeln zu zucken beginnen. Arbeiten Sie auf Sitback-Übungen von insgesamt zwanzig Sekunden hin, ehe Ihre Bauchmuskulatur zu zucken anfängt, dann probieren Sie einen noch tieferen Sitback. Wenn Sie mit dem Rücken den Boden berühren und das zwanzig oder mehr Sekunden lang durchhalten können, dürfen Sie einen Schritt weitergehen und Ihre Übung «belasten», indem Sie die Arme bewegen. Vorher lagen die ja still, die Hände auf dem Bauch. Jetzt falten Sie sie über der Brust, um so den Widerstand zu erhöhen. Diese minimale Gewichtsveränderung wird Sie auf fünfzehn Sekunden pro «Satz» zurückwerfen; möglicherweise müssen Sie sogar ein paar Tage lang Ihr Sitback-Training reduzieren.

Die nächste Stellung besteht darin, daß Sie die Arme über der Brust verschränken und sie auf der Brust ruhen lassen. Wenn das geschafft ist, bringen Sie die Hände hinter den Kopf, und dann heben Sie schließlich die Arme über den Kopf. Warnung: Schwingen Sie die Arme nicht hin und her. Sie heben sie, um zusätzliches Gewicht zu erreichen, nicht zusätzliche Bewegung.

Für besondere Schwierigkeiten, die Sie sich selber einbauen, werden Sie nicht belohnt. Sie führen das Ganze doch sowieso nur aus, um sich selber besser in Form zu bringen. Die erste Stellung bringt Ihnen in bezug auf Ihre derzeitige Kondition ebensoviel, wie Sie von der letzten Position gewinnen, wenn Sie sie ausführen.

Wichtiger Hinweis: Nach jedem «Satz» dieser Muskel-Aufbau-Übungen nehmen Sie eine Pulsmessung vor, um sicherzugehen, daß Sie Ihr oberstes Limit nicht überschreiten: sechzig Prozent Ihrer Höchstgrenze. Wenn doch, ruhen Sie sich aus. In einigen Wochen senkt sich Ihre Pulsfrequenz sowieso, weil die sonstigen Übungen, die Sie durchführen, Ihr Kreislauf-Atmungssystem kräftigen. Es gibt nicht den geringsten Grund, warum Sie über die Zielsetzung, die Sie sich selbst für Ihre erste Acht-Wochen-Periode gestellt haben, hinausgehen sollten. Ihr ganz persönlicher Körpercomputer, Ihr Puls, wird es Ihnen im Verlauf dieser Periode zunehmend schwerer machen, dieses Ziel zu erreichen.

Wiederholen Sie jetzt die Übungen zum Muskelaufbau in gleicher Reihenfolge und messen Sie erneut den Puls. Vielleicht halten Sie beim zweitenmal die Sitback-Position nicht ebenso lang durch wie beim ersten Durchgang. Das wäre ja nicht weiter erstaunlich. Üben Sie trotzdem weiter, bis Sie es schaffen. Dann steigern Sie das Anspannungsniveau im ersten «Satz».

Diese Doppelübungen nehmen normalerweise etwa vier Minuten in Anspruch. Die restlichen fünf Minuten, die Sie in Ihrem Zehn-Minuten-Programm noch haben, sind dem Konditionstraining Ihrer Herzfrequenz, Ihres Kreislaufs und Ihrer Atmung gewidmet.

Der Kreislauf-Atmungs-Ausdauer-«Zappel»

Aussuchen dürfen Sie sich jede beliebige gleichmäßige Aktivität, die Ihre Herzfrequenz in diesem Zeitraum fünf Minuten lang auf das für Sie rechte Niveau treibt und dort hält.

Ihre «Zappeln»-Aktivität sollte in einer rhythmischen fortgesetzten Aktivität bestehen. Der Grund, warum ich eher Beinaktivität am Anfang empfehle, statt Armaktivität, liegt darin, daß Armbewegungen den Blutdruck höher treiben als Beinbewegungen. Die Armarbeit – wie etwa Rudern – schieben wir besser auf, bis Ihr Kreislauf sich besser an das Training angepaßt hat.

Die offensichtlichste, leichteste und gleichmäßigste Ausdauerübung besteht natürlich darin, auf der Stelle zu laufen. Es ist außerdem auch die langweiligste Übung. An zweiter Stelle rangiert der Langlauf. Für die meisten Menschen ist dies die zweitlangweiligste Übungsaktivität. Betreiben Sie beide, wenn Ihnen danach zumute ist. Ober probieren Sie den «Fit-Hopser».

Die Altersgruppe, die in den sechziger Jahren erwachsen wurde, hat die Formen des Tanzes dermaßen freigesetzt, bis sie schließlich zum Ausdruck von Gefühlen werden konnten. Ich würde mich hochgeehrt fühlen, gelänge es mir, das gleiche für Körpertraining zu erreichen. Sie haben doch sicherlich irgendwann in Ihrem Leben einmal getanzt: Charleston, Shimmy, Twist. Ich will jetzt von Ihnen nichts weiter verlangen, als daß Sie das noch mal machen: Tanzen Sie also, was Sie wollen, aber tanzen Sie fünf Minuten lang. Einzige Forderung ist, daß Sie sich so energisch bewegen, daß Ihre Pulsfrequenz am Ende der zweiten Minute auf ein mäßiges Niveau steigt und daß sie drei weitere Minuten auf dem gleichen Niveau bleibt.

Wenn der Geist Sie beflügelt, könnten Sie den «Fit-Hopser» in Ihre Tanzerei einbauen. Hüpfen Sie zweimal auf dem linken, dann zweimal auf dem rechten Fuß, dann zweimal auf beiden Füßen. Wiederholen Sie das. Wenn in Ihrer Nähe ein Radio oder ein Plattenspieler sein sollte, machen Sie ihn an und tanzen Sie los. Wenn nicht, können Sie ja hoffentlich summen oder pfeifen oder sich einfach eine Melodie ausdenken. Der Rhythmus des Songs «Tea for Two» ist für den Fitness-Hüpfer ganz besonders günstig. Wenn Sie Meditation betreiben, bringen Sie Ihr Mantra in Bewegung.

Und vergessen Sie nicht: Bewegen Sie sich, wenn Sie sich den Puls messen. Erlauben Sie sich niemals ein völliges Stillstehen. Das gleiche gilt, wenn Ihr Training zu Ende ist.

Das ist Ihr Programm für diese Phase. Sie sollten etwa drei bis vier Runden brauchen, bis Sie das für Sie richtige Muster, die richtigen Stellungen, die rechte Trainingsgeschwindigkeit und Ausdauer herausgefunden haben. Am Ende der ersten Woche müßten Sie eigentlich eine tolerable Zehn-Minuten-Routine gefunden haben.

In den noch folgenden sieben Wochen brauchen Sie dann bloß Ihre Aktivität zu steigern. Strecken Sie sich weiter. Setzen Sie mehr Nachdruck hinter Ihr Training. Verändern Sie die Stellung bei Ihren Pushaways. Verlagern Sie die Arme, wenn Sie Ihre Sitbacks ausführen.

Bei Ihrem kreislaufstärkenden Ausdauer-Zappel tritt diese Intensivierung automatisch ein. Sie müssen eben härter arbeiten, um Ihre Pulsfrequenz auf das erwünschte Niveau zu bringen. Hier arbeitet Ihr eigener eingebauter Computer sichtbar – oder besser: fühlbar.

Noch eine Gedächtnisstütze: Ihr persönlicher Puls berechnet sich durch die Subtrahierung Ihres Alters von 220; das Ergebnis multiplizieren Sie mit 0,6. Beispiel: 220 minus 40 = 180; 180 ×

0,6 = 108. Das runden wir auf 110 auf. Und das ist Ihre Trainings-Puls-Frequenz (TPF) zu Beginn. Gehen Sie nicht darunter, wenn Sie schon auf einem höheren Frequenzniveau trainiert sind.

Der zweite Schritt

Jetzt haben Sie etwas mehr Muskelmasse, nicht etwa, weil Sie wie ein Muskelprotz aussehen wollen – das wollen Sie ja auch nicht –, aber Ihren Körper können Sie damit schön senkrecht halten, und Sie gewinnen ein bißchen Selbstvertrauen und können sich bewegen, wie Sie wollen. Unser nächstes Ziel ist es, diese Ihre neuen Muskeln mit *Ausdauerkapazität* auszustatten, so daß Sie nicht in einer plötzlich auftauchenden Situation völlig überrumpelt sind und eine Woche lang Ihr Trainingsprogramm aufgeben müssen.

Außerdem gehen wir in unserem Kreislauf-Atmungstraining einen Schritt weiter. Wieder ist unser Ziel Ausdauer.

Muskelausdauer

Wir kümmern uns nun nicht mehr um Ausdehnung – also die Bildung von Muskelgewebe. Inzwischen haben Sie nämlich so viel Muskelsubstanz, wie Sie brauchen. Außerdem brauchen wir uns auch nicht darum zu kümmern, wieviel wir uns bewegen. Wenn Sie sich beim Aufrechterhaltungsprogramm Ihres Minimums genügend strecken und recken, reicht es. Aber vielleicht wollen Sie die Lockerungsübungen zum Warmwerden machen, ehe Sie mit den Übungen für diese Phase beginnen.

Die zweite Acht-Wochen-Periode verlangt eine neue Serie von Trainingsmethoden, um die neuen Ziele zu erreichen. In den ersten vier Minuten arbeiten wir auf Muskelausdauer hin. Die restlichen sechs gelten dem Kreislauf-Atmungs-Ausdauer-Training. Nun, wo unser Herz und Kreislauf sich gebessert haben, gehen wir daran und treiben neue Kapillargefäße in das Skelettmuskelgewebe. Damit bekommen die Muskelzellen die nötigen chemischen und strukturellen Veränderungen, um ausgedehnte Aktivitäten wie Tennis, Skilaufen, Zimmermannsarbeit, Gärtnern usw. durchzuhalten.

Außerdem nehmen wir jetzt das *Intervall-Training* auf, mit dem wir die Herzfrequenz ohne Ermüdung steigern können. Aber zuerst arbeiten wir an unsern Muskeln.

1. Ausdauer-Pushaways

Die erste Übung besteht darin, zweimal so viele Pushaways wie in Stufe eins zu machen, bis Sie am Ende das Gefühl mäßiger Anstrengung haben: also nicht schwer und nicht leicht. Um so viele durchzuhalten, ohne sich stark anzustrengen, müssen Sie den Widerstand beträchtlich senken, jedenfalls im Vergleich zu dem Zustand, unter dem Sie am Ende der ersten acht Wochen trainierten, als es Ihnen um Muskelmasse ging. Es ist möglich, daß Sie sich bei diesen Übungen von der Wand bis auf den Fußboden durch alle Stadien hindurchgearbeitet haben. Trotzdem wäre es vielleicht keine schlechte Idee, wenn Sie jetzt wieder auf die Wandmethode zurückgriffen, wenn Sie das erste Mal vierzig Pushaways probieren. Wenn Ihnen das zu leicht vorkommt, nehmen Sie beim nächsten Training die nächsthärtere Stufe.

Zielsetzung ist es, zweimal so viele Übungen zu machen. *Und sie schnell zu machen!*

Die Intensität regeln Sie durch den Abstand der Füße von der Wand. Fangen Sie zunächst knapp über Armlänge an. Wenn Ihnen das zu schwerfällt, treten Sie näher. Wichtig ist, daß Sie etwa vierzig Pushaways schaffen. Wenn Sie ohne Mühe über fünfzig schaffen, stehen Sie zu nahe. Sobald Sie vierzig schaffen, ohne daß die Anstrengung Ihnen als schwer erscheint, halten Sie diese Position durch, bis Sie bei fünfzigmal eine mäßige Anstrengung verspüren. Dann nehmen Sie die nächste Lage ein. Je weiter Sie sich von der Wand entfernen, desto mehr verstärken Sie automatisch die Belastung.

Pushaways von der Wand können ziemlich leicht sein, wenn Sie dicht an der Wand stehen, aber wenn Sie sich genug weit weg aufstellen, werden Sie finden, daß sie Ihnen ganz schön zu schaffen machen können.

Vierzigmal ist keine strikte Regel, sondern nur eine Größenordnung. Um Ausdauer zu gewinnen, müssen Sie relativ leichtere Übungen rascher ausführen und öfter. Wenn Sie unter zwanzig aufhören, leisten Sie nichts für Ihre Ausdauer. Wenn Sie fünfunddreißig schaffen und abbrechen müssen oder wenn Sie sechzig hinkriegen, ohne müde zu sein, prima: dann haben Sie Ihre Übungen für diesen Tag geschafft. Gleichen Sie das beim nächstenmal aus: Treten Sie näher hin oder weiter weg, arbeiten Sie rascher oder langsamer.

2. Ausdauer-Sitbacks

Nehmen Sie die gleiche Haltung ein, die Sie für die normalen Sitbacks beziehen: auf dem Boden sitzend, mit angewinkelten Knien, die Füße unter oder um ein Möbelstück verankert.

Dann lehnen Sie sich ein bißchen zurück, so etwa ein Drittel des Weges bis zum Fußboden. *Behalten Sie diese Stellung zehn oder fünfzehn Sekunden lang bei.* Als nächstes gehen Sie weiter runter, so daß Sie verharren in der Mitte zwischen Sitzen und Liegen. *Halten Sie die neue Position wieder zehn bis fünfzehn Sekunden lang durch.* Dann gehen Sie schließlich auf die Dreiviertelposition herunter *und versuchen sie wieder zehn bis fünfzehn Sekunden lang durchzuhalten.*

Beim Zurücklehnen tasten Sie die Bauchmuskeln überall von oben bis unten mit den Händen ab. Dadurch bleiben die Muskeln angespannt.

Wenn die Anstrengung Ihnen als schwer erscheint, fängt Ihr Bauch an zu zucken. Dann ist es Zeit für Sie, sich senkrecht aufzusetzen oder sich auf dem Boden zu entspannen.

Es kann ein paar Tage lang dauern, bis Sie genau herausgefunden haben, wie weit Sie sich zurückbeugen sollten. Wenn Sie zu weit nach hinten gehen, fängt Ihre Bauchmuskulatur vor dreißig Sekunden zu zittern an. Wenn Sie nicht weit genug nach hinten lehnen, zittern Sie erst nach vierzig Sekunden.

Sobald Sie mit den Sitbacks fertig sind, machen Sie noch eine Runde von Ausdauer-Pushaways.

Jeweils zwei Sätze der beiden Übungen sollten vier Minuten dauern. Wenn Sie es nicht in vier Minuten schaffen, machen Sie eben, soviel Sie können. Hetzen Sie sich nicht, aber versuchen Sie so weit zu kommen, daß Sie zwei Sätze jeder Übung schaffen. Wenn Sie beim zweiten Satz nur dreißig Pushaways fertig kriegen, macht das auch nichts. Wenn Sie beim zweitenmal den Sitback nur zwanzig Sekunden lang durchhalten, auch gut. Sie werden bald den Punkt erreichen, an dem Sie vier ganze Sätze mit Leichtigkeit in vier Minuten durchstehen.

Erinnerung: Überprüfen Sie die Herzfrequenz alle zwei Minuten. Halten Sie sie in den vorgeschriebenen Grenzen. Ihr oberes Limit beträgt nun siebzig Prozent von 220 minus Ihre Lebensjahre. Beispiel: 220 minus 40 = 180; 180 × 0,7 = 126. Der nächstgelegene Zehnerwert ist 130. Das heißt, daß Sie bis zu 130 Schlägen pro Minute oder dreizehn pro sechs Sekunden gehen dürfen. Bitte nicht mehr.

Kreislauf-Atmungs-Ausdauer-Intervalle

Jetzt kommt das Intervalltraining.

Es besteht aus sechs Minuten Training, bei dem sich Schübe intensiver Anstrengung mit Intervallen aktiver Erholung ablösen. Die konventionelle Methode besteht darin, ein paar Sekunden lang zu laufen, sagen wir dreißig, dann dreißig Sekunden lang auf Gehgeschwindigkeit herunterzugehen und das abwechselnd so weiter.

Jeder Mensch hat ein bestimmtes kardiovaskuläres Trainingsniveau, unterhalb dessen sein System nicht ausreichend stimuliert wird, um die erwünschten Trainingsauswirkungen zu erzielen. Wenn Sie unterhalb Ihres persönlichen Niveaus bleiben, wie das etwa sein könnte, wenn Sie sich hinsetzten, um sich auszuruhen, dann haben Sie eine Menge Mühe umsonst angewendet. Die Zeit, in der Sie unter Ihrem Niveau bleiben, nützt Ihnen nämlich nichts, weil Sie keinen Trainingsanreiz abbekommen. Auch haben Sie nichts von der Energie, die Sie brauchen, um wieder auf das Niveau zu kommen, wo Sie wieder körperlich profitieren. Also besteht der Trick darin, Ihre Aktivitäten so zu entwickeln, daß Sie in den langsamen Perioden sich angemessen erholen können, um während der schnellen Perioden stark aktiv sein zu können, ohne daß Sie jemals so inaktiv werden, daß Sie sich quasi selber bestrafen.

Beim Intervalltraining können Sie länger arbeiten, ohne zu ermüden, weil diese Perioden aktiver Erholung die Umwandlung von Milchsäure und anderen Stoffwechselprodukten ermöglichen, so daß also durch sie Ihre Leistung nicht gemindert werden kann. Sie arbeiten körperlich mehr und belasten Ihr Kreislauf-Atmungssystem beim Intervalltraining stärker, als dies beim Durchhaltetraining auf Dauer und Distanz der Fall wäre. Im Intervalltraining können Sie eine schwerere Belastung durchstehen, weil Sie vermeiden, daß Ihre Stoffwechselschlacken die Energieproduktion in Ihrem Körperinneren verunreinigen.

Bei Ihrem Ausdauer-«Zappel» in den ersten acht Wochen haben Sie sich auf sechzig Prozent der maximalen Pulsfrequenz hochgearbeitet. Jetzt drehen wir das ein bißchen höher, so daß Ihre Trainings-Pulsfrequenz in den schnellen Perioden des Sechs-Minuten-Trainings auf 70 Prozent vom Maximum kommt.

Beginnen Sie mit Ihrem alten Tempo für dreißig Sekunden: rennen Sie auf dem Fleck, machen Sie Langlauf auf der Stelle, Fit-Hopser oder tanzen Sie.

Während der zweiten dreißig Sekunden beschleunigen Sie Ihre Bewegungen, so daß Ihre Trainings-Puls-Frequenz auf 70

Prozent der maximalen Frequenz steigt. Es wird wohl nötig sein, daß Sie das ein paarmal ausprobieren, um genau herauszufinden, wie sehr Sie sich anstrengen müssen, um zu diesem Ergebnis zu gelangen. Grundsätzlich wissen Sie, daß Ihre Herzfrequenz steigt, wenn Sie rascher arbeiten. Aber wieviel rascher, das wird Ihnen Ihr Körper nach der zweiten oder dritten Runde sagen.

Jetzt ist eine Minute vorbei. Während der folgenden dreißig Sekunden verlangsamen Sie Ihre Aktivität, gönnen Sie sich etwas Erholung, aber nicht so sehr, daß Ihre Herzfrequenz unter die vorherige «Zappel»-Pulsfrequenz absinkt. Anders ausgedrückt, wenn Sie Ihr Zappel-Training mit einer Pulsfrequenz von 110 angefangen haben, lassen Sie den Puls in diesen aktiven Erholungsintervallen bis auf diese Frequenz absinken.

Nach dreißig Sekunden aktiver Erholung beschleunigen Sie wieder dreißig Sekunden lang und üben intensiv. Dann verlangsamen Sie erneut. Beschleunigen erneut. Und so weiter. Sechs Minuten lang.

Erinnerung: Pulsmessung nach zwei Minuten. Überschreiten Sie die Trainings-Pulsfrequenz nicht: 70 Prozent der Differenz zwischen 220 und Ihrem Alter. Seien Sie aber auch nicht bestürzt, wenn Sie es nach zwei Minuten nicht auf Ihre Trainings-Puls-Frequenz gebracht haben. Vielleicht brauchen Sie einfach noch ein Intervall mit intensiven Übungen, um das zu schaffen. Messen Sie nach der vierten Minute während der aktiven Erholungspause erneut den Puls. Wenn er zu hoch ist, trainieren Sie bei der nächsten dreißigsekündlichen Intensivübung nicht so rasch. Ist er zu niedrig, machen Sie etwas schneller.

Auch wenn Ihre Trainings-Puls-Frequenz zehn Schläge pro Minute bei mehreren Runden drunter oder drüber liegt, ist das nicht schlimm. Irgendwann treffen Sie schon noch ins Ziel. Am Ende Ihrer zweiten Acht-Wochen-Periode wird es Ihnen sehr viel rascher gelingen, Ihre Trainings-Puls-Frequenz zu erreichen als zu Anfang. Wenn das eintritt, dann kommen Sie wirklich allmählich in Form.

Der dritte Schritt

Jetzt werden wir Ihr Programm qualitativ verbessern. Und wir werden das Element *Entspannung* perfektionieren.

Wir gehen nun zu einer Gesamtanstrengung von achtzig Prozent über. Dabei geht es um energieverzehrende, schnelle Übungen. Die Wörter zielen schon auf Entladung und Wortsinn die nötige Entspannung. Mit angezogenen Bremsen kommt man wirklich nicht gut vorwärts. Nur wenn man entspannt ist, kann man Geschwindigkeit aufbauen. Zusätzliche Spannung wirkt wie eine Bremse auf den Körper und seine Arbeitsfähigkeit.

Bei den Muskeln des Bewegungsapparats unterscheidet man die «Agonisten» von ihren «Antagonisten». Ein solcher Antagonismus herrscht zwischen Beuge- und Streckmuskeln. Sie müssen die antagonistischen Muskeln sich entspannen lassen, während Sie die Bewegungsmuskeln verwenden, um Leistung zu erbringen.

Muskelkräftigung

Jetzt haben Sie Muskelmasse und Muskelausdauer. Nun brauchen Sie als drittes nur noch Muskelkraft.

Schon während der vorherigen Trainingsperioden zeigte sich ein Kraftzuwachs. Die Übungen, die Sie ausführten, haben früher «schlafende» Muskeln ganz von selber kräftiger gemacht. Doch um ein anständiges Maß an Muskelkraft zu erreichen, muß man Übungen ausführen, die speziell für diesen Zweck angelegt sind. Erinnern Sie sich wieder daran: Sie können nicht gleichzeitig erfolgreich darauf hinarbeiten, Masse und Ausdauer und Kraft zu gewinnen. Sie können nur jeweils eins erreichen.

Im Grunde beansprucht ein Krafttraining weniger Zeit als eines, mit dem Masse oder Ausdauer aufgebaut werden sollen. Kraft gewinnt man, indem man sich schwerere Belastungen zumutet und die Übungen seltener wiederholt. Unsere diesbezüglichen Übungen dauern nur zwei Minuten in Ihrem Zehn-Minuten-Programm. Also haben Sie noch acht Minuten übrig für Ihr Kreislauf-Atmungs-Ausdauer-Training.

1. Pushaways zur Kräftigung

Wieder ist die erste Übung zur Entwicklung von Muskelkraft der Pushaway. Nur wird die Übung jetzt entschieden anders. Für das Ausdauer-Training haben wir uns näher an die Wand gestellt, um es uns leichter zu machen und auf vierzig Pushaways pro Minute zu kommen. Jetzt aber machen wir uns die Geschichte schwer, so daß wir höchstens fünf davon schaffen. Wir benutzen dazu nicht bloß den Fußboden, wir machen auch sonst noch einiges anders.

Es gibt im Grunde zwei Methoden, diese Übung schwieriger zu gestalten. Erstens, indem man die Beine anhebt – sie auf einen Stuhl, eine Treppenstufe, einen Tisch oder gegen eine Wand setzt. Die zweite Methode besteht darin, daß jemand Ihnen die Hand auf den Rücken legt, wenn Sie Ihre Übung ausführen, nur eben so kräftig, daß Sie nicht mehr als fünfmal schaffen. Sie können dazu die nötigen Anweisungen geben; Ihr Partner wird sie rasch genug begreifen.

Im Idealfall würden Sie sich die Übung dermaßen schwermachen, daß Sie sie nur einmal schaffen. Bei gleichbleibendem Schwierigkeitsgrad würden Sie dann versuchen, bis auf eine fünfmalige Wiederholung zu kommen. Und dann würden Sie das Ganze noch weiter intensivieren.

2. Sitbacks zur Kräftigung

Die gleiche Haltung wie bei den früheren Sitbacks: auf dem Fußboden, die Füße an einem Möbelstück verankert, die Knie angezogen.

Nehmen Sie nun eine Haltung ein, die Sie – ohne zu zittern – *bloß fünf Sekunden lang* durchhalten können. Danach lassen Sie sich auf den Boden sacken und erholen Sie sich.

Es gibt zwei Grundmethoden, wie Sie sich das Leben dermaßen schwermachen können. Erstens: Sie strecken die Arme über den Kopf. Zweitens: Sie halten ein Gewicht in den Händen oder Armen fest, die über der Brust gekreuzt sind. Aber natürlich kann auch schon ein ganz tiefes «Runterlassen» Ihnen anfangs zu dem gewünschten Erfolg von fünf Sekunden verhelfen. Wenn nicht, probieren Sie die Armmethode in unterschiedlichen Haltungen durch. Wenn auch das nicht genügt, finden Sie ein Gewicht. Ein Lexikon oder ein eiserner Topf aus der Küche (anfangs sogar schon der Deckel) genügen für den Zweck.

Wenn Sie mit Ihrem Kräftigungs-Sitback fertig sind, machen Sie noch einen Satz von Kräftigungs-Pushaways. Dann wieder eine Sitback-Übung, eine Pushaway und noch einmal Sitback. Also je dreimal abwechselnd jede Übung.

Im Anfang haben Sie sicher den Eindruck, daß Sie eine Bauchlandung nach der anderen fabrizieren. Machen Sie sich nichts draus. Es dauert ja nur zwei Minuten. Vielleicht meinen Sie, die Sache sei anstrengend, aber sie bringt auch Spaß. Bemerkenswert daran ist, daß Sie nach der dritten Woche schwierigere Sachen durchführen können, als Sie sich in der ersten Woche noch erträumen konnten.

Sie spüren es, wenn Sie sich genügend anstrengen: nämlich wenn Ihre Bauchmuskeln zu zittern beginnen. Mehr brauchen Sie eigentlich gar nicht zu tun. Allerdings, die Anspannung der ersten Woche wird nicht ausreichen, um Ihnen in der dritten Woche ein ausreichendes Krafttraining zu verschaffen, weil Sie ja inzwischen stärker geworden sind. Ich wiederhole es noch einmal: Sie spüren es und treffen selbst die nötigen Arrangements.

Erinnerung: Überschreiten Sie die festgesetzte Trainings-Puls-Frequenz nicht. Sie liegt jetzt bei 80 Prozent von 220 minus der Anzahl Ihrer Lebensjahre. Das ist hoch genug.

Herz-Atmungs-Intervalle beim Sprinten

In den nächsten acht Minuten wenden wir eine wirksamere Art Intervalltraining an.

Bei 80 Prozent der maximalen Pulsfrequenz kann jetzt jemand, der fünfzig bis sechzig Jahre alt ist, mit einer Trainings-Puls-Frequenz von 130 arbeiten. Vierzigjährige dürfen auf 140 gehen.

Um dahin zu gelangen, verknappen Sie die Zeit, in der Sie sprinten, auf fünfzehn Sekunden.

Beginnen Sie mit Ihren Übungen mit der Trainings-Pulsfrequenz der zweiten Acht-Wochen-Periode. Bewegen Sie sich unter dieser Frequenz fünfzehn Sekunden lang. In den nächsten fünfzehn Sekunden bewegen Sie sich so, wie es nötig ist, um Ihre Trainings-Puls-Frequenz auf das erwünschte Niveau von achtzig Prozent zu steigern.

Danach führen Sie acht Minuten lang in abwechselnden Takten von jeweils fünfzehn Sekunden langsame und rasche Übungen durch.

Auch hier wird es wohl zwei bis drei Minuten dauern, bis Ihre Herzfrequenz auf das erwünschte Niveau steigt. Messen Sie nach zwei, vier und sechs Minuten jeweils den Puls und treffen Sie die nötigen Vorkehrungen.

Erinnerung: Auch bei dieser Übung liegt der Schlüssel zum Erfolg darin, daß man entspannt ist. Denken Sie an Ihre Entspannungsübungen, als Sie die Pulsfrequenz zu senken versuchten. Bevor Sie also mit Ihrem Programm anfangen, versuchen Sie sich auf ähnliche Weise zu entspannen. Lassen Sie Ihr Körpergewicht in einen Stuhl sacken, die Füße auf dem Fußboden schwer werden, die Schultern ganz natürlich fallen, beißen Sie die Zähne nicht mehr zusammen, wischen Sie die Runzeln auf der Stirn weg, hören Sie auf, die Augen zusammenzukneifen. Exerzieren Sie die Bauchatmung durch. Legen Sie eine Hand auf den Unterleib und achten Sie darauf, daß sie sich hebt, wenn Sie einatmen. Hand und Bauch sollten sich nach innen senken, wenn Sie ausatmen. Machen Sie nach jedem Atemzug eine Pause und entspannen Sie sich.

Beim Training selbst probieren Sie die folgende Methode der dynamischen Entspannung: Beginnen Sie mit normaler Spannung. Dann steigern Sie die Spannung bewußt, zunächst indem Sie sich vorstellen, daß kleine Bärenbabies sich an ihre Fußgelenke klammern, dann, indem Sie Ihre Muskelspannung steigern und sich vorstellen, daß ein ausgewachsener Bär Sie packt und nach hinten zerrt. Wenn Sie sehr verkrampft sind, schütteln Sie den Bären einfach ab, entspannen Sie Ihre Muskulatur und lassen gemütlich zu, daß die Spannung sich abbaut. Das Ziel dieser Übung ist, Ihre Spannungsebene unter das Anfangsniveau zu senken.

Die Aufrechterhaltung der Ganzheits-Fitness

Jetzt sind Sie fit. Und jetzt können Sie anfangen, sich zu überlegen, was Sie mit diesen selbsterrungenen Qualitäten anfangen. Bislang bestand nämlich Ihr ganzes Training bloß darin, das Fundament zu legen. Jetzt aber steht der Unterbau fertig da, und jetzt können Sie Ihre Bemühungen auf besondere Ziele richten. Sie können beispielsweise Ihre Fähigkeiten in jeder x-beliebigen Sportart oder Freizeitbeschäftigung verbessern, zu der Sie Lust haben. Jetzt können Sie mit vollen Segeln Ihr Spezialhobby ansteuern. Sie sind körperlich in der Lage zu spielen.

Sie werden überrascht feststellen, wieviel größeren Spaß Ihnen Ihre sportliche Betätigung jetzt macht. Wenn Sie so etwa dreimal wöchentlich «spielen», genügt das wahrscheinlich, um Sie in Form zu halten – unter der Voraussetzung natürlich, daß Sie sich getreu an Ihre fünf alltäglichen Minimalanforderungen zur Körperinstandhaltung halten: Strecken, zwei Stunden Stehen, Belastungsheben, drei Minuten gesteigerter Pulsfrequenz und die zusätzliche Verbrennung von 300 Kalorien.

Wenn Sie aber weder Sport noch Spiel ausüben und dennoch das erreichte Fitness-Niveau bewahren wollen, das Sie unter solchen Mühen erreicht haben, sollten Sie unbedingt Ihr Zehn-Minuten-Programm von Trainingsübungen an drei Tagen wöchentlich aufrechthalten. Damit haben Sie die Garantie, daß Sie ausreichend Muskelgewebe entwickeln, Muskelausdauer und Muskelkraft und besonders Herz-Lungen-Ausdauer. Wir rekapitulieren jetzt noch einmal den Weg zur ganzheitlichen Fitness. Sie können sich aus der Tabelle jederzeit Anregungen holen zum Weitermachen auf Ihrem optimalen Fitness-Niveau für Ex-Faule.

Der Weg zur Ganzheits-Fitness

Etappe 1: Gewebe-Umbau (aus Fett Muskeln) und Herz-Kreislauf-Training: 1. bis 8. Woche

Folge	*Dauer*	*Übungen*
0–1	1 Min.	Lockerungsübungen: Strecken, Schwenken, Beugen, Drehen (Seite 201)
1–2	1 Min.	15 bis 20 Pushaways (Seite 203)
2–3	1 Min.	Sitbacks von 15 bis 20 Sekunden Dauer (Seite 204)
3–4	1 Min.	Pushaways wiederholen
4–5	1 Min.	Sitbacks wiederholen
5–10	5 Min.	Ausdauer-«Zappel» bei 60 Prozent von Ihrem altersgemäßen Maximalpuls (Seite 211)
	beliebig	Abkühlungsgang

Etappe 2: Muskelausdauer- und Herz-Kreislauf-Training: 9. bis 16. Woche

Folge	*Dauer*	*Übungen*
	beliebig	Lockerungsübungen zum Warmwerden
0–1	1 Min.	40 bis 50 Pushaways in raschem Tempo
1–2	1 Min.	Sitbacks von 40 bis 50 Sekunden Dauer
2–3	1 Min.	Pushaways wiederholen
3–4	1 Min.	Sitbacks wiederholen
4–10	6 Min.	Ausdauer-Intervall-Training (30 Sekunden «Zappel» wechseln mit aktiven Erholungspausen ab bei 70 Prozent von Ihrem altersgemäßen Maximalpuls)
	beliebig	Abkühlungsgang

Etappe 3: Muskelkräftigung und Herz-Kreislauf-Training:
17. bis 24. Woche

Folge	*Dauer*	*Übungen*
	beliebig	Lockerungsübungen zum Warmwerden
0–2	2 Min.	1 bis 5 schwere Pushaways abwechselnd mit Sitbacks, die höchstens 5 Sekunden durchgehalten werden können
2–10	8 Min.	Sprint-Intervall-Training («Zappel» von 15 Sekunden Dauer wechseln mit aktiven Erholungspausen bei 80 Prozent von Ihrem altersgemäßen Maximalpuls)
	beliebig	Abkühlungsgang

12. Hochglanzpolitur

Jetzt sind Sie für ein aktiveres Dasein fit geworden und können ein paar Dinge tun, die früher außerhalb Ihrer Möglichkeiten lagen. Sie können Ihren Körper weiter funktionsfähiger und vollkommener machen, um mit speziellen Problemen zu Rande zu kommen, die Sie körperlich oder seelisch stören. Und natürlich können Sie sich eine exzellente Kondition für Freizeitsportarten zulegen: zum Beispiel für Kegeln, Schwimmen, Golf, Baseball, Tennis oder Skilaufen.

Für jede dieser Aktivitäten müssen Sie über Ihr bisheriges Training hinaus etwas tun.

Weil sich bei der Ausübung von Sport Probleme ergeben können, die kinderleicht sind, behandeln wir sie hier zuerst.

Besondere Probleme

Ein allgemeines Fitness-Programm verbessert die Gesamtsituation jedes einzelnen Teils in Ihrem Körper. Aber manche Körperteile benötigen besondere Aufmerksamkeit. Auch hier gilt die Regel: Das Organ entsteht durch den Gebrauch. Es wird zu dem, was man daraus macht.

Es gibt drei besondere Problemsphären: den Rücken, die Taille und Hüften und Oberschenkel.

Der Rücken. Wir haben fast alle schon einmal diese Rückenschmerzen in der unteren Rückenpartie verspürt, die uns eine problematische Situation ankündigen. Die Ursachen können natürliche Abnützung des Gewebes sein oder aber falscher oder fehlender Einsatz.

Jemand, der Probleme in der unteren Rückenpartie hat, leidet eventuell stark darunter, wenn er längere Zeit stehen muß. Das rührt meist davon her, daß die Haltung miserabel ist. Allgemein gilt, nie so zu stehen oder sich zu bewegen, daß der untere Teil des Rückgrats sich zusätzlich beugen muß. Das bedeutet: Keine Rückenbeugen, kein Zurücklehnen. Oft läßt sich feststellen, daß jemand, der länger ruhig auf einem Fleck stehen muß, die Hände auf den Rücken legt. Damit wird seine Lendenlordose steiler, also das Gewicht seines Oberkörpers verlagert sich haargenau dahin, wo man es nicht haben möchte. Die lordotische Krümmung im Lendenabschnitt der Wirbelsäule liegt genau da, wo die Lehne des typischen Sekretärinnen-Roll-Drehstuhles unterstützend gegen den Rücken drücken soll. Der Stuhl, auf dem Sie sitzen, soll nach sämtlichen Konstruktionsprinzipien Ihre Körperhaltung unterstützen. Aber im Grunde ist er haltungsfeindlich und verschärft nur das Problem.

Die beste Sitzhaltung ist nicht steif, sondern die, bei der man bequem «lümmelt». Ein Kissen am unteren Ende Ihres Rückgrats ist äußerst nützlich. Und wenn Sie die Beine hochlegen können, dann sind Sie uns allen weit voraus. Versuchen Sie aber auf jeden Fall, immer einen Fuß höher zu lagern als den anderen. Und verlagern Sie das Körpergewicht durch Positionsänderungen. Halten Sie niemals die gleiche Position über längere Zeit durch.

Zwei kleine einfache Übungen muß man jeden Tag durchführen. Die eine geht so: Legen Sie sich auf den Boden, heben Sie die Knie bis zur Brust und drücken Sie sie mit Hilfe der Hände so nahe an den Körper heran, daß Sie so eben Ihre untere Rückgratpartie spüren können. Halten Sie das fünf Sekunden lang durch.

Die zweite Übung nennen wir «Beckenhebung». Legen Sie sich auf den Rücken mit den flachen Händen unter beiden

Hinterbacken. Ziehen Sie beide Beine mit aneinandergelegten Sohlen an. Heben Sie nun das Becken vom Fußboden hoch, drücken Sie Ihre untere Rückenpartie gegen den Boden und halten Sie das fünf Sekunden lang durch. Versuchen Sie, auf zehn Sekunden zu kommen.

Rückenschwimmen gilt als hervorragende Therapie für Schwierigkeiten mit dem Rückgrat. Und wenn Sie zufällig in einem Sportklub trainieren dürfen, helfen Ihnen sicherlich die Übungen mit der «Latmaschine». Das ist ein mit Gewichten ausgestattetes Instrument, bei dem Sie durch Zug trainieren. Es kann Ihnen enorm helfen. Setzen Sie sich in die vorgeschriebene Position, packen Sie die Stange mit beiden Händen und ziehen Sie so stark, daß das Gewicht sich so eben von seiner Basis hebt. Dann machen Sie fünf- bis zehnmal Rumpfbeugen nach beiden Seiten. Danach drehen Sie die Stange in jeder Richtung, so weit es möglich ist. Fünf- bis zehnmal. Dann ziehen Sie schließlich die Stange abwechselnd fünf- bis zehnmal vor und hinter Ihrem Kopf herunter. Warnung: Führen Sie diese Übung niemals kniend aus. Versuchen Sie stets zu sitzen. Vermeiden Sie außerdem Übungen, durch die Ihr Rückgrat noch mehr zusammengedrückt wird: also Heben, Stemmen oder Drehübungen im Stehen.

Beim Gehen ist es wichtig, daß Sie Ihren Unterleib vertikal ausrichten, um die zusätzliche Krümmung Ihres Rückgrats zu vermeiden. Das erleichtern Sie sich, wenn Sie sich auf Ihren Nabel oder die Gürtelschnalle konzentrieren. Versuchen Sie, diese Punkte so hoch wie möglich über dem Boden zu halten beim Gehen, während Sie das Programm durchführen. Gleichzeitig versuchen Sie, Ihre Brust um Zentimeterbruchteile zu heben. Damit fallen Ihre Schultern automatisch dorthin, wo sie hingehören. In dieser Haltung wird jeder Schritt zu einer Übung, durch die Fehlhaltungen korrigiert werden.

Schlappe Taille. Sind Sie ganz sicher, daß Ihre Taille schlapp ist? Mir passiert es oft, daß andere Mitglieder des Golfklubs, dem ich angehöre, nach dem Spiel im Umkleideraum zu mir kommen und mich fragen, wie sie ihr Bäuchlein loswerden könnten. «Das geht in zwei Sekunden», erkläre ich dann meistens. «Und was habt ihr sonst noch für Sorgen?»

Der dicke Bauch, in aller Welt als erstes Anzeichen körperlichen Verfalls angesehen, ist gewöhnlich nichts weiter als das Ergebnis schlechter Haltung. Wenn Sie einen Beweis brauchen, stellen Sie sich vor einen Spiegel und schauen Sie sich an, wie Sie von der Seite her aussehen. Die Chancen, daß Sie dabei ein Bäuchlein entdecken, stehen ungefähr 98 zu 2 Prozent. Dabei ist folgendes passiert: die Schale, aus der Ihr Becken besteht, hat sich nach vorn gesenkt, und die Eingeweide (normalerweise als Gedärm bezeichnet) drücken nun gegen die Bauchdecke. Wenn Sie nun sowohl den Nabel wie auch Ihr Brustbein leicht anheben, hebt sich auch der vordere Teil Ihres Beckens, die Beckenschale nimmt wieder eine horizontale Stellung ein, Ihre Eingeweide passen sich da wieder ein. Blitzerfolg ist, daß ein guter Teil Ihres Schmerbauchs weg ist.

Ich werde nie meinen Freund, den Spanischprofessor, vergessen, dessen Frau zu mir mit einer Jeremiade über den Verfall ihrer sexuellen Beziehungen kam. Er war wirklich ein Wrack, zugegeben. Seine Schultern waren völlig fleischlos, seine Haltung war miserabel, er hatte einen Bauch. Wegen dieses Bauches wollte er abnehmen. Und weil seine Diät so schlimm war, war der Mann einfach unterernährt. Der Grund, warum er sich dazu entschloß, mich zu konsultieren, war wirklich sein Spiegelbild. Er drückte es so aus: «Wenn ich mich im Spiegel sehe, denke ich daran, wie ich vor zehn Jahren ausgesehen habe, und ich schäme mich.» Am meisten «schämte» er sich über die «Fettwülste», die sich um seine Taille bildeten.

Mit seinem Bauch waren wir in zwei Sekunden fertig. Er war dermaßen glücklich, daß er sich mit geradezu hektischer Begeisterung in sein Fitness-Programm stürzte.

Sicher, unsere Programme können Ihnen die rechte Körperhaltung beibringen, aber sie können nicht garantieren, daß Sie das auch durchhalten. Dazu müssen Sie schon selbst etwas investieren. Ein ganz kleines bißchen Anstrengung. Die beste Trainingsübung für Sie ist das Sitback-Training, das Sie ja jetzt bei Ihrem Fitness-Programm gelernt haben. Zusätzlich können Sie sich aufmachen und den Muskeltonus Ihrer Bauchdecke stärken, indem Sie aufrecht stehen oder gehen. Es gibt bloß eine einzige gesunde Aufrechtstellung. Und die gleichen Maßnahmen, die Sie treffen, um Ihren Rückenproblemen zu Leibe zu rücken, wirken auch gegen Ihren Bauch. Heben Sie die Brust ein wenig an und lassen Sie die Schultern so natürlich absacken, wie es Ihr Körper will. Dann sitzt Ihr Kopf in einem natürlichen Gleichgewicht zwischen den Schultern. Jetzt heben Sie den Nabel an (oder die Gürtelschnalle), versuchen Sie, das so hoch vom Fußboden zu tun, wie Sie können.

Die Bauchdecke besteht aus Stützmuskulatur. Also sollte sie so trainiert werden, wie sie von der Natur angelegt ist. Jedesmal wenn Sie gehen, machen Sie zehn Schritte mit angespannter Bauchdecke. Dabei tasten Sie am besten mit den Fingern die Bauchdecke ab, um sicherzugehen, daß Ihre Abdominalmuskeln hart bleiben. Spannen Sie sich an, entspannen Sie sich dann. Anfangs wird Ihnen das ziemlich schwerfallen. Aber mit der Zeit werden Sie es schaffen und eine ganze Reihe Schritte fertigbringen. Der Schauspieler Don Ameche wandert täglich anderthalb Stunden mit angespannter Bauchdecke herum.

In der französischen Armee steckte man angeblich den Rekruten eine Münze zwischen die Hinterbacken und zwang sie dann, damit herumzumarschieren, ohne die Münze zu verlieren. Sie müssen nicht soweit gehen. Es ist viel besser, wenn Sie sich etwa vorstellten, Sie besäßen einen wunderschönen buschigen Schwanz. Sie wollen natürlich nicht, daß er zerbrechliche Gegenstände umschmeißt oder schmutzig wird. Also klemmen Sie ihren imaginären Schwanz zwischen die Beine.

Eine gute Haltung läßt sich nicht durch fünf Minuten Training erreichen. Das hängt davon ab, wie Sie sich tagsüber ver«halten». Der Gebrauch schafft das Organ. Je mehr Sie sich bemühen, ein anderer Mensch zu werden, desto größer ist die

Wahrscheinlichkeit, daß Sie es wirklich werden. Vier Stunden sanfter Beachtung, die Sie Ihrem Körper schenken, sind unendlich viel mehr wert als fünf Minuten hochgetrimmten Trainings.

Schlappe Hüften und Schenkel. Bei Frauen kein ganz ungewöhnliches Problem. Als Frau kann man zusätzlich zu dem Fitness-Programm noch folgende Übungen ausführen: Liegen Sie auf der Seite, dann heben und senken Sie das obere Bein so schnell, wie Sie es durchhalten, bis es nicht mehr geht. Zwanzig bis sechzig Wiederholungen. Ruhen Sie sich aus und wiederholen Sie dann die Übung. Wechseln Sie die Seite. Ruhen Sie aus und wiederholen Sie die Übung.

Eine weitere gute Übung besteht darin, in besonders langen Schrittweiten vorwärts zu stürzen. Diese Übung kann man sogar an Ort und Stelle durchführen. Benutzen Sie ein Bein nach dem anderen. Kehren Sie in die Ausgangsposition zurück. Wiederholen Sie die Übung möglichst rasch, zwischen zwanzig- und sechzigmal, oder bis Sie das Tempo nicht mehr durchhalten können. Dann drehen Sie sich auf die andere Seite.

Und die Leistung

Als ich an der Oberschule war, wollte ich unbedingt bei allen Sportarten mitmachen. Aber es wurde mir bald klar, daß ich einfach nicht genug mitbrachte, um ein guter Sportler zu werden. Sicher, groß war ich ja. Meine körperliche Kraft und Ausdauer schienen ganz gut zu sein. Ich war ziemlich flexibel. Aber ich verfügte nicht über die nötige Schnelligkeit, Kraft oder Beweglichkeit für das von Uni-Mannschaften geforderte Niveau. Trotzdem beschloß ich herauszufinden, was mir fehlte. Damit befasse ich mich seither unablässig.

Leute, die maximale Leistungen bringen und über dieses Maximum hinauskommen wollen, sind die Studienobjekte meiner wissenschaftlichen Forschungen. Darunter gab es Astronauten,

Industriemanager und Welt-Spitzenklasse-Sportler. Meine Arbeitsbedingungen sind derzeit so gut, daß sie kaum idealer sein könnten. Die leider eingegangene Zeitschrift *Life* bezeichnete die Universität von Kalifornien in Los Angeles (UCLA) einmal als «das Athen des Sports». Diese Universität wird wohl kaum in den Verdacht geraten, eine typisch amerikanische «Sport-Uni» zu sein. Wissenschaftlich setzt man sie unter die ersten zehn Universitäten des Landes. Aber trotzdem hat UCLA in den vergangenen zehn Jahren einen unvergleichlich hohen Prozentsatz an Meisterschaften gewonnen, um die sich die in der National Collegiate Athletic Association zusammengefaßten Hochschulorganisationen zusammengeschlossen haben. Es gibt achtzehn verschiedene Wettbewerbe. In jedem Jahr kämpfen mehrere Hunderte von NCAA-Mitgliedern um den Sieg in diesem Wettstreit. Aber UCLA hat drei Jahre nacheinander vier der achtzehn Meisterschaften gewonnen. Während der vergangenen zehn Jahre hat diese Universität einundzwanzig Meisterschaften gewonnen.

Der Cheftrainer an der UCLA ist einer meiner Schüler. Und eine ganze Reihe von Weltklassesportlern, die für diese Universität kämpfen, sind ebenfalls Schüler von mir. Das Laboratorium für Human Performance, dem ich vorstehe, hat keineswegs das Ziel, Spitzensportler zu produzieren, aber sicherlich gehören Spitzensportler zu seinen Versuchspersonen.

Wir versuchen die Grenzbereiche der Leistung bei diesen Spitzensportlern herauszufinden. Wieso kann dieser Läufer nicht schneller laufen? Warum kommt dieser Hochspringer nicht höher? Manchmal sind die Antworten ganz einfach. Ein Fußballer muß rascher von seiner Ausgangsposition vorstoßen. Wenn er das nicht schafft, schickt ihn der Mannschaftstrainer auf die Wartebank. Wir prüfen seinen Stil und stellen fest, daß er viel zu aufrecht läuft. Wir bringen ihm bei, fast bis auf die Knie runterzugehen, wenn er den Ball kriegt und einen guten Schuß plaziert. Damit senkt sich sein Schwerkraftzentrum, und der Mann kann rascher laufen.

Meistens sind die Gründe natürlich physiologischer Natur, aber es können auch psychologische Gründe sein. Vor vielen Jahren lehrte ich an der University of Southern California. Der Hürdenläufer Jack Davis kam zu mir und bat mich um Rat. Wie jeder Läufer wollte er seine Zeit verbessern. Wir arbeiteten an seinem Kraftpotential und seiner Ausdauer, aber beides genügte nicht. Dann fingen wir an, mit seinem Laufrhythmus zu arbeiten. Wir brachten ihm bei, rhythmisch zu denken, selbst wenn er nicht lief. Dann brach er den Weltrekord.

Manchmal gelingt es uns einfach nicht, einem Problem auf die Spur zu kommen. Einmal erschien ein Kartoffelbauer aus Alaska, um festzustellen, ob wir ihn vielleicht für den Marathonwettbewerb trainieren könnten. Er rannte den ganzen Tag lang mit einer Geschwindigkeit von zirka fünfzehn Stundenkilometern über die Aschenbahn. Aber als wir ihn auf sechzehn Stundenkilometer brachten, hielt er das nur sechs Minuten lang durch. Auf dem Laufband erschöpfte der Mann seine Reserven sogar noch schneller. Wir konnten aus ihm bei keinem Versuch ein besseres Ergebnis herausholen.

Aber die Mißerfolge sind eigentlich die Ausnahme. Fast jeder Mensch ist in der Lage, seine Leistung in dem Sport zu steigern, den er mag, vorausgesetzt, er ist bereit, sich anzustrengen, und bezieht demgegenüber eine realistische Einstellung.

Ich habe schon lange aufgehört, mir Sorgen über meine persönlichen Grenzen zu machen. Mit sechzig schmeichle ich mir und bin irrsinnig stolz, daß ich wie fünfzig aussehe. Ich begnüge mich damit, Golf zu spielen oder zu kegeln, Rad zu fahren, Tennis zu spielen oder in meinem Kanu zu paddeln. Um diese sportlichen Aktivitäten auszuführen, mußte ich zunächst ein erträgliches Fitness-Niveau erreichen, indem ich ein Programm durchführte, das in etwa dem entspricht, das ich Ihnen hier empfohlen habe. Von dem Augenblick an, in dem ich fit war, konnte ich mein Übungsprogramm durch die Sportarten, die ich mochte, ersetzen. Ich betätige mich jeden Tag irgendwie körperlich, außer an Tagen, an denen ich mich nicht wohl fühle. Aber ich muß mich schon ziemlich mies fühlen, um gar keine Übungen zu tun. Ich wohne im Westwood Village, dicht am Campus von UCLA. Tagtäglich gehe ich zu Fuß in mein Büro, auf dem Rückweg ebenso. Also insgesamt etwa 3,2 Kilometer. Wenn ich meine sportlichen Betätigungen nicht durchführen kann, weil ich keine Zeit dazu habe, weil das Wetter es nicht gestattet, mache ich entweder Gewichthebeübungen oder strample auf einem Trainingsfahrrad. Je nachdem, was mir am meisten fehlt. Damit bleibe ich genau in der Körperkondition, die ich brauche, um mich für besondere Anstrengungen besser in Form zu halten. Und ich brauche mich dafür nicht besonders anzustrengen.

Andererseits gebe ich mich keinen Illusionen in bezug auf mein Programm hin. Bloß weil ich ein für mich und mein Lebensalter zufriedenstellendes Fitness-Niveau erreicht habe, heißt das ja noch nicht, daß ich besonders dafür konditioniert wäre, sämtliche Herausforderer in allen möglichen Sportarten und aktiven Spielen anzunehmen. Es ist mir durchaus klar, daß jeder Sport, für den ich nicht besonders durch Konditionstraining qualifiziert bin (auch wenn es bloß ein Ballspiel zwischen Vater und Sohn ist), mich eine Woche lang aktionsunfähig machen kann. Darum versuche ich meine Freizeitübungen unterhalb eines «schweren» Niveaus zu halten. Heldentum liegt mir nämlich nicht. Ich halte ziemlich fest mein «Wartungstraining» durch und betreibe regelmäßig Sport.

Spezifizierung

Wenn es Ihr Ziel ist, eine Sportart gut zu spielen, müssen Sie Ihr Programm über die Fitness hinaus fortsetzen. Für Sport müssen Sie spezifisch fit sein.

«Spezifizierung» bedeutet hier Anpassung an selbst auferlegte Anforderungen in Arbeit oder Spiel. Einmal kehrte eine meiner Bekannten von einem zweiwöchigen Skiurlaub zurück und mußte entdecken, daß ihre Putzfrau verschwunden war. Sie machte den Hausputz selbst – und bekam dabei einen fürchterlichen Muskelkater. Ihre Skifitness nützte ihr gar nichts, weil sie nicht «spezifisch» für Hausputz war.

Unser Körper reagiert auf die an ihn gestellten Anforderungen. Form richtet sich nach Funktion. Wenn Sie auf eine bestimmte Weise funktionieren, paßt sich Ihr Körper dieser Form an. Wir trainieren Schwimmer dahingehend, ihre Fußknöchel so zu strecken, daß sie sie über eine gerade Linie zurückbiegen können. Das tun sie, indem sie sich auf ihre Knöchel setzen, wann immer das möglich ist. Die besonders beweglichen Fußgelenke verleihen ihnen im Wasser mehr Schlagkraft.

Es ist wichtig, daß man nicht vergißt, daß Leistung und Fitness verschiedene Erscheinungen sind. Zwei Männer trainieren für die gleiche Kraftleistung. Der eine arbeitet zweimal härter als der andere auf dem kardiovaskulären Sektor. Seine Konditionsübungen sind doppelt so gut. Aber der andere macht ein spezielles Konditionstraining für den sportlichen Ernstfall selbst und investiert darin genau die gleiche Zeit wie der erste Mann für sein kardiovaskuläres Konditionstraining. Der zweite Mann ist doppelt so fit für den geplanten Zweck wie der erste.

Wer schon einmal so kräftig, rasch und ausdauernd geschwommen ist, wie er nur konnte, weiß, daß dazu nicht nur Kraft, sondern auch Ausdauer und Geschmeidigkeit nötig sind. Aber bei Untersuchungen von Schwimmern, die außer Schwimmen nichts tun, fanden wir heraus, daß ihre Kraft sich nur bis zu einem gewissen Punkt steigert. Im Verlauf der Wettbewerbssaison sackt sie dann meist ab. Ein Schwimmer eines Uniteams, der vier Stunden täglich trainiert, kann vielleicht die Effektivität seiner Leistung steigern. Um aber seine Stärke aufrechtzuerhalten, muß er auch Fitnessübungen durchführen. Vor Jahren brachte ich als einer der ersten Gewichte mit ans Schwimmbekken, als ich Schwimmtrainer war.

In Form für eine Sportart zu kommen, bedeutet noch nicht, daß Sie für einen anderen Sport in Form wären. Das haben wir in einem Experiment mit Basketballspielern und Schwimmern bewiesen. Zu Beginn der Saison testeten wir die Probanden im Laufen und Schwimmen. Am Ende der Saison, wo sie angenommenermaßen in phantastischer Form sein sollten, testeten wir sie wieder. Die Basketballspieler liefen schneller, aber sie konnten nicht schneller schwimmen. Die Schwimmer schwammen schneller, aber ihre Laufzeiten hatten sich nicht erhöht.

Für das Fitness-Niveau ist Schwimmen eine wunderbare Aktivität. Man kann ausschließlich dadurch auf ein angemessenes Fitness-Niveau gelangen und alles an Kraft, Ausdauer und Beweglichkeit bekommen, was man sich wünscht – solange man intensiv weiterschwimmt. Aber Wettschwimmer würden wahrscheinlich ihre Leistung schmälern, wenn sie darauf trainierten, fit und schnell gleichzeitig zu sein.

Wenn Sie ein Springtraining machen wie für Volleyball oder Basketball, brauchen Sie ein hohes Quantum an Muskelkraft. Aber wenn Sie sich über das nötige Quantum hinaus weiterentwickeln, steigert sich Ihre Sprungkraft nur unwesentlich. Jedes darüber hinausgehende Training ist Zeit- und Energieverschwendung, die man besser dazu verwenden könnte, die Spieltechnik und Strategie zu verbessern.

So ziemlich die einzigen Sportarten, in denen Sportler davon profitieren, eine maximale Fitness zu erreichen und zu erhalten, sind die, die eigentlich sowieso reine Fitness-Sportarten sind, wie etwa Kugelstoßen und Laufen. Ansonsten hilft Fitness kaum über einen bestimmten Punkt hinaus.

Wer sich Fitness zum Hobby erkoren hat und vier bis sechs Stunden täglich mit Gewichtheben verbringt, schädigt sicherlich seine Gesundheit nicht. Aber ab einem bestimmten Punkt gewinnt er weder etwas für seine Gesundheit noch an Leistung.

Spezifisches Sporttraining

Das Trainieren für eine bestimmte Sportart ist an sich schon ein Trainingsprogramm und geht über die Programme hinaus, mit denen man ein Minimalniveau an Körpererhaltung oder Fitness-Reserven aufbauen will. Dazu ist eine komplette Analyse der Aktivität vonnöten. Es muß in einem systematischen Prozeß ausgeführt werden. Wenn man Spitzenleistungen zu erreichen wünscht, ist es ein ganzjähriges Programm.

Das beste Einzeltraining für eine bestimmte Sportart besteht darin, den Sport selbst zu betreiben. Aber auch wenn Sie zweimal täglich trainieren, gelangen Sie damit noch nicht auf die Spitze Ihrer Kapazität.

Um für ein Sportereignis fit zu werden, ist ein dermaßen anstrengender Prozeß nötig, daß man ihn am besten den jungen Sportlern überläßt. Er umfaßt Toleranztraining für lange und kurze Ausdauer. Koordination und Beweglichkeit, Temperaturanpassung, Hitzetoleranz, orthostatische Toleranz, Antischwerkraftanpassung, Spannungsreduktion und Kraftkontraktion. Aber wenn es auch kompliziert und nur für Auserwählte bestimmt ist, die Körpersysteme für den Leistungswettbewerb vorzubereiten, so ist doch das Training für jeden sportlichen Aspekt selbst für jeden Sporttreibenden offen.

Zuerst muß das sportliche Ereignis in seinem Ausmaß definiert werden. Daraus ergibt sich die Struktur des Programms. Die Dimensionen des Sportereignisses sind Zeit, Entfernung, Kraft, Haltung, Fähigkeit und Konzentration.

Da Tennis neuerdings mehr und mehr die Sportart Nummer eins wird, wählen wir es hier als Beispiel.

Zeit. Wir müssen die Dauer und die Häufigkeit festlegen. Wie lange dauert das Match? Wie viele Matches spielen Sie pro Tag und Woche?

Drei Sätze sind ein normales Tennismatch. Jeder dauert ungefähr eine halbe Stunde. Die Sätze sind theoretisch hintereinander angesetzt, aber beim Tennis als gesellschaftlichem Sport machen die Spieler häufig den Platz für andere zwischen ihren Sätzen frei. Nehmen wir trotzdem an, daß das Spiel ohne Unterbrechung gespielt wird, da Sie auf diese Möglichkeit vorbereitet sein müssen.

Es gibt die Variationsbreite zwischen hochaktivem und mäßig aktivem Spiel. Ein Match kann zwei Stunden dauern, aber es wird dabei vor oder nach intensiver Anstrengung bei einem länger dauernden Ballwechsel oder Punktgewinn Perioden relativer Ruhe geben.

Wie trainieren Sie dafür? Fortgesetzter Langlauf über anderthalb Stunden oder mehrmalige Läufe für ein Fünfzehnhundert-Meter-Training oder auch ein Achthundert-Meter-Training bringt Ihnen für Tennis nichts Besonderes. Das richtige Training müßte dem Sport entsprechen: also Laufen, das durch Ruheperioden unterbrochen wird.

Wenn die Sätze dreißig Minuten dauern, müßte Ihr Kräftigungsprogramm aus dreißig Minuten Training bestehen, darauf sitzen Sie ein paar Minuten und ruhen aus, dann beginnen Sie erneut. In den Laufperioden sollte es Intervalle bis zu einer Minute geben, in denen Sie schnell laufen, dazwischen Perioden von langsamem Traben. Bei den Spurten sollten Sie so schnell wie möglich laufen. Sie brauchten sich keine Sorgen zu machen, daß Sie sich etwa über Gebühr erschöpfen; das Wissen, daß Sie das bis zu einer halben Stunde durchhalten müssen, setzt Ihren Anstrengungen das rechte Limit. Während der halben Stunde sollte Ihr Puls nie unter 120 absinken, also unter siebzig Prozent Ihrer Maximalleistung.

Das sind die allgemeinen Richtlinien, doch Sie sollten sich Ihr Training entsprechend Ihrem Eindruck von Ihrem Spiel selbst zurechtschneidern. Wenn Sie konstant den Ball treffen und ausgedehnte Ballwechsel von Minutendauer durchmachen, dann trainieren Sie auf eine Minute hin. Wenn Ihre Ballwechsel fast nie länger als dreißig Sekunden dauern, trainieren Sie für dreißig Sekunden. Die beste Methode herauszufinden, was für Sie nötig ist, besteht darin, beim nächstenmal auf Ihr Spiel zu achten.

Wenn Sie im Verlauf von einer halben Stunde Tennis sieben extrem lange Punkte von je einer Minute haben, sollte Ihr Spurt beim Halbstundentraining mindestens sieben Minuten betragen.

Entfernung. Auch hier arbeiten wir mit dem Prinzip, daß das Training dem Match selbst ähneln sollte, wenn Sie auf Maximalleistung hin trainieren.

Im dreißigminütigen Trainingsprogramm machen Sie kurze rasche Entfernungsübungen in unterschiedlicher Richtung. Hüpfen Sie ein halbes Dutzendmal, dann laufen Sie rasch vier- bis fünf Schritte nach rechts, hüpfen Sie erneut, bewegen Sie sich dann nach links. Bewegen Sie sich vor und zurück und von Seite zu Seite. Bewegen Sie sich in einem Rechteck, wenn Sie wollen. Diese Bewegungsabläufe entsprechen etwa den Entfernungen, die Sie laufen müssen, um die Bälle Ihres Gegners anzunehmen.

Kraft. Die beste spezifische Übung ist, daß Sie den Zugriff kräftigen. Das können Sie erreichen, indem Sie einen alten Tennisball drücken. Besser ist allerdings, wenn Sie sich eine Federhantel besorgen, die Sie gerade noch knapp zusammenpressen können, und sie vier- oder fünfmal zusammenzudrücken versuchen. Sie können mit Ihrer Spielhand eine höhere Kraftleistung aufbringen, wenn Sie gleichzeitig mit der anderen Hand einen Gegenstand drücken.

Zu Beginn der Tennissaison werden Sie das Muskelgewebe am Ellbogen aufbauen wollen, um Verletzungen zu vermeiden. Der sogenannte Tennisellbogen hat geheimnisvolle Ursachen, aber wir wissen immerhin, daß er mit den Sehnen und Muskeln und ihrer nervlichen Versorgung zusammenhängt. Eine Präventivmaßnahme ist es, die Dicke und Stärke der Ellbogenmuskulatur zu verbessern und die Sehnen im Ellbogenbereich zu kräftigen, so daß sie bei Beanspruchung weniger leicht reißen. Das erreichen wir mit fünfzehn bis zwanzig Ellbogenbeugungen mit Hebungen einer Hantel. Auch Liegestützen sind sehr gut. Desgleichen Klimmzüge. Bei diesen Übungen setzen Sie auf fünfzehn an und versuchen Sie bis zwanzig zu kommen. Mit anderen

Worten, setzen Sie so viel Gewicht an, daß Sie bei fünfzehn Übungen mäßig angestrengt sind. Dann versuchen Sie auf zwanzig zu kommen. Wenn das erreicht ist, erhöhen Sie das Gewicht oder machen Sie Ihre Haltung schwieriger.

Bei all diesen Übungen wird das Schultergelenk ebenso wie das Ellbogengelenk trainiert, und das ist großartig, da es nämlich die Theorie gibt, daß der Ort, an der die Ellbogenverletzung auftritt, eigentlich im Schulterbereich liegt.

Zum Ausdauertraining schwingen Sie Ihren Tennisschläger, simulieren Sie Vorhand, Rückhand, Schmetterbälle und Aufgabe. Hocken Sie für Flachbälle, recken Sie sich für Schmetterbälle. Eine Runde von zwanzig bis sechzig Schlägen genügt. Wenn Sie eine Turnhalle zur Verfügung haben, üben Sie an einer Ballwurfmaschine.

Fertigkeit. Teilen Sie die Bewegungen in ihre kleinsten Bestandteile auf. Beispiel: Üben Sie die Rückwärtsbewegung, bevor Sie den Aufschlag üben. Setzen Sie die einzelnen Teile so bald wie möglich wieder zusammen. Während Sie die Einzelteile trainieren, versuchen Sie das Tempo eines echten Spiels durchzuhalten.

Haltung. Alle speziellen Trainingsübungen, die wir ausführen, um Muskel- und Sehnenmasse zu bauen, auch die für Muskelausdauer, werden in Tennishaltung durchgeführt.

Tennis ist ein Sport, der im Stehen gespielt wird, dennoch sollte man ihn in der Hocke ausführen und sich nur gelegentlich ganz aufrichten und strecken. Daraus ergibt sich, daß die Trainingsübungen alle entweder in der Hocke oder aber in völlig gestreckter senkrechter Haltung ausgeführt werden sollten.

Konzentration. Sie ist ein Produkt von Einstellung und Haltung. Am wichtigsten dabei ist, daß man seine Umwelt kennt: den Platz, den Gegner, den Schiedsrichter, die Zuschauer – und sich selbst. Letzteres ist dabei am wichtigsten. Der Kerngedanke ist, daß man die Kontrolle über die Umgebung behält.

Das Leitprinzip

Um welchen Sport es sich auch handelt, Übungen zur Leistungssteigerung sollten in der gleichen Haltung in gleicher Intensität und gleichem Rhythmus ausgeführt werden wie beim Sport selbst. Der Sportler muß die wichtigen Phasen seiner Bewegung determinieren, die Reichweite der Bewegung und die Gelenkstellungen während der Ausübung.

Hier folgen einige spezielle Konditionsübungen für die beliebtesten Sportarten:

Kegeln. Armschwingen. Mit einer Kegelkugel. Eine Runde von zwanzig- bis sechzigmal.

Vorwärtsbewegung, Simulation des Kegelschiebens. Eine Runde von zwanzig- bis sechzigmal.

Schwimmen. Knöchelstrecken. Auf den Knöcheln hocken. Den Rumpf beugen und strecken, während man auf den Knöcheln hockt. Vier Runden zwischen zehn und zwanzig.

Auf einem Kissen liegen und Arme und Beine ausstrecken. In den Händen hält man zwei Konservenbüchsen (voll) und führt mit Armen und Beinen Schwimmbewegungen aus. Zwei Runden von zwanzig- bis sechzigmal.

Tennis. Üben Sie die Schläge mit Ihrem Racket. Strecken Sie sich für Aufgaben und Schmetterbälle. Springen Sie für schwierige Vor- oder Rückhandbälle in Position. Hämmern Sie ein paar Netzbälle raus. Halten Sie das mit normalem Spieltempo ein paar Minuten lang durch.

Pressen Sie zwei Tennisbälle in jeder Hand und zählen Sie langsam bis zehn. So fest Sie können. Entspannen. Dreimal wiederholen.

Golf. Simulieren Sie den Schwung mit dem Golfschläger und halten Sie in der linken Hand eine volle Konservendose. Eine Runde zwischen zwanzig und sechzig.

Legen Sie sich einen Golfschläger waagerecht auf den Rücken. Halten Sie ihn mit den Armen fest und drehen Sie den Rumpf. Zwei Runden von zwanzig- bis sechzigmal.

Schlagball. Schwingen Sie den Schläger. Eine Runde von zwanzig- bis sechzigmal.

Lassen Sie den Arm kreisen, während Sie einen Ball halten.

Skilaufen. Springen Sie im Flankensprung über ein niederes Geländer. Lassen Sie die Füße dabei geschlossen, als wären sie zusammengebunden. Eine Runde zwischen zwanzig- und sechzigmal.

Stellen Sie sich aufrecht hin und lehnen Sie sich gegen eine Wand, als säßen Sie auf einem Stuhl. Halten Sie die Position dreißig Sekunden lang. Steigern Sie schrittweise auf sechzig Sekunden. Dann versuchen Sie es auf einem Bein.

Ob Sie sich vorgenommen haben, besondere körperliche Probleme zu korrigieren oder Ihre sportliche Leistung zu erhöhen. Sie können es schaffen, wenn Sie zu Ihrem Instandhaltungsprogramm an drei Wochentagen ein paar spezielle Übungen hinzufügen. Führen Sie sie entweder nach Ihrem gewohnten Training durch oder an den freien Tagen, was immer Ihnen bequemer erscheint.

Am besten ist es, wenn man sich *nur ein* Ziel vornimmt. Arbeiten Sie daran, bis Sie in Form sind, dann nehmen Sie sich ein weiteres Ziel vor. Wenn man versuchte, etwas gegen einen schwachen Rücken zu tun, in der Taille und an den Hüften schlanker zu werden und gleichzeitig fit für einen Sport zu werden, schafft man sich sicherlich Ärger. Immer mit der Ruhe und eins nach dem andern, dann können Sie schließlich alles erreichen.